中职中专文秘类专业规划教材

办公室事务管理

钟 铮 主 编

谢风来 童以鸿
王兰香 吴芷菁 副主编

科学出版社

北 京

内 容 简 介

本书是在教育部职业教育研究中心所承担国家社会科学基金"十一五"规划课题"以就业为导向的职业教育理论与实践研究"课题的子课题"以就业为导向的中等职业教育文秘专业教学整体解决方案的研究"的基础上撰写的教材。

本书以培养秘书职业能力为核心，以任务为驱动，以学生为主体，技能与知识相结合，可操作性强，内容全面，结构新颖，以章为单位，共包括管理办公室、接待工作、办公室日常事务处理、会务工作、文书处理、信息管理、调查研究、保密工作等八章。

本书可作为中等职业学校文秘类专业的教材，也可作为相关人员的培训用书，还可供相关工作人员参考。

图书在版编目(CIP)数据

办公室事务管理/钟铮主编. —北京：科学出版社，2010.8
（中职中专文秘类专业规划教材）
ISBN 978-7-03-028460-0

Ⅰ.①办… Ⅱ.①钟… Ⅲ.①办公室-管理-专业学校-教材
Ⅳ.①C931.4

中国版本图书馆 CIP 数据核字（2010）第 147559 号

责任编辑：熊远超 殷晓梅 / 责任校对：王万红
责任印制：吕春珉 / 封面设计：东方人华平面设计部

科 学 出 版 社 出版
北京东黄城根北街 16 号
邮政编码：100717
http://www.sciencep.com

新科印刷有限公司 印刷
科学出版社发行 各地新华书店经销
*

2010年11月第 一 版 开本：787×1092 1/16
2019年 1 月第七次印刷 印张：18 1/4
字数：416 000
定价：45.00元
（如有印装质量问题，我社负责调换〈新科〉）
销售部电话 010-62134988 编辑部电话 010-62135763-2007

中职中专文秘类专业规划教材
编写指导委员会

主　任　邓泽民　林安杰

副主任　（以姓氏笔画为序）

　　　　方秋生　叶　军　刘凤芹　焦东方

委　员　（以姓氏笔画为序）

马海红	马增良	王　珏	王　蓉	王兰香	王艳梅	牛　羽	牛丽萍
石含洲	古燕莹	付国新	冯满堂	刘红文	刘沛然	刘秀丽	汤孟倩
李　超	李　萍	李　娜	李凤荣	李永生	李笑满	陈俊灵	吴芷菁
余红霞	肖　静	肖　颖	苏　策	张　伟	张　莉	张　蕾	张媛莉
杨伟博	杨秀丽	林淑贞	武海红	孟庆莉	钟　铮	娄静娴	赵　岩
赵红梅	袁顺堂	高金宇	唐明瑶	徐春艳	徐慧珍	夏红喜	凌　红
倪克蓉	黄玉华	曹剑英	康予培	童以鸿	谢风来	谢尊英	彭保民
楼红霞	满　炜						

《办公室事务管理》编写人员名单

主　编　钟　铮

副主编　谢风来　童以鸿　王兰香　吴芷菁

参　编　王　钰　关　英　娄静娴　林淑贞　徐春燕　徐慧珍

主　审　邓泽民

序

　　国家社会科学基金"十一五"规划课题"以就业为导向的职业教育教学理论与实践研究"在取得理论研究成果的基础上，分别选取了高等职业教育和中等职业教育的十几个专业大类开展实践研究。中等职业教育文秘专业是其中之一。

　　本课题研究发现，中等职业教育在专业教育上承担着帮助学生构建专业理论知识框架、技术方法体系框架和职业活动体系框架的任务。其中，专业理论知识框架、技术方法体系框架是为学生职业活动体系框架的构建服务的。而这三个体系框架的构建需要通过教材体系和教材内部结构得以实现，即学生的心理结构来自于教材的体系和结构。为此，这套中职中专文秘类专业规划教材的设计，依据不同教材在其构建理论知识、技术方法、职业活动三个体系中的作用，采用了不同的内部结构设计和编写体例。

　　承担专业理论知识体系框架构建任务的教材，强调了专业理论知识框架的完整与系统，不强调专业理论知识的深度和难度；追求的是学生对专业理论知识整体框架的了解，不追求学生只掌握某些局部内容而求其深度和难度。

　　承担技术方法体系框架构建任务的教材，注重让学生了解这种技术的产生与演变过程，培养学生的技术创新意识；注重让学生把握这种技术的整体框架，培养学生对新技术的学习能力；注重让学生在技术应用过程中掌握这种技术的操作，培养学生的技术应用能力；注重让学生区别同种用途的其他技术的特点，培养学生职业活动中的技术比较与选择能力。

　　承担职业活动体系框架构建任务的教材，依据不同职业活动对所从事人特质的要求，分别采用了过程驱动、情景驱动、效果驱动的方式，形成了做学合一的各种结构与体例，诸如项目结构、案例结构等。过程驱动培养所从事人的程序逻辑思维；情景驱动培养所从事人的情景敏感特质；效果驱动培养所从事人的发散思维。

　　本套教材无论从课程标准的开发、体系的建立、内容的筛选、结构的设计还是素材的选择，得到了文秘行业专家的大力支持，他们作为实践一线专家提出了十分有益的建议；倾注了国内知名职业教育专家和全国20多所中等职业学校文秘专业一线老师心血，他们对中等职业教育文秘专业培养的人才特质和胜任特征提出了宝贵的意见，对中等职业教育文秘专业教学提供了丰富的素材和鲜活的教学经验。

　　本套教材是我国中等职业教育近年来从只注重学生单一职业活动体系构建，向专业理论知识框架、技术方法体系框架和职业活动体系框架三个体系构建转变的有益尝试，也是国家社会科学基金"十一五"规划课题"以就业为导向的职业教育教学理论与实践研究"研究成果的具体应用之一。

　　如本套教材有不足之处，敬请各位专家、老师和广大同学不吝赐教。希望通过本套教材的出版，为我国中等职业教育文秘专业教学改革和人才培养做出贡献。

邓泽民

2010 年 5 月

前　　言

秘书学是一门理论性与实践性很强的学科，而办公室事务管理是秘书学的核心课程之一。在教学中，要处理好理论教学与实践教学的关系，只有抓住这一重要环节，才能更好地激发学生的学习兴趣，既能让学生学到文秘专业的理论知识，又能培养学生的动手能力，同时还能提高学生分析与解决实际问题的能力。

本书以项目为载体，通过任务的实施，循序渐进，完成专业知识、技能和相应经验的培养，同时完成任务与自我评价。全书以章为单位，每章又分若干个任务，而每个任务包括任务目标、任务描述、任务分析、相关知识、能力训练、学习评估等版块，结构新颖，可操作性强，注重培养学生的秘书意识、秘书技能及创造性思维能力和团队合作精神。

根据中等职业学校文秘专业的课程设置，本书按168课时分配各章学时，教学中可根据实际需要进行适当调整。对技能训练的内容，要把课堂训练与课外实训、社会实践结合起来，理论与实践相结合。

浙江省杭州市人民职业学校的钟铮编写了本书大纲并统稿。本书具体编写分工如下：四川省档案学校的徐慧珍编写了第一章；北京市求实职业学校的王珏编写了第二章；四川省档案学校的童以鸿编写了第三章；浙江省杭州市旅游职业学校的娄静娴编写了第四章；浙江省杭州市人民职业学校的林淑贞编写了第五章；河南省劳动干部学校的谢风来编写了第六章的任务一和任务二，吴芷菁编写了第六章的任务三和任务四，关英编写了第六章的任务五；杭州市人民职业学校的钟铮编写了第七章的任务一和任务二，河南省劳动干部学校的王兰香编写了第七章的任务三和任务四；浙江省杭州市富阳城镇职业学校的徐春燕编写了第八章。

在本书的编写过程中，参考并引用了国内一些秘书学著作及有关报刊资料，在此特向有关作者表示感谢。

由于时间仓促，编者水平有限，书中若有不足之处恳请广大读者批评指正。

目　录

第一章　管理办公室

动物园里的小骆驼问妈妈："妈妈、妈妈，为什么我们的睫毛那么长？"骆驼妈妈说："当风沙来的时候，长长的睫毛可以让我们在风暴中看清方向。"

小骆驼又问："妈妈，为什么我们的背那么驼，丑死了！"骆驼妈妈说："这个叫驼峰，可以帮我们储存大量的水和养分，能让我们在沙漠里耐受恶劣的天气条件。"

小骆驼又问："妈妈，为什么我们的脚掌那么厚呢？"骆驼妈妈说："那可以让我们重重的身子不至于陷在软软的沙子里，便于长途跋涉啊。"小骆驼高兴极了："哇，原来我们这么有用啊！可是妈妈，为什么我们还在动物园里，不去沙漠远足呢？"

天生我才必有用，可惜现在没用上。一个好的心态＋一本成功的教材＋一个无限的舞台＝成功。每个人的潜能是无限的，关键是要找到一个能充分发挥潜能的舞台。

两个人在森林里，遇到了一只大老虎。A 就赶紧从背后取下一双更轻便的运动鞋换上。B 急死了，骂道："你干嘛呢，再换鞋也跑不过老虎啊！"A 说："我只要跑得比你快就好了。"

21 世纪，没有危机感是最大的危机。特别是在加入 WTO 后，电信、银行、保险，甚至是公务员，这些我们以为非常稳定和有保障的企业，也会面临许多的变数。当更多的老虎来临时，你有没有准备好自己的跑鞋？

任务一

办公环境、办公用品管理

任务目标

1）懂得了解办公环境的构成，掌握办公环境维护与管理的基本技巧。
2）懂得了解办公用品的种类，掌握办公用品的采购、发放等管理技巧。
3）懂得营造规范、和谐的办公环境。

任务描述

王玲自大学毕业后，加入到红光公司，作为办公室秘书，王玲的工作职责之一就是进行办公环境的维护和办公用品的管理。然而，工作了一段时间后，王玲发现办公环境的维护和办公用品的管理除了要有基本管理知识外，还需要掌握很多技巧。

任务分析

维护办公环境和管理办公用品是秘书工作的重要内容之一，做好这两项工作，不仅需要了解办公环境的构成，掌握办公室布局应遵循的原则，熟悉采购、发放办公用品的流程，而且需要有严谨认真、细心周到、勤于思考的工作态度。

相关知识

一、办公环境的管理

1. 办公环境的构成

办公环境从广义上说是指一定组织和机构所有成员所处的大环境；从狭义上说是指一定组织机构的秘书部门工作所处的环境。办公环境一般包括人文环境和自然环境。人文环境与社会大环境、组织内部的职能环境有着密切的关系，在通常情况下，凭一人之力是难以对它产生影响并改进它的；而自然环境在工作人员进行合理的设计、控制和组织等管理活动中不断得到优化，不仅能够提高办公效率，而且有利于组织的沟通和员工的身心健康。

办公环境是办公室管理工作中的一项重要内容。办公环境（主要是自然环境）包括空间环境、视觉环境、听觉环境、空气环境、健康与安全环境，具体而言包括工作区的空间、温度、采光、通风、吸音设施、办公室墙壁、门窗装修和装饰的样式、色彩、办公桌椅、柜架的样式和摆放方式，以及各种办公设备、办公用品耗材和饮水设备的摆放方式等。

2. 办公环境的布局

办公室布局主要有封闭式布局和开放式布局两种类型。开放式布局是指在一个大空间里没有隔板或用高低不等的软包装隔板区分不同的工作部门（见图1-1）；封闭式布局是指用墙壁将办公室分隔成若干有门、窗的独立房间的办公室布局（见图1-2）。

图 1-1　开放式布局　　　　　　　　图 1-2　封闭式布局

这两种布局方式各有优缺点，对比如表 1-1 所示。

表 1-1　开放式办公室和封闭式办公室的优缺点对比

类型	优点	缺点
开放式办公室	降低建筑成本和能源成本 提高办公室的空间利用率 易于沟通交流 易于监督指导 可以共享办公设备和资源	缺少单独办公的机会 干扰性强，难以集中注意力 安全性差，难于保密 办公区噪声大
封闭式办公室	满足独立办公的需求 易于集中精力 易于保密	建筑成本和能源成本较高 空间利用率低 不易于沟通交流 不易于监督指导

鉴于两种布局方式各有优缺点，办公室布局时应在充分考虑单位的性质和实际需要的基础上，围绕建筑原有条件进行布局。在实际运用过程中，很多单位根据自身条件采用全开放式布局、半开放式布局或半封闭式布局方式，更有单位从人性化角度创新了布局方式，出现了蜂巢型、密室型、鸡窝型、俱乐部型等办公室布局方式。值得注意的是，在办公室布局时，所有单个位置的组合应在充分考虑单位规模、员工人数、机构设置、部门职能特点和相互联系的基础上，按工作运转流程和信息的流程进行安排，每个员工的位置应由分配给他（她）的任务决定。

相关知识链接：办公室的类型

办公室依据其开放程度可以分为以下4种类型：

第一种是蜂巢型，属于典型的开放式办公空间，配置一律制式化，个人性极低，适合例行性工作，彼此互动较少，工作人员的自主性也较低，例如电话营销、资料输入和一般行政作业。

第二种是密室型，是密闭式工作空间的典型，工作属性为高度自主，并且不需要和同事进行太多互动，例如，会计师、律师等专业人士。

第三种是鸡窝型，一个团队在开放式空间共同工作，互动性高，但不见得属于高度自主性工作，例如设计师、保险处理和一些媒体工作。

第四种是俱乐部型，这类办公室适合必须独立工作，但也需要和同事频繁互动的工作。

（资料来源：http://www.chinavalue.net/Wiki/ShowContent.aspx?TitleID=397574.）

3. 办公室的布置

办公室的布置包括办公室的布局，具体办公用品和设施的布置。其应遵循安全方便、舒适整洁、和谐统一的原则。办公室具体办公用品和设施的布置应注意以下几点：办公桌上的物品应摆放得体，最常用的物品应放在伸手可及的地方；办公室墙壁、门窗装修和装饰的样式、色彩应温暖舒适；办公设备的摆放应整齐，布局要合理，如座位数适当，座位间要留有通道，在通道的拐角处要注意桌椅、设备摆放的安全，对计算机、复印机等办公自动化设备，应有其独立的空间，要考虑到其他人员对设备的使用，布置时既要方便他人，又不要妨碍领导的工作；要坐得舒适，办公椅应有靠背，要缓解疲劳则可以用旋转椅来调节方位等。

相关知识链接：新的办公室空间概念主张

过去，在办公室里，最舒服的理应是老板，最理想的位置当然也非老板莫属，然而在考虑到可能对员工效率、士气以至利润带来的影响，老板坐在哪里还重要吗？

伦敦《金融时报》报道，英国航空公司（British Airways）新落成的综合办公大楼大胆地把最好的景观保留给一天到晚坐在座位上工作的后勤人员，因为他们认为，这样做才是提升工作士气的好办法。

新的办公室空间概念主张：秘书没有必要再做顶头上司的"门神"，这样高级主管才能更接近其他广大的员工。此外，办公室应该设计符合"新的工作方式"，不再以某人办公室的大小、景观好坏判断一个人的身份地位，而是以其工作表现来判断。

（资料来源：http://www.chinavalue.net/Wiki/ShowContent.aspx?TitleID=397574.）

4. 维护管理办公环境

（1）办公室的视觉环境的维护和管理

办公室的视觉环境包括办公室内的覆盖物和照明。地面覆盖物的颜色和类型应与墙壁、天花板的颜色协调一致，以保证统一、和谐的环境。以颜色选用为例：普通办公室，天花板宜用白色，面对职员的墙壁宜用冷色，其他墙壁的颜色宜用暖色如浅黄色，注意所有墙壁的颜色应互相调和；会议室，以浅色、中性的颜色为佳；会客室，以欢愉、中性的颜色为佳；走廊，宜用明亮的颜色；休息室，男的宜用蓝色，女的宜用淡红色；私人办公室，深的、鲜艳的颜色，视主人之偏好而定；地下室与储存室，宜用具有高度反射光线的颜色。

办公室照明应遵循以下原则设计：减少光源的强度，避免用一个发光体，宜多用几盏灯，降低光源强度，避免集束光而用匀散光；窗上宜装半透明玻璃，避免直接光而用间接光；光源宜置高处，且宜从后方或左侧射入；办公室宜多用几只光度较弱的灯，以取代一个光度较强的灯，使光线匀散而非集束。

（2）办公室的听觉环境的维护和管理

由于办公室所处的周围环境常有噪声发出，如小汽车、摩托车、卡车的喇叭声，工作人员的谈话、开会、打电话的声音和人们不必要的活动等。因此，控制噪声就成为办公环境管理的又一重要任务。控制噪声的方法主要有：消除噪声的来源；地面、墙面、天花板应有一定的吸音、静音装置；尽量保持肃静、安宁的气氛，不大声喧哗，播放音乐的音量要适当。

（3）办公室的空气环境的维护和管理

办公室的空气环境管理是指为了减少人们的精神消耗，增强舒适性而经过精心调节过空气的办公室。一般来说，办公环境中最舒适并有益于健康的温度是 15～20℃；最适宜的湿度为 40%～60%；室内应有良好的通风设备，使空气流通无碍；办公室内应该禁止吸烟，以保证空气的新鲜；平时应注意打扫卫生，如用吸尘器吸尘，擦洗家具，粉刷墙壁和天花板等。

（4）营造健康、安全的办公环境

要做好办公室的保健与安全环境管理，首先，办公室工作人员应树立健康安全意识；其次，应注意识别并及时发现办公室安全隐患。一般来说，办公室安全隐患主要有以下几个方面：

1）办公建筑隐患：这主要指地面、墙壁、天花板及门、窗等，如地板缺乏必要的防滑措施，离开办公室前忘记关窗、锁门等。

2）办公室物理环境方面的隐患：如光线不足或刺眼，温度、湿度调节欠佳，噪声控制不当等。

3）办公家具方面的隐患：如办公家具和设备等摆放不当，阻挡通道；家具和设备有突出的棱角；橱柜堆放太多东西有倾斜倾向等。

4）办公设备及操作中的隐患：如电线磨损裸露，拖拽电话线或电线，计算机显示器摆放不当的反光，复印机的辐射，违规操作等。

5）工作中疏忽大意的人为隐患：如站在转椅上举放物品，女士的长头发卷进有关的机器设备，复印后将保密原件遗留在复印机的玻璃板上，在办公室里抽烟，不能识别有关的安全标志等。

6）消防隐患：如乱扔烟头，灭火设备已损坏或过时，灭火器上堆放物品，火灾警报失灵等。

最后，应遵守有关的法规，实行安全管理责任制。安全是组织运作的基本保障，也是现代文明的体现。为了与国际接轨，国家已经推行了职业健康安全卫生管理体系（Occupational Health and Safety Management System，OHSMS）模式，其基本要求是：严格遵守国家劳动安全卫生规程和标准；伤亡事故和职业病发生率要低于同行业水平；实施职业健康安全卫生管理体系三个月以上；履行不断改善职业安全卫生状况的承诺。另外，要定期对办公环境和办公设备进行安全方面的检查，能够主动识别工作场所和常用设备的安全隐患，及时填写"隐患记录及处理表"和"设备故障表"，并在职权范围内予以排除，维护自己和他人的健康和安全。

相关知识链接：让办公室环境创造价值

改善办公环境，提高效率，已经成为企业健康发展的一个战略性要素。

（1）传统企业的主要问题

头顶上的灯光昏暗不堪；脚下的布线千头万绪；大大小小的科室封闭分割；无论走进哪一间，总是坛坛罐罐、杂处一室；一边密不透风，另一边却疏可走马；领导办公室常常位于走廊的幽幽尽头，给人一种高深莫测的感觉。这些不仅仅是一个简单的装修布局问题，更是说明企业管理者没有认识到办公环境对工作效率的影响。

（2）效率决定标准

企业办公环境的衡量尺度相对简单，最基本的只有一条：是否能够提升管理效率。换而言之，我们评价一家公司的办公环境的优劣，并不看其占地是否宽敞、陈设是否豪华，而更多地着眼于办公环境是否能够促进企业提升管理效率。

建筑师关注的往往是外形的简约和结构的安全；室内设计师总是醉心于色彩的协调、材料的质感；而作为企业办公环境的主人，管理者必须从业务人员的需要出发，充分利用环境所赋予的优势，最大化地去激发、创造出员工的工作热情。从某种意义上讲，与采购、生产与销售等功能一样，办公室环境布置也是一种创造企业价值的活动。

科学的办公室布置可以创造出高效率。新加坡某大型银行曾经在其国际结算部门实施过办公环境调整项目。通过重新安排信用证申请、开立、复核、二审、终审等业务环节的座位设置，并配合以计算机终端的合理布线与办公自动化系统的优化，大大提高了信用证业务的工作效率，缩短了客户服务周期，获得了良好的效果。

（3）以人为本

现代办公环境设计需要关注的是与人类日常工作相关的一些规律，即如何从环境设计的角度去促进人们更好、更有效率地工作。今天，许多企业设立了"脑力激荡厅"、"远程学习中心"、"先进管理实验室"等专门功能区域，目的就在于有效调动员工的创造能力、决策支持能力和持续学习能力，帮助他们创造一个调整心态、不断进取的良好环境。

许多国外企业在考虑内部环境设置时，就已经根据公司战略文化所要传达出的意境，从布局、色彩、照度、陈设、家具、徽标、字体等多方面加以考虑，使得人们身处此时此地的环境之中就能充分体验到公司文化的内涵。

（4）必须考虑成本

管理者们过多地强调环境初始营建的成本，却总是忽视办公环境维护的成本，而办公环境的维护是长期的、持续的。有些企业，片面喜欢追求巨大奢华的办公场地，常常导致总面积居高不下，维护与重置费用相当可观。因此对于一家理性的企业来说，合适的办公面积、精良的办公陈设才是最实际、最有效的选择。

（资料来源：金蚂蚁. http://www.antoc.com.）

二、办公用品管理

1. 常用的办公用品

办公用品是在办公室工作中需要使用和消耗的物品，是办公的必备工具。做好办公用品的管理工作，对提高办公效率，保证工作的完成起着很重要的作用。常用的办公用品主要有以下 5 种。

1）纸簿类：A4、B5 等类型的办公用复印纸、带单位抬头的用纸、普通白纸、复写纸、便条纸、标签纸、牛皮纸、专用复写纸、信封、笔记本、专用本册（如现金收据本）等。

2）笔尺类：钢笔、铅笔、圆珠笔、彩色笔、白板笔、橡皮、各种尺子、修正液等。

3）小装订类：大头针、曲别针、剪刀、打孔机、订书机、橡皮筋、胶带、起钉器等。

4）归档用品类：各种文件夹、档案袋、收件日期戳等。

5）办公设备专用易耗品：打字机用色带、复印机用墨盒、计算机用磁盘、U 盘、移动硬盘等。

2. 办公用品的计划和采购

按需求适时、适量地购进和发放办公用品对保证正常工作和提高效率很重要。因而在采购办公用品之前要进行合理的计划，要根据单位的工作性质、特点，以及以往的规律，拟算所需办公用品的种类、数量、质量，并根据开支规定、现有库存、轻重缓急等因素，逐项做出计划，计划要具有合理性、可行性和预见性，并注意在实际工作中不断调整，以满足办公的需要，在采购前最好完成单位"办公用品需求表"，表的内容一般包括个人领用和部门业务领用办公用品的名称、单价、数量、金额及需求部门，如表1-2所示。

表1-2　办公用品需求表

部门：　　　　　　　　　　　　　　　　　　　　　　　　日期：　　年　　月　　日

个人领用类（每人每月50元）						业务领用类					
办公用品名称	代号	部门	单价	数量	金额	办公用品名称	代号	部门	单价	数量	金额
小　计						小　计					
预算金额						实际金额					

部门主管：　　　　　　　　　　　经理：　　　　　　　　　　　经办人：

办公用品的采购应正确选择办公用品的供货商。在具体选择、比较供货商时，应注意考虑供货商的以下情况：供货价格和费用的高低，货品质量的好坏，售后服务的便捷程度，以及供货商所在的位置和商业信誉等。采购时注意初次供给、批量购进、季节削价、年底清仓均有不同的价格，应尽量指定一个供应商，这样可以降低价格，同时要求该供应商能准时交货、可以更换物品。

3. 办公用品的保管

办公用品的保管应建立制度，讲究方法。对购进和库存的办公用品，应分门别类，逐件登记，并妥善存放，摆放要合理，将大的、重的、新的物品放在下面。对库存的办公用品要定期检查，加强清点，切实做好防火、防潮、防蛀、防霉、防盗、防过期等工作。对办公用品的保管要指定专人负责，建立发放登记制度，在领导批准后，对领用物品的数量、种类、领用时间进行登记，领用人要签字。对办公用品的库存应定期进行盘点，填写"办公用品盘点报告表"（如表1-3所示），以便摸清办公用品的使用情况。

表1-3　办公用品盘点报告表

编号：　　　　　　　　　　　　　　　　　　　　　　　盘点日期：　　年　　月　　日

编号	名称	规格	单位	单价	本期结存		本期购进	本期发放数			备注
					数量	金额			数量	金额	

财务主管：　　　　　　　　　行政主管：　　　　　　　　　保管员：

办公用品保管人员为做好保管工作应掌握以下几个概念。

1）最大库存量：指某类办公用品的最大数量，这个数字的确定是由库存空间、库存费用及物品的保存期限决定的。

2）最小库存量：指某类办公用品的余额达到此数字时，就需采取紧急行动，立即核对存量，并与供应商联系，紧急订货，以保证在很短的时间内交货。

3）再订货量：这个数字是由物品的平均所有量、物品交货时间的长短来确定的。当库存余额与再订货量接近时，就需订购新的货物来补充库存，使货物达到最大库存量。

4. 办公用品的发放

办公用品的发放应遵循以下几个原则。

1）办公用品的发放应制定相应制度，如制定严格的领用审批制度和发放登记制度，并切实遵守执行。一般来说，物品申请表应包含的项目有：申请表编号、申领部门、物品名称、数量、特殊要求、发放人签字、领取人签字、批准人签字、日期。

2）办公用品的发放应适时适量，在保证重点的同时要兼顾一般。对工作性质重要的部门要实行倾斜政策，在条件允许的情况下，优先改善他们的工作环境和工作条件，做好后勤保障工作，让他们集中精力、更好地完成工作任务。对客观上决定的办公用品消耗大的部门也要给予支持，防止因办公用品而影响工作的完成。

3）严格办公设施的使用制度。在复印、传真前要由主管人员签字批准，并要求领用部门做好登记，保留所有复印、发送记录，还可以发复印卡以限制使用；昂贵的办公设备要限制使用；减少私人使用工作电话；控制国内、国际长途电话的使用等。

在满足工作完成的前提下，对工作人员进行厉行节约的教育，杜绝办公用品浪费的现象，加强办公用品的管理和发放，防止办公用品流失或用于非办公项目。随着科学技术日新月异的发展，办公的程序也越来越现代化，办公设备和用品的更新换代也应考虑成本和单位实际，有计划、有步骤地逐步发展，不能一哄而上，超出现有的办公费用的预算。

相关知识链接：某公司办公用品管理制度

一、目的 为规范公司办公用品的采购与使用，使之既满足员工工作需要又杜绝铺张浪费，特制定本办法。

二、适用范围 公司内所有部门办公用品的采购、领用及报废等管理。

三、物品请购

1. 各部门应于每月 25～30 日根据工作需要编制下月的办公用品需求计划，由部门主管填写"物品采购申请单"交办公室。

2. 办公室统一汇总、整理各部门的采购申请，并经核查库存状况后填写"物品采购计划表"，呈报总经理审核同意后实施采购任务。

3. 各部门若需采购临时急需的办公用品，由部门主管填写"物品采购申请单"，并在备注栏内注明急需采购的原因，报总经理批准后由办公室负责实施采购任务。

四、物品采购

1. 为有效完成采购任务，原则上由办公室统一负责实施采购任务。

2. 对专业性物品的采购，由所需部门协助办公室共同进行采购。

3. 临时急需物品可经办公室同意后由使用部门自行采购。

4. 对单价大于 500 元以上物品的采购，应先进行询价、比价、议价，并将最终议定价格呈报总经理同意后，方可实施采购任务。

五、物品入库

1. 办公用品入库前须进行验收，对于符合规定要求的，由办公室办公用品管理人员登记入库；对不符合要求的，由采购人员负责办理调换或退货手续。

2. 物品采购发票应由办公室办公用品管理人员签字确认入库后，方可报销。

六、物品领用

1. 员工领用办公物品应填写"物品领用登记表"。

2. 员工领用单价在人民币 50 元以上的物品，须经部门主管核准同意。

七、物品使用

1. 严禁员工将办公用品带出公司挪作私用。

2. 员工离职时应依"物品领用登记表"所领物品一并退回（消耗品除外）。

3. 凡属各部门或部门内员工共用的办公用品应指定专人负责保管。

4. 公司员工应本着节约的原则使用办公用品。

5. 办公用品若被人为损坏，应由责任人照价赔偿。

八、物品报废

非消耗性办公用品因使用时间过长需要报废注销时，使用人应提出办公用品报废申请，经部门主管审核，并报总经理同意后，到办公室办理报废注销手续。

能力训练

一、基本训练

训练一：列举办公环境中哪些是人文环境，哪些是自然环境。

建议：请你与同学进行讨论，将讨论内容——记录下来，整理、归纳出清晰的观点。

训练二：拟写一份办公环境维护和优化方案。

建议：请你与同学进行分组讨论，在训练一的基础上，结合所学和自己的创意，提出优化方案，以小组报告的方式上交。

训练三：讨论怎样才能做好办公用品的管理工作。

建议：请你与同学进行讨论，将讨论内容——记录下来，整理、归纳出清晰的观点。

训练四：讨论怎样才能做好办公用品的发放工作。

建议：请你与同学进行讨论，将讨论内容——记录下来，整理、归纳出清晰的观点。

二、案例分析

某公司办公环境维护方案

一、办公环境

1. 办公环境是公司员工进行日常工作的区域，办公区内办公桌及文件柜由使用人负责日常的卫生清理和管理工作，其他区域由物业保洁人员负责打扫，行政办公室负责监督检查办公区环境卫生。

2. 办公区域内的办公家具及有关设备不得私自挪动，办公家具确因工作需要挪动时必须经行政办公室的同意，并做统筹安排。

3. 办公区域内应保持安静，不得喧哗，不准在办公区域内吸烟和就餐，办公区域内不得摆放杂物。

4. 非本公司人员进入办公区，需由前台秘书引见，并通知相关人员前来迎接。

5. 行政办公室负责组织相关人员在每周五对办公区域的卫生和秩序进行检查，并于下周一例会上公布检查结果。检查结果作为部门绩效考核的参考因素之一。

二、园艺环境

1. 公司园艺要每月用旋刀剪草地一次，每季度施肥一次，入秋后禁止剪割。

2. 春、夏季的草地每周剪两次，长度一般控制在20毫米，冬季每周或隔周剪草一次，当月培土一次，隔月疏草一次，隔周施水、肥一次，隔周施绿宝一次。

3. 割草前应检查机具是否正常，刀具是否锋利，滚桶剪每半月磨合一次，每季度将折底刀打磨一次，园盘剪每次剪草须磨刀三把，每剪15分钟换刀一把。

4. 草地修剪应采用横、竖、转方法交替割草，防止转弯位置局部草地受损过大，割草时行间叠合在40%~50%，防止漏割。

5. 避免汽油机漏油于草地，造成块状死草；注意起动汽垫机，停止时避免机身倾斜，防止草地起饼状黄印；注意勿剪断电机拖线，避免发生事故。

6. 工作完毕后，要清扫草地，并做好清洗机具和抹油等保养工作。

三、园林环境

1. 公司所有石山盆景逐一挂铁牌、编号并拍照入册，做到盆景、名称、编号牌、照片对号存档，确保妥善管理。

2. 新坛（新制作盆）盆景及时编号、拍照入册，出现损失及时报告存档备查（应有管理者、领班、经理共同签名确认）。

3. 室内换盆景，每次出入应登记编号并注明摆放起止时间、地点及生长状态。

4. 所有盆景每年应全面盘点，由主管、领班及保管者盘点后共同签名交办公室存档备案。

（资料来源：总务后勤管理资源网.）

思考题：

1）你觉得案例标题中的"办公环境"是广义还是狭义？为什么？

2）看完案例之后，你对办公环境的管理和维护有什么新的认识？

3）按照案例的思路，你认为对办公环境的管理和维护还应补充哪些方面的内容？

三、能力拓展训练

训练一：办公室环境中常常会存在各种安全隐患和不良行为，作为办公室工作人员，你要善于发现问题，不能视而不见，要采取适当的方式和办法来解决这些问题。

建议：你先从身边做起，去发现身边学习环境、生活环境中存在的安全隐患和问题。

训练二：营造良好的能够高效办公的环境，需要办公室工作人员做出哪些努力？并通过分析，在这些因素中找到关键因素。

建议：通过社会实践、实习的活动，不断反思这个问题，收集相关的信息，并撰写分析报告。

训练三：通过网络或其他方式，搜集办公环境管理和办公用品管理的相关资讯，了解行政部门、企事业单位在办公环境管理和办公用品管理上的做法和不同特色。

建议：多搜集、多积累，拥有尽可能多的竞争优势。

学习评估

即将成为办公室工作人员的你，通过上面的训练，有什么收获和感想？反思自己在训练过程中的表现，是否进一步地提高了就业技能和专业能力？填写能力评价表（在符合的下面画"√"），如表1-4所示。

表1-4　能力评价表

学习目标		评价项目	小组评价			教师评价		
			好	较好	一般	好	较好	一般
专业知识	应知应会	办公环境的概念 办公用品的范围						
	理解和掌握	办公室工作的服务性 和复杂多样性						
专业能力	有效管理办公环境 和发放办公用品	办公环境管理						
		办公用品管理						
		办公用品发放						

完成任务后的反思：＿＿＿＿＿＿＿＿＿＿＿＿＿＿＿＿＿＿＿＿＿＿＿

任务二

会议室和公务用车管理

任务目标

1）了解各种类型会议室的用途，掌握会议室布置和使用的管理方法。

2）了解公务用车的使用范围，掌握公务用车的购置、使用、调度、折旧与报废、保养与维修以及驾驶员管理等管理方法。

任务描述

王玲是红光公司的办公室秘书之一。因工作调整，王玲被安排为负责管理会议室和公务用车。虽然王玲在学校里学过一些会议室和公务用车管理的相关知识，但真正管理起来，王玲发现除应用相关知识进行管理外，严格遵守相关使用管理制度也十分重要。

任务分析

会议室和公务用车管理是办公室工作的重要内容之一。与时俱进地认识现代会议室，了解会议室布置和使用应遵循的原则，是有效维护和管理会议室的前提条件。公务用车在现代企事业单位中越来越普遍，掌握公务用车的的购置、使用、调度、折旧与报废、保养与维修，以及驾驶员管理等工作流程，将有助于节约成本并提高工作效率。

相关知识

一、会议室管理

在现代社会中，会议的作用日益凸显，人们通过会议交流信息、集思广益、研究问题、决定对策、协调关系、传达指示、布置工作、表彰先进、鼓舞士气等。办公室承担着所在单位会议室的管理工作，能否做好会议室管理工作直接影响到会议的效果和部门之间的团结。一般来说，会议室管理工作应健全会议室管理制度，在执行制度的基础上，重点做好以下几个方面的工作。

1. 清洁和维护工作

会议室是开会的场所，同时也是存放会议设施的场所。以前的会议室是"讲台放几支麦克风，墙上挂几支大喇叭，领导作报告，听众就用纸笔做记录。"这种落后的会议室远远不能满足现在高速交流的信息时代对会议系统的要求。随着现代沟通工具的发展，现代会议室内的设备也越来越完备，除常规的桌椅、话筒、扬声器外，还根据会议需要，增添了电视机、声控摄像机、图文摄像机、投影仪等设备。有些专用性会议室，如提供学术研讨、远程教学、医疗会诊的会议室，除上述公用会议室的设备外，还根据需要增加了供教学、学术用的设备，如白板、录像机、传真机、打印机等。

会议设施的增多为会议室的清洁和维护增加了一定难度。首先，清洁的内容增多了，除要做好地面、门窗和桌椅的清洁外，还要用专用的清洁剂定期对各类会议设施进行清洁和维护。其次，设备维护成为会议室管理的重要内容。为保证会议室内灯光、空调、音响、投影仪等设备的正常运行，工作人员应正确掌握各类会议设施设备的使用方法，并定期对各类设备进行检查，遇到简单故障能自行处理。每次会议结束后，要对音响及所有电器设备进行检查，使之处于正常状态；每次会议之前，要对音响及有关电器设备进行一次试运行的检查，以确保会议按期进行。

会议室内的温度、湿度应适宜，通常认为 $18\sim25℃$ 的室温，$60\%\sim80\%$ 湿度较合理。为保证室内的温度、湿度合适，会议室内可安装空调系统，以达到加热、加湿、制冷、去湿、换气的功能。会议室要求空气新鲜，每人每时换气量不小于 18 立方米。会议室的环境噪声级要求为 40 分贝，以形成良好的开会环境。若室内噪声大，如空调机的噪声过大，就会大大影响音频系统的效果，其他会场就难以听清该会场的发言。

2. 会议室安排和例会通知工作

为合理、高效地利用会议室，办公室对会议室实行根据工作需要、按照使用功能统筹安排使用的原则进行管理。凡因工作需要需使用会议室的，必须提前与办公室联系并填写"会议室使用申请单"（见表 1-5），经部门或主管领导批准后方可办理登记手续，该登记联系人为会议室本次使用责任人。办公室按照登记的先后顺序统筹安排，原则上实行同一时段谁先登记谁先使用，如遇重大或突发事件需要使用已经预定的会议室，由办公室负责与预约部门联系协调，并为其重新安排会议室或调整使用时段。为方便管理，办公室可制作"会议室使用情况表"（见表 1-6），以便各单位、部门或个人了解会议室使用情况。

表 1-5 会议室使用申请单

申请部门		申请人	
计划使用时间			
使用原因			
部门审批		办公室意见	
备注			

表1-6 会议室使用情况表

会议室名称	今 日
1楼礼堂会议室	2010-02-09 14:30 到 2010-02-10 17:00 预约
2楼第1会议室	无预约，无预定
2楼第2会议室	2010-02-09 08:00 到 2010-02-09 12:00 预约
2楼第3会议室	2010-02-09 08:00 到 2010-02-11 12:00 预定
3楼学术报告厅	2010-02-09 14:30 到 2010-02-09 17:00 预约

在会议室安排上应本着节约原则，对于准备不充分或重复、作用不大的会议可拒绝安排；对于参会人数少，能用小会议室召开的，不用大会议室；对于参加人员相同、内容接近、时间相同的几个会议，可协调安排合并召开；常规性会议不在接待性或专业性会议室召开等。

为避免会议过多或重复，许多单位正常性的会议一律纳入例会制，原则上要按例行规定的时间、地点、内容、组织召开，如每周一上午的厂长办公会，每月一次的安全工作会等。对于例会性质的会议，办公室承担着提醒性通知的责任，同时做好会议室的安排。

3. 负责或协助相关部门做好会务工作

负责或协助做好会场布置是会议室管理的重要内容。会场布置包括主席台设置、座位排列、会场内花卉陈设等，基本要求是庄重、美观、舒适，体现出会议的主题和气氛，同时还要考虑会议的性质、规格、规模等因素。

在会场布局上，对中大型会议室的布置要保证一个绝对的中心，因此多采用半圆形、大小方形的形式，以突出主持人和发言人，同时布置时要注意进、退场的方便，做好防火等突发事件的应急措施。中小型会场可采用方拱形、半月形、椭圆形、回字形、T字形和圆形等形式。

在主席台设置上，由于会议主席台的就座者都是主办方的负责人、主宾或主席团成员，安排座位时应符合惯例：职务最高者居中，然后按先左后右、由前至后的顺序依次排列。正式代表在前居中，列席代表在后居侧。主席台座次安排应编排成表，张贴于主席台入口处的墙上或在每个座位的左侧放置姓名台签。为美化主席台，可在主席台上居中或对称放置台花。

在座位排列上，小型会议室的座位安排应考虑与会者的就座习惯，同时要突出主持人、发言人，要注意分清上下座，一般离会场的入口处远、离会议主席位置近的座位为上座，反之，为下座；中大型会议室的座位，常见的安排方法有三种：一是按照参会人员的名单以姓氏笔画或单位名称笔画为序，从左至右横向依次排座的横排法；二是按照参会人员的既定次序或姓氏笔画从前至后纵向依次排座的竖排法；三是按照参会人员的名单以姓氏笔画或单位名称笔画为序，以主席台中心为基点，向左右两边交错扩展排列的左后排列法。

除做好会场布置外，办公室应安排人员在会议开始前一小时，将会场清扫干净，使会议室干净整洁，桌椅排放整齐，同时，按会议需要备好茶杯、饮用水。会议室使用完毕后，应随时关闭门、窗和全部设施设备电源，切实做好防火、防盗及其他安全工作。发现使用部门操作不当及人为造成损坏的，应及时上报，分析原因，明确责任。

相关知识链接：会议室布局类型

一个会议能否开得生动活泼，与会者的积极参与、会议场所的物理环境都会起到关键的作用。没有一种布置是绝对理想的，但有很多可选的方案。

1. 标准会议桌：桌子如果是圆的或正方形的最好，这样可以弱化会议主持者的重要性，同时彰显与会者的重要性。与会者之间是等距离的，同时每个人都能很方便地看到别人。长方形的会议桌常常会给人一种正式感，特别是当主持者坐在桌子尽头的时候。有时主持人也可坐在长边一侧的中间位置。也可以通过整合几张桌子，来形成一个新的会议桌布局。

2. U型布局：会议通常包含陈述，而一个U型布局可以适应所有目的的会议。在这种布局里，与会者可以获得阅读和书写的平面，还可以方便地看到主持者和视觉媒介，并且可以与所有其他与会者面对面。如果每张桌子都有两把椅子的话，还可以把与会者组成一对一对的。这种布局便于快速分发印刷材料。在有棱角的U型中，可以放置几张椭圆形的桌子。切记会议室的周边一定要留下足够的空间，以便三个或者更多的与会者把座位从桌子边上拉开进行面对面的讨论。当与会者超过16人时，U型就会变得很像个保龄球场或者一座桥。在这种情况下，不如请部分与会者坐到U型中间，这样可以拉近所有与会者之间的距离。

3. 圈式布局：让与会者在没有桌子的情况下坐成一圈，可以形成最直接的面对面的互动场景。圈式布局在全体讨论时非常适宜。假如房间四周有足够空间的话，可以很快地安排座位以便与会者进行更小规模的分组讨论。如果希望为与会者提供桌面的话，可以在外围放置桌子。

4. 小组布局：在一些大型会议中，在会议室里安排一些圆形或椭圆形的桌子，可以增进与会者相互间的互动与交流，也可以在桌子周围多设置一些座位，形成一个紧凑的布局。在这样的布局中，部分与会者需要转过他们的椅子以面对房间的正前方，以便看见主席台、活动挂图板、黑板或屏幕或者也可以在摆放座位时，注意避免让任何一位与会者背对着会议室的正前方。

5. 叠加排列：这样的布局适宜玻璃鱼缸式会议，其中最典型的，是设置两层同心圆形状的椅子。一张标准的会议桌，对玻璃鱼缸式会议也是很理想的选择。指派一组讨论者坐在桌子的一端，其他的与会者则对他们进行观察和旁听。如果需要，可以把讨论的这一组转移到桌子的另一侧。

6. 隔离式分组：如果会议场所空间够大，或者隔壁还能腾出空间，可以把桌椅以基于小组讨论和解决问题的形式加以安排。要注意将分割开的小组安排得尽可能远些，以避免互相干扰。但是也不要把隔离开的小组安排得过远，以免与主会议室在联络上造成不便。

7. 两人搭档式布局：这种布局要求将座位每两个组成一组（设不设会议桌或办公桌均可）。每一个与会者均与另一人组成一对，以便讨论。

8. 人字布局：传统的"教室"布局对于充满活力的会议并没有什么好处。但是，当与会者人数较多（30人或更多），而可供使用的仅有椭圆形的会议桌时，有时的确要利用到教室的布局。如果可能，把桌子安排成V字或人字形，这样可以缩短与会者之间的距离，并创造良好的正前方视线。这种布局特点，要比传统的教室布局给与会者提供看到他人的机会更多。在这种布局里，最好不要把过道安排在中间。

9. 传统教室布局：如果只有一排排直式排列的座椅的话，可以把椅子组成对子以方便讨论对象之间进行对话。尽可能把牌数安排成偶数，并且在排与排之间留下足够的空间，这样，坐在奇数排的与会者，就可以把椅子转过去，与后面正对着的他们的一对搭档展开一场四人讨论。

10. 视听室布局：尽管视听室对于充满活力的会议是一种相当局促的布局，但还是可以变通的。如果座位是可移动的，可以把它们排成弧形，这样会显得紧凑些，而且可以让与会者们能够彼此看见。如果座位是固定的，那就请与会者们尽可能到中心区就座。一定要按这个要求，必要时可以考虑封闭视听室的部分区域。另外，不论视听室面积多大，也不论与会者人数多么庞大，仍然可以将与会者结成对子，以便于相互讨论。

（资料来源：佰纳旅游网.）

相关知识链接：某局视频会议室管理规定

为使用和管理好我局视频会议室，充分发挥视频会议室的功能和作用，现结合我局的实际情况，特作如下规定：

1. 视频会议室的主管部门是办公室。各处室需使用视频会议室时，应提前一个工作日（至少半天）告知办公室，由办公室统一安排，并会同信息中心做好会前准备。

2. 办公室会同信息中心对视频会议室的设备进行登记，列出清单，指派专人管理。会场内的音响、空调及附属设施由办公室管理，视频会议设备由信息中心管理，各负其责，确保设备安全，严防丢失和损坏。

3. 召开视频会议时，办公室主管人员、信息中心技术人员提前半小时以上进入会场准备。办公室负责会场音响设备的开关、调试，信息中心负责技术服务，保证视频网络畅通。

4. 非指定人员不得擅自挪动、开关视频会议系统设备，任何人不得随意将设备外借及移作他用，不得在设备上安装其他软件。

5. 办公室会同信息中心定期对视频会议设备进行检测、保养，使其始终保持完好、清洁。发现问题及时与省局信息中心联系、维修，确保视频会议系统处于良好状态。

6. 使用视频会议室的各部门、单位和与会人员，要认真遵守规定，爱护室内公物。召开视频会议时，拉好场内遮光窗帘；参加会议的主要负责人在前排就座；与会人员关闭手机，避免信号干扰；场内严禁吸烟，不得在桌面上乱写乱画，不得随意走动、大声喧哗，以保证会议效果。

（资料来源：http://www.sjzgs.gov.cn.）

二、公务用车管理

公务用车指因工作需要，由机构经费购买和维护的车辆。为满足工作需要，很多行政部门、企事业单位都配备了公务用车，用于外出办事、接送来宾、联系业务、短途开会、出差迎送、员工上下班接送以及某些紧急特殊的用车需求。公务用车一般包括领导公务用车、部门公务用车、业务专用车辆等，不包括因公务零星使用的出租车辆。办公室对公务用车进行统一管理，以便充分利用现有车辆资源，减少经费开支，确保行车安全，提高办事效率。

一般来说，公务车辆管理包含以下几方面的工作。

1. 公务用车的购置和使用

办公室负责公务车辆的挑选和购置工作。在选购时要按照适用、经济、配套的原则进行，主要从4个方面进行考虑：要根据车辆使用性能合理选择车辆；要考虑现有车辆的利用率；要考虑买车时的资金来源和资金数量；要考虑节约成本，避免配车范围越来越大、车型越来越高级，用车无标准的奢侈浪费现象。经过多方比价、议价，尽量使所选购的车辆物美价廉、经济实用，能适应本单位的工作需要。同时，品种尽量齐全配套，小轿车、旅行车、客车、货车等均占适当的比例，以适应多层次、多方面用车的需要。

购置新车时，办公室工作人员必须按合同规定和有关文件，对车辆清单或装箱清单以及原厂说明书进行验收，并清点附件、随车工具，如有不符应拒绝验收。接收新车辆时，应组织驾驶员、保修工和有关技术人员培训，学习使用、维修注意的事项和各种调整数据。新车购进后，办公室要及时建立登记卡片，将车辆型号、牌号、车况等各项数据逐一登记（见表1-7）。并为新车办理申报牌照、领取行驶证、车船使用税、车辆保险等手续，同时，组织驾驶员、保修工根据厂家说明书或有关技术规定对车辆进行一次全面检查、紧固、润滑、调整后，严格按照定车定人的原则投入磨合期的适用性使用，以确保行车安全。

表1-7 车辆登记表

								年　　月　　日	
编号	车辆类型	规格	车号	驾驶员	购置日期	购买价格	发动机号	使用单位	主要使用人

2. 公务用车的调度

公务用车的调度指办公室根据单位车辆使用管理规定和当天的用车量大小，有计划地安排使用车辆。调度工作做好了就可以充分发挥车辆的使用效益，最大限度地满足各方面的用车需求。

调度工作应做到原则性强、科学合理、灵活机动。派车前应做好用车预约登记，要求各使用人根据不同需求提前预约，如当班用车 1 小时前预约，下午用车上午预约，次日用车当日预约，夜间用车下班前预约，集体活动用车 2 天前预约，长途用车 3 天或一周前预约等。对每日用车做到心中有数。派车时，应根据派车计划，填写"派车单"（见表 1-8），同时应坚持原则，按车辆使用范围和对象派车，不派人情车、关系车。车辆调度要熟悉工作部署，统筹安排，加强预见性、计划性，在一般情况下，车辆不要一次派完，要留备用车辆，以应急需。对于制度没有明确规定而确实需要紧急用车的，要从实际出发，灵活机动，恰当处理，不能误时误事。

表 1-8　派车单

使用部门			使用人	
用车事由				
用车时间		自　日　时　分至　日　时　分共计　时　分		
行车里程		自　千米至　千米　共计　千米		
用车类型			车　号	
管理部门			使用部门	
主　管			主　管	
经　办			经　办	

3. 公务用车的保养和维修

为使公务用车经常处于良好的性能状态，办公室应树立"安全第一，预防为主"的意识，组织专人有计划地定期对车辆进行保养和检修。对于外修车辆，要按计划进行，并报上级领导批准后实施；对于自修车辆，应组织司机配合修理工进行。无论外修还是自修，都应做好维修登记（见表 1-9）。

表 1-9　车辆保养（维修）单

编号		车号		里程数		驾驶员	
修车事由							
损坏原因							
修理厂							
审核意见							
管理部门		审核部门			总经理		
主管		主管					
经办		经办					

4. 公务用车的折旧与报废

公务用车的折旧是以行驶里程为依据的。办公室在考虑折旧里程长短时应考虑经济效果的好坏和设备更新的速度，当车辆达到规定折旧里程后应及时折旧；当车辆满足报废的条件：政策上不允许继续行驶的老、旧车型；车辆技术状况严重恶化，已无修理价值；因事故或自然灾害等原因造成车辆严重损坏，无法修复；主要部件损坏而又无法解决，长期影响车辆使用等，应及时予以报废。办公室应将报废车辆完整地送交废、旧车辆收购部门，不准拆卸主要部件，变卖或重新组装车辆。

5. 公务用车的驾驶员管理

办公室负责对公务用车的驾驶员资格进行考核；对驾驶员工作提出要求并进行监督和检查。

相关知识链接：某校的公务用车管理办法（试行）

为加强廉政建设，保持和发扬勤俭节约的优良传统，倡导充分使用公共交通工具，降低办公成本，规范公务用车的管理，特制定本办法。

一、公务用车范围

公务用车指因工作需要，由学院经费（含各基层单位自有资金）支付的用车，不含市内因公务零星使用的出租车。一般公务用车包括学院领导公务用车、学院公务用车、基层单位公务用车。

学院领导公务用车是指学院领导因履行公务活动所用车辆。

学院公务用车是指由办公室代表学院履行公务活动，包括：学院组织参加的会议、活动用车，学院的外事活动和来宾用车，以及学院领导批准的其他公务用车。

基层单位公务用车是指基层单位安排的公务活动用车，包括：学生实习、新生入学、毕业生行李托运、校运动会、大型市外比赛、离退休干部体检、职工丧葬，以及其他公务活动。

二、学院领导公务用车与学院公务用车的管理

学院领导公务用车与学院公务用车由学院办公室统一负责协调安排和管理，原则上使用办公室车辆，在学院办公室车辆不能满足要求的情况下，可以外租车辆，并履行如下手续：

学院领导公务用车由院领导申请（学院公务用车由办公室申请）→学院办公室审批（主管相应公务的院领导审批）并填写"派车单"→持"派车单"用车，用车前核准起始里程，用车后将核准的行车里程填入"派车单"，并签字确认→将"派车单"交有关司机，作结算和备查依据。因特殊情况未能及时履行公务用车手续的，在用车完毕后，应及时到办公室补办有关手续，手续不健全的可以视为非公务用车。

上述公务用车，外租车辆必须由主管院领导审批，外租学院车队车辆使用办公室统

一印制的"派车单"。

三、基层单位公务用车管理

基层单位公务活动原则上不得以任何形式租用小车，特殊情况需要租用小车的须经主管院领导批准。

基层单位公务活动需要租用其他车辆的，由用车单位向主管院领导提出申请。租用车队车辆的应填写"派车单"，租用校外车辆的应填写由学院统一印制的"租用车辆申请表"（一式两份），报主管院领导审批后方可使用。用车单位要将主管院领导批件存档，作结算和备查依据。

基层单位公务用车应严格按照审批的用途用车，租用车队车辆的，用车前核准起始里程，用车后审核行车里程，并当场签字确认；租用校外车辆的，应及时索取发票。

四、公务用车报销办法

1. 学院领导及学院公务用车费用由办公室非用车主任负责审核与结算；基层单位公务用车由用车单位的非用车领导负责审核与结算。审核的内容包括"租用车辆申请表"、"派车单"、院领导批示等。

2. 租用车队车辆的，由车队在每年5月底和10月底，持用车汇总表并附"派车单"到用车单位经该单位非用车领导审核签字后，到财务处结算；租用校外车辆的，在使用完后1个月内，持"租用车辆申请表"和租车发票，填写报销单，报主管院领导审核签字后到财务处报销。

3. 自本"办法"实行后，基层单位一律不得报销油料费、过桥过路费及其他相关费用（特殊情况经院长审批后方可报销）。

五、其他

1. 学院领导与基层单位要相互主动协调，尽可能联合用车，以节约经费开支。

2. 各单位要严格公务用车管理，未经主管院领导批准，一律不得租用车辆，否则发生的费用由用车人负担。无论以任何方式报销者，一经查出，除补交有关费用外，还将按学院有关规定予以党纪政纪处理。

3. 在公务活动中，未经学院领导批准，严禁任何人私自驾驶租借车辆，否则，发生交通事故的所有责任一律自负。

4. 后勤服务中心要加强自有车辆和公务用车的管理，可参照本"办法"执行。

5. 本"办法"自发布之日起执行，解释权在学院办公室。

（资料来源：http://office.nciae.edu.cn.）

能力训练

一、基本训练

训练一：讨论会议室安排的原则和注意事项。

建议：请你与同学进行讨论，将讨论内容一一记录下来，整理、归纳出清晰的观点。

训练二：列举不同会议目的，讨论会议室布置方案。

建议：请你与同学进行分组讨论，根据不同会议目的，如行政例会、客户见面会、学术报告会等目的，结合所学，提出会议室布置的优化方案，以小组报告的方式上交。

训练三：讨论公务用车的申购的流程和注意事项。

建议：请你与同学进行讨论，将讨论内容一一记录下来，整理、归纳出清晰的观点。

训练四：讨论怎样才能做好公务用车的调度工作。

建议：请你与同学进行讨论，将讨论内容一一记录下来，整理、归纳出清晰的观点。

二、能力拓展训练

训练一：随着现代沟通方式的发展，人们的开会方式发生变化，出现了视频会议室、多功能会议厅等会议室形式，请学习使用管理新型会议室的方法。

建议：你可随时关注各类办公设备和视频影音设备发展动态和使用方法，这将有助于你提前储备好知识干粮。

训练二：做好会议室管理和公务用车管理，需要办公室工作人员做出哪些努力？并通过分析，在这些因素中找到关键因素。

建议：通过网络或其他方式，收集会议室管理和公务用车管理的相关资讯，了解行政部门、企事业单位在会议室管理和公务用车管理上的做法和不同特色。

学习评估

即将成为办公室工作人员的你，通过上面的训练，有什么收获和感想？反思自己在训练过程中的表现，是否进一步地提高了就业技能和专业能力？填写能力评价表（在符合的下面画"√"），如表 1-10 所示。

表 1-10 能力评价表

学习目标		评价项目	小组评价			教师评价		
			好	较好	一般	好	较好	一般
专业知识	应知应会	会议室管理布局方式 公务用车的范围						
	理解和掌握	会议室管理的协调性 公务用车的派车原则						
专业能力	有效管理会议室 和公务用车	会议室安排技巧						
		公务用车的申请程序						
		公务用车的调度技巧						

完成任务后的反思：_____

任务三

零用现金管理

任务目标

1）了解办公室零用现金的定义和使用范围。
2）了解办公室零用现金申领、保管、支付和报销的程序。
3）学会妥善保管和使用零用现金。

任务描述

王玲在红光公司工作3年了。3年来，王玲严谨细致的工作态度得到了上司和同事的肯定。在一次工作调整中，上司安排王玲管理零用现金。王玲开始学习管理零用现金的相关知识和技巧。

任务分析

零用现金管理是办公室工作的内容之一。做好零用现金管理，首先，应认识办公室零用现金的定义和使用范围，理解办公室准备零用现金的必要性；其次，要掌握办公室零用现金申领、保管、支付和报销的程序，妥善保管和使用零用现金；最后，严格、规范执行办公室零用现金管理相关制度，这是安全、节约地使用零用现金的重要保障。

相关知识

一、零用现金的定义和使用范围

零用现金，是指企业、机关、事业单位或其他经济组织为了满足管理和经营过程中零星支付需要而保留的现金。零用现金主要用于那些零星小额的不便于使用支票而需要直接支付现金的日常开支，如日常办公用品的采购。零用现金的多少即通常所说的库存限额，要本着精打细算、勤俭节约、有利于工作的原则，根据单位的实际情况和本部门的工作需要进行配备，不同性质的单位和部门有不同的限制额度。

为满足日常办公的需要，办公室需要常备零用现金（一般不超过 3～5 天零星支付所需现金），用以支付办公室管理过程中的零星小额付款，包括购买办公用品（文具、复印纸、办公饮用水）费用、本市交通费、邮递费、接待用茶点费、停车费、名片制作费、刻章、配钥匙、外出复印费等。有些公务费用，例如，出差到外地的差旅费、小额的医药费等不能从办公室零用现金中支付，而需要直接到财务部门申请费用和报销结算。

二、零用现金申领、保管、支付和报销

1. 零用现金的申领

办公室零用现金的申领纳入单位行政经费预算。每年年底或每月月底，办公室制订并上报本部门费用开支计划，经上级部门审核批准后到财务部门领取，同时填写零用现金收据（见表 1-11）。

表 1-11　零用现金的收据

日期＿＿＿＿＿＿＿＿＿＿	编号＿＿＿＿＿＿＿＿＿＿
零用现金收据	
金额￥＿＿＿＿＿	
说明＿＿＿＿＿＿＿＿＿＿＿＿＿＿＿＿＿＿＿＿＿＿＿＿	
科目＿＿＿＿＿＿＿＿＿＿＿＿＿＿＿＿＿＿＿＿＿＿＿＿	
领款人＿＿＿＿＿＿＿＿＿＿＿＿＿＿＿＿＿＿＿＿＿＿	
批准人＿＿＿＿＿＿＿＿＿＿＿＿＿＿＿＿＿＿＿＿＿＿	

2. 零用现金的保管

办公室零用现金实行专人专管，经批准通常由秘书负责保管。秘书在保管零用现金时要注意：应将零用现金锁在保险箱内，钥匙由秘书个人保管，不交予他人，以确保现金安全；为做到账目清楚，秘书应建立一本"零用现金账簿"，注明：收到现金日期、收据编号及金额；支出现金日期、用途；零用现金凭单编号、金额和余额。

3. 零用现金的支付

秘书在使用和支付零用现金时要注意：应根据单位制定的相关管理规定使用零用现金，对现金使用的范围、单项支出准许使用的额度要做到心中有数，做到不超支、不滥用；秘书向办公室其他工作人员支付零用现金，应要求对方填写下列表格，（表 1-12），未经审批而擅自购买者不得报销。

表1-12　零用现金的支付单

零用现金凭单		编号	
项目和用途：		金额：	
申请人签名：		日期：	
审批人签名：		日期：	
账页编号：		支付日期：	

4. 零用现金的报销

报销零用现金的流程是由经办人将"费用报销单"（见表 1-13）及原始单据（如发票）等交财务部门，由会计对原始单据的真实性、合法性及费用报销单的逐级审批手续进行审核，审核无误后由会计做账务处理，再进行复核、稽核，最后传递到出纳岗领取现金。

表1-13　费用报销单

编号：　　　　　　　填报日期：　　　年　　月　　日

姓　名		部　门			职　务						附
费用项目	内容说明			费用金额							件
			千	百	十	万	千	百	十	元	角	分	
	·											张
金额（大写）		合　计									
财务审批	部门主管审批	财务复核	部门复核		经办人		报销人				

秘书在报销零用现金时要注意：应根据单位相关规定及时报销，以保证零用现金储备充足；填写"费用报销单"应遵照"实事求是、准确无误"的原则，将费用的发生原因、发生金额、发生时间等要素填写齐全，并签署自己的名字和经办人的名字；"费用报销单"的填写一律不允许涂改，尤其是费用金额，并要保证费用金额的大、小写必须一致，否则无效；填写完"费用报销单"后，需经本部门负责人签批后，方可到财务部门报销。

三、零用现金控制

零用现金的控制，主要采取备用金制度，主要包括有：核定适当的零用现金限额，并设专人负责管理；按规定的用途使用零用现金；加强报销凭证的核实和审查工作；主管部门要定期或不定期地对零用现金进行清查核对，以保证零用现金的安全、完整。

相关知识链接：某公司行政办公费用控制办法（节选）

第1章　总则

第1条　目的。为有效控制行政办公费用的各项支出，严格执行年度预算，特制定本办法。

第2条　适用范围。本办法适用于日常办公费用、维修费用、印刷费用、微机网络费用、咨询费用、图书资料费用等各种费用的控制。

第2章　日常办公费用的控制

第3条　日常办公费用，指为满足日常办公需要所发生的费用，包括购买办公用品（文具、复印纸、办公饮用水）、邮递、名片制作、刻章、配钥匙、外出复印等杂费用。

第4条　归口管理部门，为行政部，负责办公用品的日常实物管理。

第5条　报销审批权限。

1. 办公费用单笔金额超过10 000元（含10 000元），由分公司经理审批。

签批流程：经办人→部门主管→部门经理→财务部主要负责人→行政总监→总经理→财务报销。

2. 办公费用单笔金额在4000元（含4000元）到10 000元之间，由行政总监审批。

签批流程：经办人→部门主管→部门经理→财务部主要负责人→行政总监→财务报销。

3. 办公费用单笔金额在4000元以下的，由部门经理审批。

签批流程：经办人→部门主管→部门经理→财务部主要负责人→财务报销。

第7条　办公费用年度控制总金额不应超过年度预算。

第3章　维修费用控制（略）

能力训练

一、基本训练

训练一：列举零用现金的用途。

建议：请你与同学进行讨论，将讨论内容一一记录下来，整理、归纳出清晰的观点。

训练二：讨论零用现金申领、保管、支付和报销的流程和注意事项。

建议：请你与同学进行讨论，将讨论内容一一记录下来，整理、归纳出清晰的观点。

训练三：讨论不同性质的单位，零用现金管理和使用的不同。

建议：请你与同学进行分组讨论，根据不同性质的单位，如行政机关、企业、事业单位等，结合所学，分析各自零用现金管理和使用制度不同的原因，以小组报告的方式上交。

二、案例分析

案例

开明中学零用金管理办法

第一条　为妥善管理本校各部门零用金，特制定《开明中学零用金管理办法》，以下简称"本办法"。

第二条　本校零用金系为支付小额零星之经常性支出得以迅速支付，采用定额预付制，额度为人民币 5 000 元，由出纳人员保管（或由总务主管另指定专人负责）。

第三条　零用金现金支付以每笔金额不超过 500 元为限，且支付项目包括：①汽油费；②邮资费；③零星文具；④零星印刷；⑤底片及冲洗费；⑥其他办公支出。非属零用金支付项目或金额超过者，均不得由零用金现金支付。

第四条　为使零用金能及时拨补各单位周转使用，每月 5 日及 20 日分两次定期进行拨补。

第五条　零用金管理员需妥善保存其经管的零用现金及支出索取的原始凭证，并随时将支付情形登记于零用现金簿。

第六条　零用金报销时，零用金管理员需填《零用金拨补汇总表》，并附上所有原始凭证（粘贴于支出凭证粘存单），经单位主管签核后，送交会计审核及填制传票，经校长核准后，由出纳开支票或付现金补充其保管之零用金。

第七条　以零用金报支的部门自办采购事项仍须依正常采购程序办理。

第八条　会计人员应不定期查核零用现金簿与零用金结存情形。

第九条　"本办法"经行政会议通过后实施。

思考题：

1）在该办法中，零用金的使用额度是多少？使用范围有哪些？

2）在该办法中，零用金的保管和报销程序是怎样的？

3）在该办法中，谁负责零用金的监管？

三、能力拓展训练

训练一：学习相关财会知识，学会记现金日记账。

建议：你可以阅读会计入门读物，了解基本的财务知识。买一本《现金日记账》账本，记录自己每天学习、生活的开支，学会记现金日记账，并学会怎样合理规划使用自己的现金。

训练二：做好零用现金的管理和使用，办公室文秘应具备怎样的能力素质？通过分析，在这些因素中找到关键因素。

建议：通过网络或其他方式，收集零用现金的管理和使用的相关资讯，了解不同性质单位在零用现金上的做法和不同特色，归纳出做好零用现金的管理和使用，办公室文秘应具备的能力素质，也许在今后的工作中能够帮上你的忙。

学习评估

即将成为办公室工作人员的你，通过上面的训练，有什么收获和感想？反思自己在训练过程中的表现，是否进一步地提高了就业技能和专业能力？填写能力评价表（在符合的下面画"√"），如表1-14所示。

表1-14　能力评价表

学习目标		评价项目	小组评价			教师评价		
			好	较好	一般	好	较好	一般
专业知识	应知应会	零用现金的使用范围						
	理解和掌握	零用现金的控制						
专业能力	有效管理和使用零用现金	零用现金的申领						
		零用现金的保管						
		零用现金的支付						
		零用现金的报销						

完成任务后的反思：＿＿＿＿＿＿＿＿＿＿＿＿＿＿＿＿＿＿＿＿＿＿

任务四　时间管理

任务目标

1）了解时间管理理论的发展历程，掌握时间管理的含义。
2）树立个人时间管理和领导时间管理意识。
3）能合理有效地管理自己的时间和上司的时间。

任务描述

王玲担任红光公司的办公室秘书一个月了，总觉得每天有做不完的事，常常顾得了这头，顾不了那头，有一次还忘了起草一份重要的合约，受到了上司严厉的批评。王玲意识到自己在工作时间的安排上存在问题，于是王玲开始学习如何进行时间管理。

任务分析

秘书工作繁杂，只有合理地分配时间和精力，才能提高工作效率。因而，秘书人员有必要学习时间管理的相关知识，认识时间管理理论的发展历程，理解时间管理的重要意义，掌握时间管理的工具，妥善进行个人时间和领导时间的管理。

相关知识

一、时间管理的含义

随着社会事务越来越复杂，人们要做的事情也越来越多，然而每天的时间只有 24 小时，它对每个人来说都是公平的、有限的，无论你多么努力，也不可能在有限的时间里完成所有你想做的事，在做一件事时，不得不放弃做其他事情的机会，时间的机会成本越来越高，人们对如何更有效地安排自己的工作，更合理有效地利用时间进行了研究，并形成了时间管理理论。所谓时间管理，是指对时间进行有效地计划和控制，从而在有限的时间内创造最大的效益。时间管理的目标是掌握工作的重点，其本质是管理个人，是自我的一种管理，其方法是通过良好的计划和授权来完成这些工作。

时间管理的方法有一个演变的过程。第一代时间管理的方法是利用便条、备忘录和记事本之类的记录来记下工作的重点，以便有效分配我们的时间和精力；第二代的时间管理方法是使用日历和日程表来提前计划自己的时间并安排未来的活动，更注重事前计划性；第三代的时间管理方法正在盛行，强调最重要的就是分清日常事务的轻重缓急，确定长期、中期以及短期的目标，然后再根据价值观合理地安排时间和精力。这种理论提倡对每一天进行合理规划，制订一个明确的计划来完成最重要的目标和任务。第四代时间管理的方法注重如何有效地管理自己，与前几代的时间管理注重完成工作的时间和工作量不同，此时的时间管理更注重个人的管理，注重产能，关注完成的工作是否具有有用性。在时间管理领域里，每一代理论都是在前一代理论的基础上发展起来的，而每一次发展都让我们更好地掌握生活。

二、个人时间的管理

秘书每天要面对大量的工作，其中有很多是例行性的、重复性的，秘书只有由厌恶处理烦琐的日常事务变为积极地、建设性地进行时间管理，才能使琐事变简，从而节省大量的时间。秘书要积极、有效地管理个人时间需做到以下几点。

1. 明确目标和自己的工作任务及职责

目标明确有助于人们分清事情的轻重缓急，从而有效地安排时间。作为秘书应了解公司的整体目标和自己所在部门的目标，同时确立个人的价值观，为自己设立职业发展目标，凡事向着目标，以大局为重；秘书还要了解自己的职责和工作重点，学会区分常规工作和非常规工作，以便合理地安排时间。

2. 制订工作计划

明确了目标之后，就可以按照各项工作的轻重缓急安排工作计划。计划是实施各项工作的保证，必须提前做出安排，越是重要的工作，越要及早作出计划。制订计划时要遵循自己的生物钟，将优先办的事情放在自己办事效率最佳的时间里。

3. 善于利用管理时间的工具

管理时间的工具很多，实体的如工作记录本、效率手册，虚拟的有在线时间管理工具 Rescue Time 等，秘书要学会利用这些管理时间的工具有效地分配和使用时间。最重要的是每天要做好工作日志。

4. 养成好习惯

将一天从早到晚要做的事情进行罗列，把其中没有任何意义的事情删除掉；把握时间结束点，控制好通电话的时间与聊天的时间；对不想做的事情进行巧妙地拖延；对那些不重要的事情和不属于自己的事情说"不"；安排"不被干扰"时间，每天至少要有半小时到一小时的"不被干扰"时间做对自己来说最重要的事情；严格规定事情完成期限，同一类的事情最好一次把它做完；树立每 1 分钟每 1 秒都要做最有效率的事情的意识。

三、领导时间的管理

秘书作为领导的有力助手，不仅要管理好自己的时间，同时还要管理好上司的时间，保证上司能够高效地工作。

1. 为上司安排活动时间表

秘书需为上司的各种活动和会议做好时间安排，通常使用的时间表包括年度时间表、季度时间表、月时间表（见表 1-15）、周时间表（见表 1-16）等。

表 1-15　月时间表

月份 周次	10 月	11 月	12 月
第 1 周	周一上午总经理面试销售部经理	总经理到北京与长岭公司进行商务谈判	全年绩效评估工作部署
第 2 周	周五对全体员工进行办公礼仪培训	周一上午董事会会议	各部门自行评估
第 3 周	公司品牌战略研讨会（在南京分公司召开）	周三召开公司办公会议	对各部门主管进行绩效评估
第 4 周	周一传达南京会议精神	周二公司领导审看广告片	周五上午召开部门经理会议

说明：月时间表由领导开会集体议定下个月的工作计划，秘书制表后经主要领导审定后再下发实施或月底时秘书综合整理各部门领导提供的下月工作安排，经协调制表，交主要领导审定后再下发实施。

表 1-16　周时间表

星期 时间	星期一	星期二	星期三	星期四	星期五
8:30	部门经理例会				全体员工大会
9:00		接待德国投资考察团	人力总监面试前台秘书	部门经理会讨论营销总监人选	
10:00	总经理面试销售部经理				
11:00					
12:00	总经理听取培训经理汇报并共进午餐	招待德国投资考察团的宴会			
13:00			财务总监向董事会汇报财务状况	总经理去市工业局开会	各部门会议
14:00	总经理与法律顾问会面	德国投资考察团参观公司生产区			
15:00					
16:00	WA 项目团队会议				
17:00					

说明：周时间表是每周一的上午或是每周五的下午，由主要领导开会协商的活动安排及秘书收集的活动安排，制表后交主管人员过目，再印发给相关人员。秘书在安排各项活动的时间内，要留有 10～15 分钟的间隔，以备活动时间的拖延或临时新添的内容及紧急的情况。

2. 做好上司和自己的工作日志

上司工作日志的内容应包括：上司在单位内部或外部参加的会议、活动情况，要记录清楚时间、地点、内容；上司外出时的来访，要记录清楚来访者的姓名、单位及预约的下次来访时间；上司个人的安排；上司的私人信息，如提醒上司为亲属买生日礼物等。

秘书的工作日志（见表 1-17）除包括上司的日志内容外，还应包括：上司的各项活动需要秘书协助准备的事宜；上司交代秘书办理的工作以及秘书职责中应做的工作。

表 1-17　秘书工作日志

事务\时间	内容安排	参与会见人员	需准备的文件	需准备的物品	车辆安排	备注
星期一	上午 9:00 与爱伦公司总经理洽谈	财务总监、营销总监	金灵岛项目合作事宜	茶点、咖啡		
星期二	下午 1:00 与公司法律顾问见面，商量与红星公司的销售纠纷		与红星公司销售纠纷的相关取证材料	茶点	中午 12:00 派车去接王律师	提醒司机张师傅准时出发
星期三	上午 9:30 召开部门经理会议		关于公司报销新规定（讨论稿）	茶点		
星期四	上午 8:00 去飞机场接青林公司张总经理	行政总监、公关部长		鲜花	7:50 公司的奥迪车、红旗车到大门口	
星期五	下午 1:00 召开全体员工大会		总经理的讲话稿			

秘书在填写上司的工作日志时，要注意提前了解上司工作和活动的信息，并经常与上司的工作计划进行核对，以便及时变更自己的工作日志，保证不与上司的工作安排发生冲突；协助或提醒上司执行工作日志，在必要时帮助上司排除干扰。

四、时间管理的工具

1. 时间管理的工具的种类

随着科技的进步，现代人可以使用的时间管理工具也越来越多，如传统的笔、纸质笔记本、随手 pad、pda、手机、计算机、收纳盒、ListPro、日程表、电子邮箱等，大大方便人们根据自己的需要进行选择。这些时间管理工具大致可分为两大类：

一是传统型工具，包括笔，纸质笔记本，工作计划专用文件夹、卡片柜、每天的时间表、值班表、可记事的台历、收纳盒等，这类工具具有高效、便捷、易用、廉价等特点，至今仍有很多人在使用。

二是现代科技型工具，包括轻便、灵活的 pda、ListPro、辅助性功能的手机、计算机、电子邮箱，以及歪批网、Google 日历等在线管理工具，这类工具各有特点，越来越多地被人们使用。

按日常使用的重要性排序：传统的笔，纸质笔记本，随手 pad，收纳盒，ListPro，pda，日程表，手机，计算机，电子邮箱。

2. 挑选时间管理工具的原则

1）操作简单。时间管理的目的是为了节约时间，管理时间的工具应该是操作简单，容易学会并能被熟练运用的，工具太复杂则会浪费时间，得不偿失。

2）日常使用的便利程度。如果你是经常在计算机旁，自然计算机是最容易取得的工具。但对于经常在外工作的人们，计算机就是很不方便的，pda 会是较好的选择。

3）了解每个工具的特性。每一种工具都有其优点和不足，例如，pda 可以灵活实现多种任务视图，但输入不便；纸质笔记本则刚好相反。熟悉不同工具的特性，有利于在不同事项和不同场合采用不同的时间管理工具，让时间管理更上一层楼。

相关知识链接：时间管理的几个重要理论

6 点优先工作制　该方法是效率大师艾维利在向美国一家钢铁公司提供咨询时提出的，它使这家公司用了 5 年的时间，从濒临破产一跃成为当时全美最大的私营钢铁企业，艾维利因此获得了 2.5 万美元咨询费，故管理界将该方法喻为"价值 2.5 万美元的时间管理方法"。这一方法要求把每天所要做的事情按重要性排序，分别从"1"到"6"标出 6 件最重要的事情。每天一开始，先全力以赴做好标号为"1"的事情，直到它被完成或被完全准备好，然后再全力以赴地做标号为"2"的事，依此类推……艾维利认为，一般情况下，如果一个人每天都能全力以赴地完成 6 件最重要的大事，那么，他一定是一位高效率人士。

帕累托原则　这是由 19 世纪意大利经济学家帕累托提出的。其核心内容是生活中 80%的结果几乎源于 20%的活动，因此，要把注意力放在 20%的关键事情上。根据这一原则，我们应当对要做的事情分清轻重缓急，进行如下的排序：

A 重要且紧急（如救火、抢险等）——必须立刻做。

B 重要但不紧急（如学习、做计划、与人谈心、体检等）——只要是没有前一类事情的压力，应该当成紧急的事情去做，而不是拖延。

C 紧急但不重要（如有人突然打电话请你吃饭等）——只有在优先考虑了重要的事情后，再来考虑这类事情，因为许多看似很紧急的事情，拖一拖，甚至不办，也无关大局。

D 既不紧急也不重要（如娱乐、消遣等事情）——有闲工夫再说。

麦肯锡 30 秒电梯理论　麦肯锡公司曾经得到过一次沉痛的教训：该公司曾经为一家重要的大客户做咨询，咨询结束的时候，麦肯锡的项目负责人在电梯间里遇见了对方的董事长，该董事长问麦肯锡的项目负责人："你能不能说一下现在的结果呢？"由于该项目负责人没有准备，而且即使有准备，也无法在电梯从 30 层到 1 层的 30 秒钟内把结果说清楚。最终，麦肯锡失去了这一重要客户。从此，麦肯锡要求公司员工凡事要在最短的时间内把结果表达清楚，凡事要直奔主题、直奔结果。麦肯锡认为，一般情况下人们最多记得住一二三，记不住四五六，所以凡事要归纳在 3 条以内。这就是如今在商界流传甚广的"30 秒钟电梯理论"或称"电梯演讲"。

办公室美学　秩序是一种美。均匀、对称、平衡和整齐的事物能给人一种美感。简洁就是速度，条理就是效率。简洁和条理也是一种美，是一种办公室的美学、工作的美学。因而，我们应当养成如下的**良好习惯**：物以类聚，东西用完毕物归原处；不乱放东西；把整理好的东西编上号，贴上标签，做好登记；好记性不如烂笔头，要勤于记录；处理文件做到迅速回复、迅速归档、及时销毁。

莫法特休息法　《圣经新约》的翻译者詹姆斯·莫法特的书房里有3张桌子：第一张摆着他正在翻译的《圣经》译稿；第二张摆的是他的一篇论文的原稿；第三张摆的是他正在写的一篇侦探小说。莫法特的休息方法就是从一张书桌搬到另一张书桌，继续工作。人的脑力和体力每隔一段时间就变换不同的工作内容，就会产生新的优势兴奋灶，而原来的兴奋灶则得到抑制，这样，人的脑力和体力就可以得到有效的调剂和放松。

能力训练

一、基本训练

训练一：讨论为什么要进行时间管理？说出你知道的时间管理案例。

建议：请你与同学进行讨论，将讨论内容一一记录下来，整理、归纳出清晰的观点，并将案例汇总。

训练二：讨论哪些是浪费时间的"杀手"，如何做好个人时间和领导时间的管理。

建议：请你与同学进行讨论，将讨论内容一一记录下来，整理、归纳出清晰的观点。

二、案例分析

案例1

假如现在是周一的晚上，面前是这五天要做的事情。

1. 你从昨天早晨开始牙疼，想去看医生。

2. 星期六是一个好朋友的生日——你还没有买生日礼物和生日卡。

3. 你有好几个月没有回家，也没有打电话或写信。

4. 有一份夜间兼职不错，但你必须在周二或周三晚上去面试（19:00 以前），估计要花一个小时。

5. 明天晚上有一个1小时长的电视节目，与你的工作有密切关系。

6. 明晚有一场演唱会。

7. 你在图书馆借的书明天到期。

8. 外地一个朋友邀请你周末去他那儿玩，你需要整理行李。

9. 你要在周五交计划书前把它复印一份。

10. 明天下午 2:00～4:00 你有一个会议。

11. 你欠某人200元钱，他明天也要参加那个会议。

12. 你明天早上从 9:00～11:00 要听一场讲座。

13. 你的上级留下一张便条，要你尽快与他见面。

14. 你没有干净的内衣，一大堆脏衣服没有洗。

15. 你要好好洗个澡。

16. 你负责的项目小组将在明天下午 6:00 开会，预计 1 个小时。

17. 你身上只有 5 元钱，需要取钱。

18. 大家明晚聚餐。

19. 你错过了周一的例会，要在下周一前复印一份会议记录。

20. 这个星期有些材料没有整理完，要在下周一前整理好，约 2 个小时。

21. 你收到一个朋友的信一个月了，没有回信，也没有打电话给他。

22. 星期天早晨要出一份简报，预计准备简报要花费 15 个小时而且只能用业余时间。

23. 你邀请恋人后天晚上来你家烛光晚餐，但家里什么吃的也没有。

24. 下周二你要参加一个业务考试。

思考题：

1）对上述事件你如何分类？

2）请为你未来一周的工作做一个计划表。

3）对于不重要的事情你打算怎样处理？

三、能力拓展训练

训练一：学习时间管理的相关理论，深入理解时间管理的方方面面。

建议：你可以阅读关于时间管理的书籍，如英国人约翰·阿代尔著的《时间管理》，通过课外知识补充加强对时间管理的理解和对时间管理方法的了解。

训练二：完成表 1-18 及表后的问题。

表 1-18　个人一周活动时间表

时间	星期一	星期二	星期三	星期四	星期五	星期六	星期日
08:00							
08:30							
09:00							
09:30							
10:00							
10:30							
11:00							
11:30							
12:00							
12:30							
13:00							
13:30							
14:00							

续表

时间	星期一	星期二	星期三	星期四	星期五	星期六	星期日
14:30							
15:00							
15:30							
16:00							
16:30							
17:00							
17:30							
18:00							
18:30							
19:00							
19:30							
20:00							
20:30							
21:00							
21:30							
22:00							
22:30							
23:00							

问题：每天都问问自己，时间表里当天哪些事情可以放弃不做？为什么？哪件事情应当优先考虑？为什么？

学习评估

即将成为办公室工作人员的你，通过上面的训练，有什么收获和感想？反思自己在训练过程中的表现，是否进一步地提高了就业技能和专业能力？填写能力评价表（在符合的下面画"√"），如表1-19所示。

表1-19　能力评价表

学习目标		评价项目	小组评价			教师评价		
			好	较好	一般	好	较好	一般
专业知识	应知应会	时间管理含义和发展历程						
	理解和掌握	时间管理的重要性						
专业能力	有效管理个人时间和上司的时间	管理个人时间的方法						
		管理上司时间的方法						
		有效运用时间管理工具						

完成任务后的反思：_____

第二章 接待工作

2000 年 6 月 13 日，韩国总统金大中访问朝鲜，并与朝鲜国防委员会委员长金正日举行会谈。

这次金正日是站在飞机的扶梯下面亲自迎接金大中的来访。按照国际惯例，这是一个最尊敬他人的姿势，金大中非常高兴。后来，金正日又亲自送金大中到酒店，再次打破了惯例。金正日的这两个举动令金大中非常感动。

这次会谈是朝鲜半岛分裂 55 年后的首次北南首脑会晤。首脑会晤后发表的《北南共同宣言》承诺：为实现朝鲜半岛的统一和开展各个领域的合作与交流而努力。

2000 年 6 月 13 日，朝鲜国防委员会委员长金正日（左）与韩国总统金大中一起在平壤顺安机场检阅朝鲜人民军三军仪仗队（见图 2-1）。

接待工作是现代社交活动中必不可少的重要环节，也是办公室非常重要的日常事务性工作。它有利于组织机构改善外部环境，扩大对外影响，获取各种信息，是一种无形的公关工作，是单位工作的门面和窗口，是联系合作的终结和桥梁，是领导工作的得力保证。

图 2-1　检阅三军仪仗队

随着社会的进步和发展，接待工作越来越发挥出它的重要作用，优秀的接待工作能赢得更多的理解、关心和支持，能促进商务活动的顺利进行。那么，作为办公室秘书应当怎样做好接待工作呢？

任务一

接 打 电 话

任务目标

1）日常工作中，接打电话的礼貌应答。
2）接打电话时能准确传递信息。

任务描述

随着科学技术的发展和人们生活水平的提高，电话已经成为最便捷的通信工具，每天我们都要接听和拨打大量的电话。在日常工作中，接打电话的技巧和礼仪直接影响着一个公司的声誉，人们通过接打电话也能粗略判断出对方的人品及性格。因此，办公室秘书掌握正确的接打电话的方法是非常必要的。

任务分析

1）了解接打电话的基本礼仪与技巧并能熟练运用于实际工作中。
2）随机应变能在不同的场合通过接打电话准确传递信息。

相关知识

一、接听电话的基本程序

1. 记录准备

秘书应在电话旁准备好电话记录本和笔，电话铃一响，左手摘机，右手马上准备记录。

秘书一定要养成随时准备记录的职业习惯，电话记录更应该形成制度，记录好电话内容，不但可以帮助秘书合理地安排时间，及时地处理一些重要问题，还有助于日后建立档案，以便备用。

2. 及时接听

一般情况下，秘书应在电话铃响起两声之后的间隔里拿起话筒，进行接听。铃声响了三次以上才拿起话筒就是缺乏效率的表现，会给来电者留下不好的印象。如果确实有事耽搁了，拿起话筒后应先向对方真诚致歉："对不起，让您久等了"。

3. 礼貌应答

接电话时，先主动问候对方，然后再作自我介绍，报出本单位的名称，这是国际惯用的电话礼节。

1）如果对方未作自我介绍，确认对方身份时，应委婉地说："请问您贵姓？"，切忌单刀直入。

2）如果能听辨对方声音，可直接称呼对方："您好！某某先生"，这会给对方留下特别亲切的印象。

3）如果需要传呼电话，应明白告诉对方："请稍等，我这就请某某来接电话"。

4）如果对方要找的人不在，应彬彬有礼地告知对方，千万不能鲁莽地拒绝。如果说："某某刚好不在，方便让我转告他吗？"这会使对方感觉很温暖。

5）如果通话内容必须放下话筒查问之后才能回答对方，应明确询问对方可否等待，如果对方愿意等待，再次通话时应先向对方表示歉意，例如，"对不起，让您久等了"。期间应尽量缩短让对方等待的时间。

6）如果通话中的内容无法予以解决，不能生硬拒绝对方，而应热情地给予对方一些力所能及的帮助。

4. 认真记录

通话过程中应用心倾听，准确领会对方意图，并认真做好记录。

1）记录内容包括对方来电中的重要细节，如来电时间、来电单位、主要内容、处理情况等。

2）对于通话内容中的主要细节，应主动予以复述，以得到对方确认，保证信息准确无误。

5. 结束通话

结束通话前，应礼貌道别。原则上由拨打电话方提出，如果对方是长辈或领导，应等对方先挂机，以示尊重。

相关知识链接：秘书怎样在交流中过滤电话

每个领导每天都要接听无数个电话，如果这些电话都要领导亲自来接听，他们就没有足够的时间和精力去处理公司的战略问题或核心问题。为了解决这个问题，大部分经营者都让秘书先过滤电话，把一部分不想接或没必要接的电话现行代为处理，只有重要事情非得由领导亲自处理的才转接，这样既能使时间得到合理的管理，又能提高工作效率。

过滤电话信息是秘书的一项非常重要的日常工作。一个优秀的秘书应该对自己的领导比较熟悉；如果秘书了解上司的人际交往范围、思维方式、工作方法和价值观念的话，在一般情况下都能判断自己是不是应该过滤。

首先，要了解来电者的具体情况。秘书接听打给领导的电话，一定要问明对方的身份和目的，包括来电者的姓名、职位、来电原因等。详细了解这些内容后，秘书应自觉并正确地判断此电话应不应该转接给领导处理，如果没有必要即可自行过滤电话信息，避免干扰领导的正常工作。

其次，要学会判别过滤电话信息。一个公司或一个单位，每天都有很多电话，这些来电有的有要事，有的则无足轻重，所以秘书就要起过滤器的作用，筛选判别电话信息。对于秘书职权范围内能自己处理的，或者领导不想亲自解决而授权给秘书处理的，或领导不想接或在特殊情况下不便接听的，或者是不重要的事，在这些情况下，秘书要发挥"挡驾"的作用过滤电话信息，而且过后还要向领导进行有效传达。

二、拨打电话的基本程序

1. 选择合适的时间

秘书在拨打电话时，应考虑对方的时间，尽可能在对方方便的时候打电话。

1）公务电话尽量避开刚上班或临近下班时。
2）考虑对方午休习惯，尽量避免在中午时拨打电话。
3）往国外打电话应注意时差。

2. 通话前的准备

1）内容准备。拨号前在记事本上将要谈的事项逐一记录，并准备好通话过程中需要的文件、数据和资料等，以便在电话中清楚有序地传递信息，避免遗漏。
2）拨号准备。拨号前先查清楚对方的号码以及姓名、职务等身份信息，提高办事效率。

3. 及时自我介绍

通话后，应及时向对方问好并确认对方情况，得到对方确认后，应主动报出自己的工作单位、姓名并说明来意。

4. 清楚陈述致电内容

简明扼要、准确清楚地陈述预先准备好的电话内容。特别重要的地方，应适当重复，确认对方已明白无误地听清楚并记录下来。

5. 道别挂机

通话结束前，应使用得体的语言感谢对方，并礼貌告别。如果对方是长辈或领导，应等对方先挂机。

相关知识链接：接打电话的基本技巧

1. 保持声音清晰，姿势正确。左手拿听筒，右手拿笔准备记录能提高工作效率；姿态端正、声音清晰悦耳能给对方留下好的印象，便于顺利开展工作。

2. 保持良好心情。时刻牢记对方能"听"到你的笑容，接打电话的过程中保持良好的心情，这样即使对方看不见你，但是会被你充满活力的语调所感染，给对方留下良好的印象。

3. 迅速接听。用最快的速度拿起听筒并礼貌问候，这样的习惯是每个办公室人员应该养成的。接听电话最好在三声之内，若长时间无人接听，会给对方留下效率低下的不良印象。

4. 准确记录。随时牢记 5W1H 技巧，迅速准确周全地传递信息。所谓 5W1H 是指 When（何时），Who（何人），Where（何地），What（何事），Why（为什么），How（如何进行），在工作中这些资料都是十分重要的。

5. 复述重点，以免工作失误。在通话过程中对于上述重点进行必要的重复，以确认所传达的内容是否被正确理解。

6. 了解对方目的。在工作中，每个电话都十分重要，不可敷衍，即使对方要找的人不在，切忌简单说"不在"就挂断电话。应尽可能问清事由，认真记录，委婉探求对方来电目的，避免耽误工作。

能力训练

一、基本训练

训练一：调整情绪与声音。

建议：电话铃响，立即左手拿电话，右手拿笔，面带自然微笑，声音亲切自然，作自我介绍。

训练二：礼貌应对与做电话记录。

建议：将学生分为两人一组，自行设计办公环境的电话内容，并将电话内容记录在电话记录表中（见表 2-2）。

表 2-2　公司来电接听记录表

序号	日期	时间	来电人及职务	被访者	事由	联系方式	处理情况
1							
2							
3							
4							

二、案例分析

案例 1

王丽是开元文化传播公司新聘的办公室文员，具体负责电话接打、文件处理和档案管理。

一天，王丽无精打采地来上班，一副若有所思的样子，电话铃响过四遍，她才拿起话筒，没好气地说："喂，你找谁？"电话是一位客户打来的，他想找总经理了解一下他们企业的宣传册是否已设计好了，王丽让他直接打电话给总经理。过了一会，总经理来电，告诉王丽，凡是找他的电话，除了要了解情况外，可以通过内线电话，征询一下他的意见，以免打扰他的工作。王丽这时才从恍惚中回过神来，有点不好意思，她对总经理说："对不起，我知道怎么做了。"

没多久，又有一个电话打进来，王丽拿起话筒，说了句："你打错了。"便放下话筒。这一举动正好被办公室李主任听见，他告诉王丽："接到打错的电话，不可以一挂了之，这样很不礼貌。应告诉对方自己公司的名称，如果你知道对方所找的公司或部门的电话，不妨告诉对方，说不定对方正是公司的顾客呢。即便不是，从维护公司形象的角度，也应热情友好地帮助对方。"

正说着，电话铃又响了，王丽在第二遍铃声响后拿起话筒，原来又是找总经理的。这次她知道该怎么做了。她未按"保留键"让对方稍候，放下话筒后直接用内线电话询问总经理意思。总经理说："现在不行，请他等会再来电话。"于是，王丽回答对方说："对不起，总经理不在，等会儿再来电话行吗？"殊不知，对方早已听到实情，自然心里很不痛快。显然，王丽这次又错了。

接着，总经理开会去了，王丽感觉松了口气，坐下稍微休息一下，没想到电话又响了，双方对话如下：

王丽："你好，这里是开元文化传播公司。"

对方："你好，我找你们总经理。"

王丽："我是总经理的秘书小王，请问有什么可以帮助你？"

对方："我想和你们经理谈谈，向贵公司订购的一批书的折扣有问题，能不能从 5 折降到 4.5 折？"

王丽："不好意思，总经理正在开会。我们公司一直都是新书打5折，4.5折不行。"

对方："这样啊，那就算了，目前我们的资金比较紧张，我们不想订了。"

王丽："我也没办法啊。"

对方："谢谢，再见。"

王丽："再见。"

刚放下电话，铃声又响了，王丽还是没好气地说："你好，开元文化传播公司，请讲。"

"我是钟灵，请转告李主任，我明天9点下飞机，叫他派车来接我，同时带上编号TG5193的那份合同，我有急用。千万别忘了。"这个电话的声音有些含糊不清，显然是用手机从远方打来的。

李主任从会议室走过来手拿一份资料，顺便问到："小王，钟经理有没有来过电话？"

王丽："她来过电话。"

李主任："她说了些什么？"

王丽："她说要你接机，好像还要带份文件。"

李主任："哪个航班？几点？哪份文件？"

王丽红着脸低下了头："这个，我记不清了……"

思考题：

1）请指出上面案例中秘书王丽在接听电话中正确的地方。

2）请指出秘书王丽在接听电话中错误的地方，正确的做法应该是什么？

案例2

电话"挡驾"的艺术

爱达公司的丁秘书正埋头起草一份文件，电话铃响了，拿起电话，丁秘书听着对方的声音，辨别出又是那位推销员朱磊打来的电话。

第一次他来电时，丁秘书听着朱磊的自我介绍，判断这电话不是经理正在等的电话，也不是要紧的事。于是她说："很抱歉，经理不在。请你留下姓名、地址、回电号码，我会转达给经理的。"可对方非要找经理不可。挂断电话，丁秘书就此事汇报了经理。经理听后告诉她，曾在一次交易会上见过此人，印象不佳，不想和他有生意上的往来。

10天前，朱磊又来了电话，丁秘书说："对不起，经理仍然不在。我已将你的情况和要求转告经理，目前他非常繁忙，尚未考虑与你联系。"随即主动挂断了电话。

现在，朱磊第三次来电，丁秘书应该怎么办？

思考题：

1）假如你是丁秘书，你会怎样做？

2）秘书在电话中应怎样既做到为领导"挡驾"，又不在言语上失礼，冒犯对方。

三、能力拓展训练

训练一：接听电话。

工作情境：今天上午，你的上司在外出开会期间共有 3 个电话来找你的上司：一个是上海经销商打来的，一个是上司熟悉的朋友打来的电话，一个是公司董事长打来的。

训练条件：秘书综合技能实训室。

训练方式：分小组角色模拟。

训练内容：①以小组为单位，每组 3 人，根据工作情境编写脚本，并分别扮演接听电话秘书、来电人和上司；②设计电话记录表，秘书在接听电话的过程中同时完成电话记录；③上司返回公司后，酌情汇报电话内容。

训练要求：①礼貌用语、微笑接听、沉着应对、清晰准确；②准确记录、复述重点、提高效率、及时汇报；③角色互换。

训练二：拨打电话。

工作情境：今天下午 2:30，你所在的公司将在二楼第三会议室召开部门经理会议，为保证会议的高效进行，组织者要求每位与会经理提前 10 分钟到场，将会议发言所需文件传到会议室的计算机中，请你准确通知所有部门经理准时参加会议。

训练方式：分小组角色模拟。

训练内容：①两人一个小组，四人一个大组，分别扮演拨打电话的秘书和接听电话的部门经理；②拨打电话过程要符合工作程序。

训练要求：①语言简练，突出重点；②亲切自然，清晰准确；③互换角色，互相观摩。

训练三：特殊电话的处理。

工作情境：

1）投诉电话。今天上午，突然接到一个电话，说是购买的本公司产品出现了质量问题。拨打投诉电话的客人情绪激动，言辞激烈。请模拟演练秘书接听投诉电话的过程。

2）接听匿名电话。打电话的人既不愿上报姓名，也不愿说明打电话的目的，只是执意要求与你的上司通话。请模拟演练秘书接听匿名电话的过程。

3）同时处理多个电话。每天上午 10 点左右，正是办公室秘书工作最繁忙的时候。此时你正在接听单位的内线电话，是你的上司打来的布置工作的电话，还没有说完，这时另一部外线电话响起了急促的铃声。请模拟演练秘书处理两个电话的过程。

训练方式：分小组角色模拟。

训练内容：①每组两人，分别扮演接电话的秘书和来电人；②四人一个大组，互相观摩；③接电话过程符合工作程序；④口齿清晰，应变能力强。

训练要求：①语言简练，突出重点；②礼貌周到，高效准确；③互换角色。

学习评估

即将成为办公室工作人员的你，通过上面的训练，有什么收获和感想？反思自己在训练过程中的表现，是否进一步地提高了就业技能和专业能力？填写能力评价表（在符合的下面画"√"），如表2-3所示。

表2-3 能力评价表

学习目标	评价项目	小组评价			教师评价		
		好	较好	一般	好	较好	一般
专业能力	接打电话时面带微笑，口齿清晰						
	接打电话过程中能符合礼仪规范						
	接打电话过程中能做到语言简练，准确地传递信息						
知识目标	接打电话的基本程序是否正确						
	拨打电话的基本程序是否正确						
通用能力	组织能力						
	沟通能力						
	解决问题能力						
	自我管理能力						
	创新能力						
职业态度	态度认真						
	爱岗敬业						

完成任务后的自我反思：＿＿＿＿＿＿＿＿＿＿＿＿＿＿＿＿＿＿＿＿＿

名人名言

赞美别人就是把自己放在同他一样的水平上。

——歌德

任务二

迎送来访者

任务目标

1）做好迎接来访者的准备工作。

2）热情友好地迎接来访者，消除来访者的陌生感。

3）礼貌送别来访者，给来访者留下美好回忆。

任务描述

迎来送往是社会交往接待活动中最常见的重要环节，是表达主人情谊、体现礼貌素养的重要方面。热情友好地欢迎来客，可以给客人留下良好的第一印象。周到、礼貌地送别宾朋，可以给客人留下美好的回忆，对加深双方的友谊与合作，发挥着重要的作用。

任务分析

1）迎接来访者的环境准备、物质准备。

2）热情迎接来访者。

3）礼貌送别来访者。

相关知识

一、迎接来访者的准备工作

1．了解来访者情况

1）了解来访者到访的目的。

2）来访人员的人数、姓名与职务。

3）了解来访者的兴趣爱好、性格特点。

4）了解来访者的国籍、民族与宗教情况及个人禁忌。

5）了解来访者的路线、交通工具和抵离时间。

2．迎接来访者的准备

迎接来访者的准备工作的内容包括环境准备、物质准备和心理准备，其操作标准和基本要求如表2-4所示。

表2-4　迎接来访者的准备

准备内容	操作标准	基本要求
环境准备	1．绿化环境：合理摆放花卉或绿色植物	整洁舒适、布局合理
	2．空气环境：温度、湿度合适，空气流通，气味舒适	
	3．光线环境：主要运用自然光线，自然光线不足时以适当的照明补充，光线亮度适宜	
	4．声音环境：室内保持安静	
	5．办公室布置：前台接待区、接待室、会议区布置合理	

续表

准备内容	操作标准	基本要求
物质准备	1. 有足够的桌椅、沙发，保持整洁 2. 茶具、茶叶、饮料充足 3. 放有最新的书籍报刊、公司宣传册 4. 电话、衣帽架	物品齐全、整洁
心理准备	1. 热情周到 2. 彬彬有礼 3. 和蔼可亲 4. 举止大方	有强烈的角色意识和服务意识，站在对方的立场，以诚相待

二、接待工作的具体实施

来访者到达后，按照既定接待方案，秘书随时与有关部门及人员联系沟通，实施接待。

1. 迎接来宾

在公务活动中，常有远道而来的客人，需要秘书人员到机场、车站、码头迎接，其工作程序如下：

1）准确掌握来访者到达的时间，必须在客人下机、下车、下船前到达机场、车站和码头等候客人，并提前准备好足够迎接来访者的车辆。

2）机场、车站和码头客流量大，为方便寻找客人，应事先准备接应牌，写明来访者的姓名、所在省市及单位、出席会议或活动名称，字迹端正。

3）招呼客人上车时，要让客人先上车，确信所有客人都上车后自己再上。途中可视来访者情况与客人寒暄，或进行轻松愉快的交谈，解除客人的拘谨感。

4）到达驻地，秘书应先下车，在车门旁等候客人下车，入内办理住宿手续，领取钥匙，带领客人进入客房。

5）安排来访者休息，送上日程安排表以便来访者提前准备，约妥下次见面的时间、地点，秘书不要久留，尽快让客人休息。

注意事项：

1）如果对方应邀的是重要客人，原则上应由本单位同等级别的领导迎接。当领导因故不能前往，可由秘书代表，但须向客人说明理由，致以歉意。

2）客人所带箱包、行李，须主动代为提拎，但不能代客人提拎随身小提包。

2. 会见、会谈的接待

会见是一种礼貌性的应酬，时间较短；而会谈的内容比较正式，是指双方或多方就某些问题的具体交流。在会见或会谈中，秘书应做的工作如下：

1）做好信息资料的准备工作。了解对方背景，凡是能收集到的资料，应尽量收集齐全，提供给上司或其他人员参考；准备会谈时所需要的文件和资料。

2）迎候来访者。来访者抵达时，接待人员在大楼门口或大厅迎候，并引导来访者到达会客室。若是重要来宾，应由主要会见者在门口迎接。

3）做好会见、会谈记录。认真细致地将会谈和会见中的谈话进行记录，以备考查。

4）会谈结束，安排合影留念。

5）会见、会谈结束，在会客室门口与来宾握手告别，对重要来宾应送至大门口再握手告别。陪同上司送客时，应走在上司的后面。

相关知识链接：接待中与来访者言谈的礼节

言谈是人际传播的重要手段，若要使之在人际交往中发挥更大的作用，除了做到言简意赅，还应力求以语言的"礼"吸引他人，以语言的"美"说服他人。下面着重介绍的是言谈礼节。

（1）谈吐的仪态

不论言者还是听者，交谈时双方必须保持精神的饱满；表情自然大方、和颜悦色；目光温和、正视对方，以示尊重；两人之间的距离可视双方关系的亲疏而定。

（2）话题的选择

话题的选择反映言谈者品位的高低。选择一个好的话题，使言谈双方有了共同语言，往往就预示着言谈成功了一大半。

首先，要选择交谈者喜闻乐见的话题，如天气状况、风土人情、体育比赛、电影电视、旅游度假、烹饪小吃等；其次，要回避众人忌讳的话题，如个人的私生活、令人不快的事件、以及生活习惯、宗教信仰、政治主张等。当然，不宜谈论自己不甚熟悉的话题。

（3）言者的表现

谈话者要顾及听者的情绪与心理的变化，不可滔滔不绝地说个没完，或大搞"酒逢知己千杯少，话不投机半句多"而冷落了某些人，更不能选用只有在场少数几个人听得懂的外语或方言与个别人交谈而置多数人于不顾。

言谈间，适当运用各种手势能起到锦上添花的作用，但手势过多、动作幅度过大却会使人有轻浮、欠稳重之感，会产生画蛇添足的效果。

（4）听者的反应

听者在交谈中处于相对被动的地位，全神贯注，认真聆听是其首要任务。在聆听时要适时做出积极的反应，以表明你聆听的诚意，如点头、微笑或简单重复对方的谈话要点等。同时恰如其分的赞美不可缺少，它能使交谈气氛变得更加轻松、友好。轻易打断对方的讲话或随意插话，是听者的忌讳，因为这对言者有不敬、失礼之嫌，故应尽量避免。当然，在交谈中做"永远"的听众，一言不发也是会令众人扫兴的。

三、送别来访者

"出迎三步，身送七步"是迎送宾客最基本的礼仪。通常客人起身告辞时，秘书应马上站起来主动为客人取送衣帽，并选择适当的言辞送别，尤其对初次来访的客人更应热情、周到、细致。送别客人时应当注意以下几点：

1）主动为来访者取衣帽等物，并扫视一下桌面，看是否有东西遗忘。

2）当送客人到电梯或大门口时，应为客人按电梯按钮，在电梯关门前挥手告别或等客人所乘坐的汽车开出视野后方能离开，不要急于返回。

3）与上司一起送客时，秘书人员应走在上司的后面，但在需要开门或按电梯时，秘书要紧走几步去开门或按电梯按钮。

4）当客人带有较多物品或有礼品赠送客人时，应帮助客人代提重物，并送到车上。

5）来访者离开前礼貌告别，目送其所乘坐的汽车开出视野后再转身回去。

能力训练

一、基本训练

训练一：前台接待区域的环境准备。

建议：①使前台接待区域地面、桌面清洁、舒适；②保证区域内的空气清新、光线充足，绿色植物湿润；③保证接待区域有足够的文具用品和接待用品，并摆放整齐。

训练二：接待室的环境准备。

建议：①使接待室地面整洁，沙发、茶几及相关物品的清洁；②保证接待室的坐椅足够接待相关人员；③保证接待室的饮水机正常、茶具清洁、充足；④准备最新的书籍报刊或公司宣传册。

二、案例分析

案例 1

某秘书到机场接到客人后，征得其同意后帮助客人提行李，引导其乘车前往宾馆。他先把行李放入后备箱，然后打开右前车门，请客人坐在司机旁说："坐这里视野好。"然后自己坐到了右后位。

在行车过程中，由于秘书接机起得较早，非常疲惫，也不管客人的感受自己在车里睡着了。将客人送到宾馆后，秘书热情地为客人办理好住宿登记，并将客人送到房间，因单位有其他事务就匆匆离开了，没有将下一项活动的时间、地点和内容告知客人，使客人很茫然。

思考题：

1）请说一说这位秘书有哪些不妥当的地方？

2）去车站、机场迎接客人时应当注意做好哪些工作？

案例 2

不可忽略的软环境准备

所谓软环境，是指会客室的工作气氛、接待人员的个人素养等社会环境。制约会客室环境的因素很多，有自然因素、经济因素，最主要的还是人的素质修养因素，这是在接待准备工作中必须重视的问题。

某公司迎来了一批参观访问者，这些参观访问人员是一批海外华人，他们此行是来了解情况，作投资准备的。为此，公司做好了一切准备，提前派出人员，从本市各地挑选了一批漂亮、年轻的女性接待人员，并为她们量身订做了华丽的服装，以显示公司人才和实力。可是他们却忽略了对接待人员的语言培训，这些接待人员操着不同的方言和来访人员交谈，甚至有的接待人员不懂得基本的言谈礼节。最后，竟然没有一家公司看好和信任该公司。

思考题：

1）请分析这家公司在接待中出现的问题？

2）如果你是接待工作的负责人，你准备怎样选拔、培训接待人员呢？

案例 3

做好接待工作，为经济建设服务

某市经济部门的领导和工程技术人员，先后 3 次来到 A 市洽谈联营生产项目。A 市把接待任务交给接待处周主任和小李。

周主任和小李每次接到任务，一面拟出接待方案呈报领导审批，一面到宾馆、车队联系安排好食宿、车辆。客人到达前，周主任和小李一一检查落实并填好住房卡、领好房门钥匙，等候迎接客人；客人到达马上带领客人进客房并介绍有关情况和询问客人需办的事；用餐时间带领客人进餐厅；客人要离开 A 市，事先陪客人到宾馆总台结账并及时送站。每次都在工作和生活上为客人提供方便。

后来，该项目签订了协议，某市在 A 市投资达 1000 万元，年产值 1.5 亿元，年利税可达 1000 多万元。而且，客人对 A 市周到的接待工作十分感谢。他们说："我们到 A 市好像到了家一样"，"你们热情周到的接待，使我们看到 A 市同志办项目的诚心和决心，项目的签订，有你们的一份功劳啊。"

接待工作就是迎来送往，为外地宾客做好服务工作，使宾客称心满意。热情周到、善始善终是接待工作的基本要求，同时，接待工作要有条不紊，切忌有头无尾。

缺少章法。

案例中的周主任和小李深谙接待工作中的精要,他们接到任务之后,没有慌乱,而是首先弄清情况,按有关规定做好食宿行的安排准备工作,同时拟出完整的接待方案呈报领导审批,然后按领导审批后的方案一一加以落实。客人来时,及时等候接送,并详细给客人介绍当地情况。

由于他们出色的接待工作,令客人感到宾至如归,消除了身在异地的感觉,主客关系融洽,促进了洽谈的顺利进行。

三、能力拓展训练

训练一:会议室的环境准备和物质准备。

工作情境:明天一早你所在的玩具贸易公司将有5位客人到访,他们是来自于玩具行业协会的秘书长、副秘书长及随行人员,明天上午你所在的公司将在会议室举行会谈,你公司的总经理亲自接待,同时另有4名中层干部参加会谈,请你在今天下班前做好会议室的环境准备和物质准备。

训练条件:秘书综合实训室。

训练方式:现场操作。

训练内容:①使会议室地面整洁,桌椅及办公家具整齐、清洁;②保证会议室的坐椅足够用;③保证会议室的饮水机正常、茶具清洁、充足;④检查并保证会议室的音响系统和投影系统能正常工作;⑤准备会谈或会议时所需的名签及宣传标语。

训练要求:①分组完成,由组长组织本小组成员有序完成训练任务;②合理安排小组成员,统筹安排,团队合作氛围和谐;③每位成员都高效、细致完成自己的工作任务。

训练二:送别来访者。

工作情景:你的上司与合作企业正在会议室洽谈商务合作事宜,你担任会议记录。现在商务洽谈结束,客人即将离开。请模拟演练秘书陪同上司送别来访者的全部过程。

训练条件:秘书综合实训室。

训练方式:分小组角色模拟。

训练内容:①以小组为单位,每组3人,分别扮演接秘书、来访者和上司;②必须演练送别来访者的全部过程。

训练要求:①热情诚恳,面带微笑,姿态端庄;②恰如其分的告别语言;③角色互换,每人都扮演一次接待秘书。

学习评估

即将成为办公室工作人员的你,通过上面的训练,有什么收获和感想?反思自己在训练过程中的表现,是否进一步地提高了就业技能和专业能力?对应能力拓展训练一、二,填写能力评价表(一)、(二)(在符合的下面画"√"),如表2-5和表2-6所示。

表2-5　能力评价表（一）

学习目标	评价项目	小组评价			教师评价		
		好	较好	一般	好	较好	一般
专业能力	1．会议室所有物品摆放整齐、清洁						
	2．充分利用自然光线、空气流通、清新						
	3．会议室有足够的坐椅保证会谈的顺利进行						
	4．准确制作名签，摆放符合商务接待礼仪						
	5．会议室的音响系统正常工作						
	6．会议室的投影系统正常工作						
	7．在计算机中设计欢迎来访者的演示文稿，并正常投影到大屏幕						
通用能力	组织能力						
	沟通能力						
	解决问题能力						
	自我管理能力						
	创新能力						
职业态度	主动服务						
	周到细致						
	自我形象良好						

表2-6　能力评价表（二）

学习目标	评价项目	小组评价			教师评价		
		好	较好	一般	好	较好	一般
专业能力	1．来访者起身后，及时开门，让客人和上司先离开						
	2．主动为来访者取衣帽等物，并扫视一下桌面，看是否有东西遗忘						
	3．送别来访者过程中跟随在上司身后						
	4．送别来访者过程中需要开门和开电梯时，紧走几步去开门或按电梯按钮						
	5．来访者离开前礼貌告别，欢迎对方再次光临						
	6．目送来访者所乘坐的汽车开出视野后再同上司一起转身回去						
通用能力	组织能力						
	沟通能力						
	解决问题能力						
	自我管理能力						
	创新能力						
职业态度	主动服务、周到细致						
	自我形象良好						

完成任务后的反思：_____

名人名言

如果说一张善良的脸是一封推荐信，那么一颗诚实的心便是一张信用状。

——布尔沃·利顿

任务三

接待来访者

任务目标

1）明确接待工作的基本任务。

2）掌握接待工作的一般程序。

3）按照接待工作的具体要求，准确高效地完成接待任务。

任务描述

在大多数的机构中，来访者在受到主管人员接待前都要在接待处逗留一段时间。接待这些来访者是办公室人员工作的重要内容，能够得体地接待来访者，使他们感到愉快，有助于促进双方的交流与合作，给对方留下深刻、美好的印象。

任务分析

1）熟悉秘书日常接待工作的基本原则、程序及一般要求。

2）掌握并运用不同情况下的接待工作和技巧；明确日常接待工作中的礼仪规范。

3）培养主动服务的工作意识，塑造良好的自我形象和周到细致的服务意识，为日后从事秘书工作打下坚实的基础。

相关知识

秘书的日常接待工作大多是一般性的来客接待，一般性的来客接待无须制订接待计划，只需要根据计划，有礼有序地接待依约客人，并按顺序安排客人与上司见面即可。

秘书的接待工作按来客事先有无预约分为有预约客人接待和未预约客人接待。

一、有预约客人的接待

有些来宾的到访是提前约定好的，秘书依约接待来宾一定要做好充分的准备，使接待工作有礼有序地进行。

1. 接待准备

一般来说，对于预先约好的客人，应提前做好以下准备工作。

1）事先记准对方的姓名、职位，当其来访时，应礼貌而恰当地称谓对方，并热情地为其服务。

2）适时提醒上司不要忘记已定下的约会。

3）接待室、会议室等环境的布置和准备工作。

4）必要时跟对方联系予以确认，以保证约见按计划顺利进行。

相关知识链接：接待工作中的小技巧——熟记人名

人际关系专家戴尔·卡耐基说过："一种极简单但又最主要的获得好感的方法，就是牢记别人的名字。"因为人们对自己的名字总是相当敏感，相当重视的。卡耐基也曾指出："一般人把自己的名字看得比全世界所有人的名字加在一起还重要。记住一个人的名字并把他叫出来，就等于给予此人一个微妙却很有效的赞扬，但是忘记或叫错了别人的名字，就会使你处于不利的境地。"

熟记来访者的名字是一种礼貌，也是一种感情投资，轻松地叫出来访者的名字，会让来访者觉得自己受到重视和关注，马上就拉近了彼此的距离。

2. 亲切迎客

对依约而来的客人，秘书应当立即停下正在进行的工作，热情迎接客人，要做到"3S迎客"即 stand, stare, smile。"stand"的意思是当看到有来访者到来时，应马上起立，并亲切问候；"stare"的意思是和来访者交谈时一定要注视对方，如果东张西望，会让来访者觉得你不尊重他；"smile"的意思是保持微笑，面带微笑，表明自己的自信与真诚，使对方产生信任感，不知不觉缩短与来访者的心理距离。

相关知识链接：接待工作中如何正确引导客人

迎接来宾后，秘书应当及时引导客人到事先安排好的办公室、接待室或其他接待场所。引导来宾途中，秘书应配合来宾的步调，在来宾左前方两步左右的位置引导，转弯或上楼梯时应提前指示方向，配合相应的语言"请这边走"、"请跟我来"等；引导客人上楼时，应该让客人走在前面，接待人员走在后面，若是下楼时，应该由接待人员走在前面，客人在后面，上下楼梯时，应该注意客人的安全。

如果需要乘坐电梯，应提前告知来宾即将到达的楼层，使来宾有心理准备，乘坐电梯时，应当按住电梯的开关，让来宾"先进先出"；引导来宾入座时，要遵循"面门为上、以远为上、以右为上"的原则（也可以按照中国传统的"以左为尊"的位置来安排座位）。

3. 热情待客

接待来宾时应表现得热情真诚，要做到"热情三到"即眼到、口到、意到。所谓"眼到"，是指接待来宾时一定要目视对方，注意与对方眼神的交流，否则是非常失礼的；"口到"就是在接待来宾的过程中要适时地寒暄，一定要用礼貌用语使来宾有宾至如归的感觉；"意到"就是要做到举止大方、神态自然、不卑不亢，体现良好的个人素质也代表良好的企业形象，会给来宾留下美好的印象。

相关知识链接：引导客人与上司见面

客人与领导见面，通常由办公室的工作人员引见、介绍。

在进领导办公室之前，要先轻轻叩门，得到允许后方可进入，切不可贸然闯入。进入房间后，应先向房里的领导点头致意，再把客人介绍给领导，介绍时要注意措辞，用手示意，但不可用手指着对方。介绍的顺序一般是把身份低、年纪轻的介绍给身份高、年纪大的；把男同志介绍给女同志；如果有好几位客人同时来访，就要按照职务的高低，按顺序介绍。

上司和来宾入座后，在宾主双方寒暄时秘书应及时端上茶水或饮料，并适时告退。告退前应用目光注视一下接待室的所有人员看看是否还有需要完成的事务。

4. 礼貌送客

送别来访者是接待工作的最后一个环节，如果处理不好将影响到整个接待工作的效果。会谈结束后，应热情友好地送别来访者，在送别来访者时，原则上应该送到客人离开视线为止；重要的客人或远路的客人离去时，应为其准备用车，并送至车旁。总之，要热情、诚恳、有礼貌，让来访者感到融洽温暖，给客人留下良好的印象。

5. 特殊情况

如果上司临时失约，秘书不能擅自安排客人在上司办公室等候而应当做出妥当的安排。常见的情况如下：

1）如果上司遇到突发事情，需要取消事先已经订好的约会，秘书应提前请示领导，如有可能可跟对方另行约定见面时间，或者经上司授权安排其他人员接待。

2）如果客人已经来到公司，秘书应真诚致歉并向客人解释，以取得对方的谅解，并及时采取补救措施。

二、未预约客人的接待

对于突然来访的客人，不管是要求拜访上司的客人，还是办理其他事务的客人，秘书都应以欢迎的态度热情友好地进行接待，并注意随机应变，灵活处理。必须牢记"礼多人不怪"的古训，即使客人带着不满情绪而来，也会自我控制化解矛盾，反之，如果有半点不周，也会给客人带来不舒服的感觉。

1. 了解来宾的身份及到访目的

上司的日常工作往往是按计划进行的，不速之客的到访可能会打乱上司既定的工作计划，因此，为保证上司工作的顺利进行，不可能对不速之客"每个必见"，也不可能"一个不见"。因此，对于不速之客的来访，秘书必须通过委婉、谨慎的方式了解对方的身份及到访目的和访问的部门及人员，以便做出恰当的接待安排。

2. 及时对来宾做恰当的分流

1）如果来宾提出马上就要见面的，则要设法联系有关部门或人员，看被访者能否与来访者见面。如果可以，则可以按照预约来宾的工作程序进行；如果不可以，则向来访者说明情况，主动请对方留言或留下联系方式，保证尽快将留言转交被访者，或是尽可能快地安排会见时间并通知对方。

2）如果来宾要见上司，而上司不愿见，秘书应当随机应变，婉言谢绝来访者，或者请示上司能否指定他人代替。如果可以由他人代替接见，则礼貌地请来访者与指定人员会谈。如果来访者坚持要见上司，而领导不想见的，要使用"善意的谎言"为领导挡驾，另外，让对方留下电话，表示将及时禀告上司。

3）对于不受欢迎的来访者或如果到访时怒气冲冲、情绪激动者，也应当以礼相待，一方面要耐心倾听，切忌以言相激，使事态恶化；另一方面要快速思考解决办法。对于不受欢迎者可委婉而坚决地请他离开或根据上司要求做出相应的解释；对于胡搅蛮缠者，应当想办法安抚对方情绪，抱着真诚的态度对待他，站在对方的立场化解矛盾，缓和事态，防止无理取闹者破坏性行为的出现或使事态扩大。

> **相关知识链接：以静制怒、以柔克刚，巧妙接待投诉者**
>
> 当投诉者出言不逊甚至恶言相对时，接待人员要冷静对待，冷静处理。如果是本公司的产品出了问题，面对气势汹汹的来访者，接待人员应始终面含微笑，首先热情地倒茶、让座，然后关心而急切地询问产品是否对其产生危害。接待人员要站在来访者的立场看问题，处理问题，为其利益考虑，勇于承担责任。只有这样，才能化干戈为玉帛，妥善解决问题，维护组织形象。

3. 礼貌相送

尽管来宾是不速之客，秘书同样应该礼貌相送，既显示了自己的风度，也有利于树立企业的良好形象。

能力训练

一、基本训练

训练一：亲切迎客。

建议：看见客人到来，立即停下正在进行的工作，热情迎接客人，做到"3S"迎客。

训练二：正确引导来访者。

建议：按照礼仪规范引导来访者，做到"眼到、口到、意到"；教师根据学校实际情况设计如下场景：在走廊中引导来访者；在楼梯中引导来访者；引导来访者进入房间（门为向外打开式和向内打开式两种）；引导来访者进入电梯。

训练三：介绍来访者。

建议：在接待客人时或其他社交场合相互介绍礼仪和方法，介绍过程符合礼仪规范，手势正确；介绍宾主双方时，口齿清楚，称谓准确。

训练四：招待来访者。

建议：教师设计相关场景，训练学生掌握正确上茶、正确引导来访者入座等招待来访者的一般方法，做到语言得体、热情大方。

二、案例分析

案例 1

一天上班时，某公司的总经理交代他的秘书说："一会公司的合作伙伴要来公司洽谈合作事宜，我在办公室等他，你去公司门口迎接，来了就直接带他到办公室来。"

秘书在公司门口迎接客人。

见客人下了车，秘书迎了上去，因为与客人见过，还比较熟悉，便很随意地说："我们经理在办公室等您，他要您直接过去。"

"要我过去？"客人看了看秘书，一点没有开玩笑的意思，"那你转告他，要他来我住的宾馆谈吧！"

一生气就要上车离开。

思考题：

1）如果你是秘书，接待客人时你应该怎么说？

2）秘书说错了话，她应该如何补救呢？

案例 2

某公司经理告诉秘书，今天上午要集中精力写一份重要的报告，不希望被任何事情所打扰。但不久，来了一位陌生人，说要向总经理推荐他们的一种新产品，秘书告诉对方，今天总经理不在公司。

谁知恰巧这时总经理打开房门，要秘书进总经理办公室给他找一份文件，此情形令秘书非常尴尬，只好解释说今天总经理工作特别忙，不接待任何来访，客人非常不高兴地离开了。

思考题：

如果你是办公室秘书，你认为应该怎样做更为妥当？

案例 3

接待工作看似非常简单，往往容易被人忽略，而看似简单的工作却能做出优异的成绩；在接待工作中，有时也会发生一些突发事件，对接待人员的协调能力、组织能力和应变能力都是较大的考验，下面这两个成功的案例，与大家共同分享。

在"最没有前途"的岗位上闪光

初入公司，学历最低又没有经验的杨丽被安排去做前台接待。在大家眼里，这是公司里最"没有前途"的岗位，平时接听电话，做个来客登记，从来没人干到两年以上，选择这样的职位，毫无前途可言。而杨丽却毫无怨言，微笑着去迎接自己的第一份工作，用她的话说："前途不是选出来的，而是做出来的。"

上班第一天，她就换掉了那本破破烂烂的来客登记簿，撤下了脏兮兮的部门电话联系表，取而代之的是 16 开的大本，封面是自己打印的公司简介，至于联系电话，她连续几个晚上熬到 11 点也就熟记在心了。有人不理解，说花上十几秒钟查查通讯录不就知道了？何必犯傻去死记硬背。杨丽说自己的工作就要"问不倒，答得快"，不仅是电话和房间号，有关公司的一切都要心中有数。

一次，几个新加坡客户来洽谈合作，杨丽安排他们在大厅稍等。客户们坐在一起，谈到对这个新合作伙伴的业绩不太了解，杨丽主动走上前去很有礼貌地说："如果可以的话，占用各位一点时间，我可以简单介绍一下。"在众人惊讶的目光中，杨丽把公司近几年的销售业绩、市场份额、运行情况说得有条有理。等到销售经理来迎接的时候，客户们赞不绝口："你们公司了不得，一个普通员工对自己公司的业绩都能脱口而出，这是多么强烈的责任心和自豪感啊！我们对这样的企业很有信心……"事后，经理问杨丽怎么记住那一长串数字的，杨丽回答："公司年会和每次的例会，我把各个部门的情况作了详细的记录。"经理不由得对她刮目相看。

很快，这个热情而细心的前台成了公司一道亮丽的风景。其实，杨丽的做法当初被很多同事嘲笑为傻帽。比如，为了保证电话铃响三声就接通，杨丽从来不带杯子到公司，最大限度减少上厕所的次数，大家说公司不是上甘岭，而杨丽相信，每一个未知的来电都可能是一个潜在的客户，也许百万元生意就开始于一次及时而热情的接听。再比如，午餐之后杨丽总要把大厅打扫一遍。有人说别傻了，公司付钱给物业公司了。杨丽说："物业公司的清扫时间比公司下午上班晚半个小时，中午时间进出的员工很多，地板上满是脚印，如果来了客户，肯定会影响他对公司的第一印象。"

老天不负有心人，一年之后，优秀员工的称号和额外奖金破天荒第一次落在了杨丽这个"最傻"的前台接待员头上。

对没有前途的工作采取应付的态度，大概是很多"聪明人"都会做的事。但是，只有最好的执行者才能想到：没有不重要的工作，只有不重要的人，即使是不起眼的工作也能做到最好。

突发情况　冷静处理

在某国际金融中心举行了一场盛大的音乐会，前期准备工作进行了半年的时间，邀请了大量贵宾及演出嘉宾，本案例中的秘书小张负责主要演职人员的接待工作和贵宾休息室的内部环境装饰。

在给某歌唱家布置休息室的时候，小张准备了常见的矿泉水、茶水和咖啡三种饮料。没想到那天歌唱家是在外地演出后坐飞机直接过来的，歌唱家到达休息室后说没有吃饭，要求喝牛奶和糖水。这时候，嘉宾已经开始陆续进场，现场比较混乱，大厦附近没有超市，也没有时间允许接待人员出去买牛奶了。

在这个关键的时刻，秘书小张想到了位于大厦一层的星巴克咖啡店有免费的牛奶及糖，通过对讲机请楼下负责引领工作的同事去星巴克要免费的牛奶及糖，告诉他们这次活动的重要性以及歌唱家因为演出没有来得及吃饭的情况。没过几分钟，楼下的同事就带了一大袋子所需物品跑了上来，歌唱家很满意，高质量地完成了演出，对这次音乐会的安排及布置给予了很高的评价。

思考题：

1）以上成功案例对你有什么启发？

2）你怎么理解"没有不重要的工作，只有不重要的人"这句话？

三、能力拓展训练

训练一：预约来访者接待。

工作情境：今天上午，你的上司与某个合作企业的销售部经理约好在10:00见面，洽谈合作事宜，9:50对方依约前来贵公司。请模拟演示秘书接待工作的全部过程。

训练条件：秘书综合实训室。

训练方式：分小组角色模拟。

训练内容：①以小组为单位，每组3人，根据工作情境编写脚本，并分别扮演接待秘书、来访者和上司；②必须演示接待工作的全部过程，包括迎接客人、引导客人进入会客室、奉茶、送客等；③根据小组创编的脚本自行准备道具（如茶杯、名片等）。

训练要求：①热情诚恳，面带微笑，姿态端庄；②接待过程符合工作程序；③角色互换，每人都扮演一次接待秘书。

实训二：接待未预约客人。

工作情境：你所在的公司是一家大型的服装服饰有限公司，主打的品牌在业内有较好的口碑，一直受到消费者的青睐，企业规模越来越大，效益也越来越好。

你在公司负责的工作是接打电话、接待客人以及管理档案。今天一大早，你正在整理办公环境，有一名客人来访，来访者说是在电视上看到贵公司的时装发布会后赶来的，希望能与你的上司洽谈并成为贵公司品牌的代理商。由于来的突然，没有跟你的上司预约。请模拟演示秘书接待工作的全部过程。

训练条件：秘书综合实训室。

训练方式：分小组角色模拟。

训练内容：①以小组为单位，每组 3～4 人，根据工作情景创编脚本，并分别扮演接待秘书，来访者（可以由陪同人员）和上司；②必须演示接待工作的全部过程，包括迎接客人、了解客人身份和到访目的、酌情分流、送客等；③根据小组创编脚本自行准备道具。

训练要求：①热情诚恳，面带微笑，姿态端庄；②接待过程符合未预约客人接待的工作程序；③角色互换，每人都扮演一次接待秘书。

训练三：特殊情况接待。

工作情境 1：客人提前到来。今天上午，你的上司将与合作伙伴见面，约好的时间是上午 10:00，但是这位合作伙伴比预约的时间提前了一个小时。

工作情境 2：同时接待两位客人。你正在接听一个非常重要的电话，这时，一位报社的记者如约来到公司采访你的上司，此时，又来了一位客人，是你所熟悉的上司的朋友，但是他没有预约。请模拟演示秘书接待工作的全部过程。

工作情境 3：接待上门投诉的客人。今天上午，你正在完成电话记录的整理工作，突然进来一位客人吵着要见你的上司，说是公司的销售人员欺骗了他，购买的产品以次充好，必须要面见上司讨个说法。请模拟演示秘书接待工作的全部过程。

训练条件：秘书综合实训室。

训练方式：分小组角色模拟。

训练内容：①以小组为单位，抽签决定扮演工作情景，根据工作情景创编脚本，并分别扮演接待秘书，来访者（可以由陪同人员）和上司，互相观摩；②必须演示接待工作的全部过程。

训练要求：①符合接待程序；②符合接待礼仪；③根据情况体现秘书应变能力与口才；④角色互换，每人都扮演一次接待秘书。

学习评估

即将成为办公室工作人员的你，通过上面的训练，有什么收获和感想？反思自己在训练过程中的表现，是否进一步地提高了就业技能和专业能力？填写能力评价表（在符合的下面画"√"），如表 2-7 所示。

表 2-7　能力评价表

学习目标	评价项目	小组评价			教师评价		
		好	较好	一般	好	较好	一般
专业能力	1．接待来访者时面带微笑，口齿清晰，符合礼仪规范						
	2．接待来访者的过程中能正确按照工作程序完成接待任务						
	3．接待来访者的过程中能做到随机应变，能恰如其分地运用得体的语言解决工作中出现的问题						
知识目标	1．接待工作的基本程序是否正确						
	2．接待工作中介绍客人的方法是否得当						
通用能力	组织能力						
	沟通能力						
	解决问题能力						
	自我管理能力						
	创新能力						
职业态度	主动服务、周到细致						
	自我形象良好						

完成任务后的自我反思：＿＿＿＿＿＿＿＿＿＿＿＿＿＿＿＿＿＿＿＿＿＿＿

名人名言

天时不如地利，地利不如人和。

——孟轲

任务四

接 待 计 划

任务目标

1）掌握确定接待规格的依据。
2）熟悉制订接待计划的内容。

任务描述

团体来访一般来宾比较多，事情比较重要，来访期也较长，如果来宾是外宾，接待工作更是影响着我国在国际交往中的声誉。因此，团体接待比日常一般个体接待工作要复杂得多，为了使接待工作能够有条不紊地进行，秘书部门在接到接待任务后，就必须进行周密的部署，即制订接待计划。

任务分析

1）区分接待对象，确定接待规格。
2）拟订接待计划。
3）安排接待的具体事项。

相关知识

一、区分接待对象，确定接待规格

在接待的准备工作中，核心的环节是确定接待规格。它决定着礼仪活动的多少、规模大小、隆重程度、由哪些人员前往迎送、陪同等。接待规格反映本组织对来宾的重视程度和欢迎的热烈程度，它往往依据来宾的身份及实际需要来确定。接待的规格分为高规格接待、对等接待和低规格接待 3 种。

1）高规格接待：重要陪同人员比主要来宾的职位高的接待，高规格接待表示对被接待一方的重视和友好。
2）对等接待：主要陪同人员与主要来宾的职位相当的接待，这是最常用的接待规格。
3）低规格接待：主要陪同人员比主要来宾的职位低的接待。

注意事项：

1）高规格接待能表现出重视、友好，但会占用主陪人的很多时间。
2）低规格接待有时是因单位的级别造成的，有时是另有原因，用得不好会影响与对方的关系。
3）接待规格的最终决定权在上司，当接待规格定下来以后，秘书应当把我方主要陪同人员的姓名、身份以及日程安排告知对方，征求对方的意见，并得到对方的认可。

> **相关知识链接：确定接待规格应当考虑的因素**
>
> 1. 对方与我方的关系，当对方的来访事关重大或我方非常希望发展与对方的关系时，往往以高规格接待。
>
> 2. 一些突然的变化会影响到既定的接待规格，遇到这种情况，一定要及时向客人

解释清楚，并向客人致歉。

3. 对以前接待过的客人，接待规格最好参照上次的标准进行。

二、制订接待工作计划

"凡事预则立"。接待来访者，制订接待计划非常有必要，一方面可以合理安排各项接待工作，使接待工作有条不紊地开展；另一方面可以使有关人员提前准备，保证接待工作顺利进行。

相关知识链接：制订接待计划的程序

1. 了解掌握来访者的来访目的、基本情况。
2. 草拟接待计划。
3. 与本单位相关部门沟通情况。
4. 报请上司审批。
5. 与来访者沟通情况。

接待计划的主要内容有 3 项：确定接待规格、拟定日程安排、接待经费支出。涉及的主要内容有：主要陪同人员；主要工作人员；住宿地点、标准、房间数量；宴请时间、地点、标准、人数；会见、会谈时间、地点、参与人员；接待费用。

1. 拟定日程安排

接待日程的内容主要指工作安排、生活安排和业余生活安排。在完成工作的前提下，尽可能地与客方沟通，安排好其生活与业余生活。日程安排要周到、细致、可行，但要留出一定的时间安排来宾自由活动和休息。

1）工作安排。安排好来宾的有关工作事宜，包括会见、会谈、汇报、交流及参观等与工作有关的事宜。

2）生活安排。安排好来宾的日常生活接待。包括安排饮食、住宿和交通，照顾好来访宾客人员的生活，做好医疗卫生，代购车、船、机票等。

3）必要的业余生活安排。安排来访宾客的文化娱乐活动，根据来宾的意愿，妥善安排组织游览、娱乐、体育等活动。

注意事项：

1）如果本单位有接待方面的规章制度，秘书应严格遵照执行，不得擅自更改接待标准。

2）要注意了解来宾的饮食和生活习惯，特别是有些国家和民族的饮食忌讳。

3）在接待过程中，要特别注意做好保密工作。重要的文件、资料要保管好，不能让客人参观的地方，绝不安排参观，注意内外有别，严守机密。

2. 安排接待人员

在接待计划中，必须详细确定每项活动的接待人员及相关负责人。

1）对接待人员的服饰、仪表做恰当的准备和必要的要求。

2）必要时对相关接待人员进行培训，包括姿态、语言、行为等训练，以体现对客人的尊重。

3. 安排来宾的食、宿、行

1）了解客人的生活习惯和饮食习惯，妥善安排食宿。

2）住宿应尽量靠近会议场所或会见场所，尽量避免客人舟车劳顿。

3）根据接待日程提前准备好来宾往来、停留期间所需要的交通工具，不要等到客人需要时才匆忙准备，这样会因为等待而影响工作效率，降低接待工作的质量。

4）宴请时，秘书人员应到门口迎接，并引导来宾进入宴请场所并入座。

5）当客人的住宿费、交通费、参观娱乐费等由客人一方支付时，应把所需费用数目与日常安排一起提前传给对方，征求对方意见；如果是两个单位联合接待时，从开始筹划起就要明确经费来源问题。

6）量力而行，不铺张浪费。

相关知识链接：如何才能恰当安排公务接待住宿

公务接待住宿安排要根据客人的身份、人数、性别、年龄、身体状况、生活习惯和工作需要来酌情安排。选择宾馆要根据接待经费预算、宾馆实际接待能力、口碑与服务质量、周边环境、交通状况、安全条件等因素来考虑，基本生活需要如空调、热水、卫生间、电话、电视、娱乐、购物及办公、会议设施等要符合要求。

相关知识链接：接待与宴请

商务接待与宴请是企业在公务交往中与宾客沟通感情的重要手段，接待与宴请是否规范、到位，对来访的宾客会造成很大的影响，接待与宴请不到位，会影响到主宾之间良好的沟通气氛和效果。

宴请接待的程序如下：

1）确定宴请对象、规格和范围：这是根据宴请的性质、目的、主宾的身份、国际惯例等确定的。

2）确定宴请的时间、地点。

3）发出邀请：宴会邀请可书写请柬、面对面和电话邀请。

4）确定菜品：注意喜好与禁忌（宗教禁忌、民族禁忌、健康禁忌、口味禁忌等）。

5）席位安排。

6）现场布置。

4. 安排参观、游览及娱乐活动

在接待工作中，安排来访者参观游览及娱乐活动，有利于增进友谊、加深相互了解。

1）具体安排的过程中要尊重来宾的意愿及兴趣，结合当地实际情况，有针对性地选择游览及娱乐活动。

2）游览及娱乐活动应在接待计划中事先安排，并通知对方，以便提前准备。

3）安排好相关具体内容及交通工具，以便活动的顺利开展。

5．接待经费支出

接待经费支出是指接待经费的预算。接待工作必须从简务实，一切从实际出发、不摆阔气、不讲排场。

1）工作经费：租借会议室、打印资料、住宿费、餐饮费、交通费等费用。

2）劳务费：讲课、演讲、加班等费用。

3）业余生活经费：参观、游览、娱乐等费用。

4）其他：纪念品费用、宣传、公关等费用。

接待计划制订好后，送交领导批准，一经批准，按照方案组织人力、物力、财力做好接待准备工作，将接待计划表印发各有关人员，使有关人员明确自己在此次接待工作中的任务和职责，提前安排好工作，确保接待工作圆满成功。

能力训练

一、基本训练

训练一：某公司将召开年度产品展示订货会，届时将来自全国各地的约 60 位来宾参加，会期两天。请你协助办公室秘书安排与会人员的食宿，撰写可行的食宿安排计划。

建议：以你所在的学校位置作为该公司地址，对周边宾馆酒店进行实地考察，酌情设计食宿接待计划。

训练二：某企业近日将要接待来自新疆的少数民族参观团，领导嘱咐办公室秘书要妥善做好接待工作。如果此次接待工作由你来负责，你将注意哪些问题？

建议：通过交流、讨论的方式，了解维吾尔族、哈萨克族的信仰和习俗，同时做到知识拓展，更多地去了解其他地区及少数民族的信仰和习俗，为高质量完成接待任务打下坚实的基础。

二、案例分析

案例 1

在下面的 3 个案例中，体现了妥善确定接待规格的重要性：

1．甲乙两企业都是天地公司的合作单位。一次甲企业的副总经理到该公司商谈业务，该公司的陈经理为了表示友好和重视，出面接待并全程陪同。不久，乙企业也派了一位副经理来该公司，陈经理因工作太忙，就让副经理出面接待，乙企知道上次甲企业副经理来访的时候是陈经理亲自接待，非常不高兴，认为天地公司对他们不尊重，没有诚意，本来想商谈的项目就先不谈了。

2. 天地公司人力资源部接待了一位求职者陈先生，陈先生是某专利技术的持有者，正是该公司急需的人才，人力资源部负责人马上把陈先生的情况上报给负责人事的副总经理，副总经理立即放下手头的工作去见陈先生，表示公司求贤若渴的态度，这次破格接待使天地公司拥有了陈先生这样的人才。

3. 甲企业经理原定于某天接待乙企业经理及其秘书，可事前两天才接到上级单位的通知，要求该经理在那天去开一个重要的会议，不得缺席。该经理只好请副经理出面接待了。作为秘书得到通知后，一方面向副经理介绍此次活动的有关情况，同时通知乙企业我方的变化，并致以歉意，取得对方谅解。由于秘书的积极工作，使得这次接待工作顺利进行，对双方企业今后的友好往来起到积极的作用。

思考题：

1）在这几个案例中接待规格的确立有哪些好的地方和欠妥当的地方？

2）确定接待规格应该考虑的因素有哪些？

3）如果你是办公室秘书，在接待中怎样弥补在接待规格确立方面的错误？

案例 2

失败的产品展销会

某计算机工程有限公司定于某日在某职业技术学院举办图书馆计算机管理系统软件产品展销会，通知很快地寄发到各有关学校图书馆。

日程安排表上写着 9 时介绍产品；10 时参观该职业技术学院图书馆计算机管理系统；11 时洽谈业务。

展销会当天，9 时大会本该开始介绍产品，可是应该到的各个校图书馆代表却只到了 1/3。原来，由于通知中没有写明展销会具体地点，加上公司接待人员不耐烦，对代表不够热情，所以引起了代表们的抱怨。

会议开始时已是 9 时 30 分了，公司副总经理、高级工程师作产品介绍及演示，内容十分丰富，10 时 30 分还没有讲完。由于前面几项活动时间不够紧凑，结果业务洽谈匆匆开始，草草收场。

思考题：

1）请拟出这次接待工作的不足之处？

2）应该如何改进？

案例 3

某地举行会议，参加人数较多，食宿安排难度大。在制订这次会议的接待计划时，接待人员改变过去等待领导批示为主动建议、请示，从会议驻地的安排到经费预算，事先到有关单位、宾馆调查摸底、综合分析，先后制订出 4 个会议食宿和会场安排方案呈报领导决策、参考。

最后，领导决定，选择了食宿、交通、会场较为便利的饭店作为大会食宿饭店，附近的剧场作为大会会场。在接待工作中，从与会人员的食宿、讨论地点、会场安排、医疗保健、车辆调度、乘车以及老同志的关照等都落实到人，环环相扣。

全体接待人员全力以赴，坚守岗位，积极努力，善始善终做好了会议接待工作，得到了与会人员的夸奖和领导的通报表扬。

思考题：
在这个案例中接待人员在制订接待计划时，所做的哪些工作值得我们借鉴？

三、能力拓展训练

训练一：制订总公司视察的接待计划。

工作情境：公司总经理及陪同人员一行 5 人，将于下周到你所在的分公司视察，视察内容包括：

上午 9:00～11:00 在分公司主楼第二会议室听分公司领导述职；

中午 11:30～12:30 在分公司宾馆餐厅就餐，陪同人员有分公司经理、副经理、办公室主任和分公司经理秘书 4 人；

下午 13:30～15:00 在分公司礼堂出席分公司科技人员获国家科技奖表彰大会；

下午 15:30～16:30 在工地现场检查实验大楼的建设情况；

下午 16:30 视察活动结束。

训练要求：请你撰写一份上级领导视察活动的接待计划。

训练二：制订接待计划并完成接待任务。

建议：各学校可根据实际情况，将某次真实的接待任务交给学生，在教师的指导下，以团队合作的方式制订接待计划，报请领导审批后，酌情安排学生实际参与接待任务。

学习评估

即将成为办公室工作人员的你，通过上面的训练，有什么收获和感想？反思自己在训练过程中的表现，是否进一步地提高了就业技能和专业能力？填写能力评价表（在符合的下面画"√"），如表 2-8 所示。

表 2-8　能力评价表

学习目标	评价项目	小组评价			教师评价		
		好	较好	一般	好	较好	一般
专业能力	1. 能根据实际情况区分接待对象，确定接待规格						
	2. 已经熟练掌握制订接待计划的具体内容						

续表

学习目标	评价项目	小组评价			教师评价		
		好	较好	一般	好	较好	一般
专业能力	3. 在制订接待计划的过程中，能注重细节，多方面思考问题						
知识目标	1. 掌握确定接待规格的依据						
	2. 掌握制订接待计划的程序						
通用能力	组织能力						
	沟通能力						
	解决问题能力						
	自我管理能力						
	创新能力						
职业态度	主动服务、周到细致						
	自我形象良好						

完成任务后的反思： _____

名人名言

三人同心，其利断金。

——狄更斯

第三章 办公室日常事务处理

洗衣机用户的来信

某洗衣机生产企业办公室秘书小王收到一封用户来信，信中指责他们生产的洗衣机质量太差。但小王对本厂洗衣机的质量还是有足够信心的。经领导同意，小王同技术人员一道按照来信地址回访用户。结果发现：这里的农村用户都用洗衣机洗地瓜，泥沙从下水管排不出去，经常发生堵塞，导致洗衣机故障。很明显，责任完全在用户，他们没有按照说明书正确使用产品，使洗衣机成了"洗地瓜机"。按理说，小王一行只要给用户解释清楚即可结束回访，但小王没有这么做。他从农村用户使用洗衣机的方式上发现一个潜在的市场：既然用户希望我们的产品除能洗衣服外还能洗地瓜，那我们为什么不开发出这样的产品来呢？于是，小王把技术人员留下来继续调查研究、收集数据，自己回单位向领导汇报情况。不久，这个企业生产的新型洗衣机很快占领了农村市场，并受到了广大用户的好评。

任务一

处理来信和来访

任务目标

1）掌握一般来信的处理程序和方法。
2）能够规范办理接待来访工作。

任务描述

在王玲担任办公室秘书的第一天，就发现办公桌上定时或不定时地有各种信函、报刊、包裹、电报及传真出现，还时不时有各类人员上门来访。由于王玲刚开始没有掌握工作方法，所以常常被弄得焦头烂额。但经过一段时间的学习和经验积累，王玲现在已经能处理得游刃有余了。

任务分析

由于来信和来访是企事业单位搞好联系工作的重要手段，而且每天都会有大量的邮件进出或人员来访，所以了解来信、来访的常见类型，掌握处理来信、来访的常见方法，明确处理来信、来访的工作程序和基本要求，并有效地处理来信和来访，能够使办公室更好地成为企事业单位对内、对外联系的桥梁和窗口。

相关知识

处理来信、来访的工作统称为信访工作。它是管理者接触基层、了解下情的重要渠道，也是化解社会矛盾、建设和谐社会的重要渠道之一。因此，无论是党政机关，还是企事业单位，都非常重视信访工作。

一、处理来信

处理群众、客户及员工等的来信是办公室秘书人员常见的事务性工作。来信可分为重要来信和一般来信两种类型。重要来信指的是来信所反映的情况和信息关系到国家、地方、集体或企业的安全和利益，关系到全局性的问题，或者性质严重、影响很大；一般来信指的是反映的问题、情况以及传递的信息是局部的、个人的，或者性质一般、影响有限。

（一）一般来信的类型

一般来信可分为以下几种类型。

1. 反映个人的看法和意愿

任何单位、机构的动作与管理都不可能十全十美，当这些行为触及到一些单位和个人的利益，或者不符合一些单位和个人意愿的时候，他们就会通过书信的方式向政府反映情况，把自己的意见和要求提出来，以引起政府的注意和重视。这类书信，有针对某一机构的，有针对某一项具体工作的，也有针对个人的。一般来说，内容比较丰富，涉及面也非常广泛。

2. 检举揭发

对社会上一些错误的、违法的，甚至是阴暗的、丑恶的人和事进行检举揭发，是群众来信中常见的一种形式。这些来信由于是以写信者个人的看法和标准衡量而得出的结论，因此，在处理时一定要谨慎。要经过深入细致的调查了解，弄清事实真相后方可作出结论。有的还需移交纪检、公安、监察部门调查处理。这些来信又可分为三种类型：一是检举揭发坏人坏事，维护法律的尊严和社会的公正；二是诬告、陷害或挑拨离间，以达到自己不可告人的目的；三是道听途说，不负责任，缺乏事实依据。

3. 要求落实政策或解决某些问题

当认为自身利益受损或涉及自己利益的某一项要求没有得到满足时，反映问题，表达自己的意愿的来信比较多，重复率也比较高，可能会反复来信，直到反映的问题有一个满意的结果。这些来信可分为两种类型：一是来信反映问题，应该给予解决的某一环节中出现的问题或遇到的困难，希望政府帮助解决；二是提出不合理的要求，企图"瞒天过海"，想通过信访的形式以达到个人的目的。

4. 投诉

企业收到的客户来信，以投诉问题为多，有反映产品质量的、有投诉售后服务的、有提建议的、有发泄不满指责的，鲜有表扬的。

一般来信的内容涵盖面比较广，上述几种类型还不能完全包括。如还有请示的、查询的、提建议的等，这需要我们在实际工作中不断实践和探索。

（二）处理来信的常见方法

由于单位的大小、分工不同，因此，在处理一般来信时，方法也有所不同。常见的处理来信的方法有转办、函转、直送、批转、摘报、自处和不处几种。

1. 转办

转办是指对反映一般性问题的来信，按分级归口的原则，转交下一级责任单位或有关部门处理。同一封来信里提出几个问题或问题涉及几个单位的，按主要问题的责任单位转办。如几个问题都很重要，应将来信复印后分别转办。转办信由秘书部门负责汇总，标明件数，一般在三日内转出。

2. 函转

函转是指将内容和反映的问题比较重要的来信摘录，给主管领导审定后，以函的形式附原信转下级责任单位或有关部门处理，但不要求办理结果。

3. 直送

直送是指对领导私人交往信件和知名人士来信，以及内容比较重要、文字简朴、书写清楚的来信，可以直接呈送领导，按领导批示意见办理。

4. 批转

批转是指对反映问题比较重要，且表述清楚或内容不易扩散的来信，经主管领导审批后，直接转送下一级责任单位或有关部门的主要领导办理。

5. 摘报

摘报是指来信文字较长，或者表达条理不太清楚，但内容重要的来信，摘录整理来信要点，经主管领导审核后，呈报主要领导批示。

6. 自处

自处是指对于领导交办或需要直接处理的来信，办信人经主管领导同意后，直接协调解决问题并答复或回访来信人。

7. 不处

不处是指没有办理意义的来信可以不用处理。主要包括：精神病患者的来信；来信人和反映对象都没有姓名、单位和住址，且内容无从查处的来信；有关单位或部门已经做过恰当处理并做出明确答复的来信；没有实质内容的来信。对于这些来信，经主管领导审核后保存，不用处理。

（三）办理来信的工作程序和基本要求

办理好来信是信访工作的重要组成部分，是获取信息的重要渠道，同时也是一项非常繁杂和细致的工作。其基本程序是：及时拆封、详细阅读、认真登记、准确交办及妥善处理，做到件件有着落，事事有结果。

1. 及时拆封

对来信及时拆封是办理来信的基本要求。只有及时拆封，才能及时了解信件的内容，为正确处理来信中反映的问题和意见赢得时间，同时也不会造成来信积压和贻误处理时机。在及时拆封中应注意以下几个环节：一是每天定时取回群众的来信，或者随到随取，为日后的处理工作争取时间；二是做到当日来信，当日拆封，不积压信件；三是拆封工作要按程序和要求进行，不搞随意性；四是加强管理，凡是群众来信都要妥善保管以防丢失，以免给日后的处理工作造成被动。

2. 详细阅读

详细阅读是处理来信的重要一环，只有通过阅读，弄清信件的内容，才能为处理工作奠定基础。信访工作费时、枯燥，是对秘书人员工作责任心和文化水平的重要考验。要达到准确领会来信含义的目的，首先要做到阅读全文。不能只读开头和结尾而不读中间，或者采取"抽读"的方式。其次是阅读要细致。阅读来信要集中精力，不能"一目十行"，要确切弄清来信的内容。最后是认真分析。通过阅读，分析来信的意图，同时考虑处理的途径和方法，以及可能产生的结果等相关问题。

3. 认真登记

凡是收取的来信必须按程序和要求进行登记（如表 3-1 所示），以便为处理工作提供依据和创造便利条件。之所以强调对群众来信进行登记，主要有三个原因：一是对群众来信的处理工作很大一部分不是一朝一夕能够完成的，它需要一个过程，甚至在处理过程中有工作人员变更，所以认真登记，留下依据，是保持处理过程连续性的重要基础；二是便于对来信查阅、分析和统计；三是可以反映工作成果。

表 3-1　×××（单位）来信处理登记表

编号	年		姓　名	地　址	何处转来	内容摘要	处理情况	处理日期
	月	日						

4. 准确交办

来信中反映的情况和要求解决的问题，许多是信访工作难以解决的，因此，需要信访工作考虑准确的"送和转"。"送"就是指根据来信反映情况的批示进行处理。"转"是指来信反映的情况和问题不在本单位和部门处理的，可转交给有关单位或部门处理，何时送、何时转，送给谁，转给谁，要根据来信内容和政策要求确定。

5. 妥善处理

回答来信反映的情况，解决来信提出的问题，是信访工作的最终目的；不回答问题，不解决问题，就失去了信访工作存在的必要性。在实际工作中，首先，要有对工作和群众负责任的精神，严肃正规，不敷衍了事，不粗心大意；其次，在工作中，要想方设法解决问题，要有不怕吃苦、不怕困难、不怕挫折的劲头；再次，在处理工作中，要讲政策，讲原则，不能感情用事，意气用事，避免由于工作方法不当造成问题不能解决，甚至矛盾激化；最后，要注意积累工作经验，妥善处理各种复杂问题。

二、一般来访的接待办理

（一）一般来访的类型

来访工作是面对面地与人民群众、客户打交道。来访人员的情况千差万别，大致可归纳为以下几种类型。

1. 文明平静型

这类来访者有一定的知识和涵养，或要解决的问题不紧迫，或与本身关系不大。还有的来访者是为了了解情况、咨询政策及索要相关信息等。

2. 感情冲动型

这类来访者由于反映的问题触及到自己的切身利益，所以反应激烈，言辞过激、质问责问不断。有的拍桌瞪眼，大发脾气，大吵大闹；有的自觉委屈冤枉，大哭大闹，寻死觅活；有的甚至要冲进机关或领导办公室。对于此类来访者，秘书人员首先要尽量稳定其情绪，使其平静下来，方才有利于问题的解决。

3. 纠缠反复型

这类来访者多为历史、人事、政治等复杂因素或较大的切身利益所致，所反映的问题，经过多次调查处理未能做出比较符合客观的结论，或者未全面落实和兑现；或是要求过高，超出政策或规定允许的范围，又不愿放弃个人意愿；或胡搅蛮缠，想通过反复来访和纠缠捞取好处。

4. 集体上访型

这类来访者，一般在三人以上，有时十几人，甚至几十人，上访的内容是统一的，属于一个团体的共同利益，有的推选出了代表，有的没有代表，你一言，我一语，吵吵嚷嚷。

（二）接待一般来访者的基本程序

对于一般来访者的接待主要有接待、登记、接洽、处理、立案及回访六项程序内容。

1. 接待

凡是来访者都要热情接待，主动问好、让座，端茶倒水，并问清来访者的单位、姓名和事由。

2. 登记

对来访者的个人基本情况，所反映的问题的主要内容及来访次数进行详细登记，同时还要记清来访的时间、来访人数、问题的性质。来访接待登记表如表 3-2 所示。

表 3-2　来访接待登记表

姓名		性别		政治面貌		职务	
单位				电话		地址	
来访事由							
处理情况							
接待人员						接待日期	

3. 接洽

接洽是接待来访工作的重要程序，也是主要内容。它共有以下七项工作任务。

1）集中精力倾听来访者的陈述，这既是对来访者的尊重，也是对工作的基本要求。

2）尽可能详细地做好记录，必要时，经来访者同意，可以使用录音设备。

3）为弄清问题进行必要的询问，特别是对表述不够清楚的来访者，必须通过相应的询问，弄清其真实意思和来访意图。

4）要明确告知来访者对所反映情况的真实性负责。

5）向来访者确认所反映的问题的主要内容，征求来访者对接洽记录的意见。

6）向来访者索要相关的书面材料，以佐证其反映的问题。

7）告知来访者对其反映情况的处理程序，并说明得到回复的大致时间。

4. 处理

处理是接待来访工作的关键程序，对来访者所反映的情况的处理要符合政策、坚持原则、按照程序、遵守制度，其具体任务包括以下几项。

1）来访者提出的询问或其他比较简单明了的问题，自己能当即答复解决的，应予以答复解决。

2）来访者所反映的问题，应该由所在地领导和单位处理的，可通过电话向有关单位进行初步核对，弄清有关情况，给予酌情处理。

3）来访者所反映的问题比较重要的，要摘录来访要点，呈送主要领导阅知或批办。

4）来访者要求合理、政策允许、应解决而长期得不到解决的问题，可交办或直接调查，查明情况后，督促有关单位或部门限期处理。

5）来访者留下的申诉材料，需要转办的，应及时转办。其所交有关身份证明或其他证件，审阅后要退还来访者，必要时可复印一份留底，以便处理问题时参考。

5. 立案

立案是指在党政机关的信访工作中，对于来访者所反映的问题比较重要的，应根据国家有关立案标准予以立案查处。

6. 回访

回访就是受理来访问题的部门去拜访来访者。回访的过程就是调查研究、解决问题、了结案件的过程。回访的重点，一般应放在问题已恰当处理，而本人思想仍然不通的来访者身上，以便有针对性地做疏导工作。

（三）接待来访的基本要求

来访是反映情况和问题时经常采用的一种方式，也是信访工作中难度较大，花费精力比较大的一项工作。信访工作对接待群众、客户来访的基本要求是：热情友善、坚持原则、耐心疏导、严肃认真、高度负责。

1. 热情友善

来访是为了寻求帮助，是希望解决自己的问题，同时也表明了他们对组织的信赖。不论来访者反映的是什么问题和情况，秘书人员都应本着全心全意为人民服务的态度，热情、礼貌地接待，这有利于双方的沟通，也有利于问题的解决。

2. 坚持原则

在处理来访时，遇到的情况可能会比较复杂，如有吵闹的、哭诉的、愤怒的，甚至还有无理取闹的，但无论遇到什么样的情况，信访工作者都必须保持冷静，坚持实事求是的原则，不被来访者的情绪所左右，把精力集中在弄清来访者反映的情况和问题上。在处理过程中，要讲政策，讲原则，不能随意许愿，更不能违反原则答复办理来访者提出的要求，这是信访工作人员需要特别注意的问题。

3. 耐心疏导

凡来访者都希望尽快解决问题，因此，他们的心情难免会比较复杂急躁，有的来访者甚至想法单一或认识偏激。遇到这种情况，秘书人员一定要有耐心，在听取他们讲述之后，根据实际情况及时准确处理。当遇到政策不允许或现实情况无法解决的情况时，也不能一推了之，要做来访者的思想工作，耐心说服疏导，为缓解矛盾、消除矛盾奠定基础。

4. 严肃认真

对来访者反映的任何情况和问题，都要按程序和要求认真登记处理、立案、回访，每个环节的工作都要认真细致，准确及时，不能丢三落四。凡是涉及政策性、原则性等问题，要严肃谨慎，不能有随意性，对一些反映问题不大，情况不严重的问题，也不能不重视不办理，更不能有"事不关己，高高挂起"的错误思想和不良作风。

5. 高度负责

要把处理好来访者反映的情况和问题看作是改进工作和稳定社会的大事来抓，该处理的要按政策或规定及时处理，该立案的一定要根据立案标准坚决立案查处，要有不怕困难、不怕挫折的精神。对解决不了的问题要及时向来访者解释，不能拖着不管，对已解决的问题要及时回复，通过自身的努力，充分发挥信访工作的职能作用。

相关知识链接：领导信箱

"领导信箱"是政府网站的重要互动栏目之一，具有倾听公众呼声、服务公众生活、解决公众问题的作用，是沟通政府和百姓的重要渠道。写信人通过政府网站"领导信箱"向各级政府机关、领导及其工作部门反映情况、提出建议、意见或投诉请求。

一般来说，"领导信箱"中的来信，由承办领导事务的业务处（室）负责处理，政府网站协助办理。"领导信箱"主要履行下列办信职责：

（1）交办、转送、回复群众来信，重点是初次来信和涉及群体利益的联名来信；

（2）督促检查重要来信事项的处理，协调办理有关信访事项，为写信人解决实际困难和问题。

对下列来信事项，政府部门可不予受理：

（1）属于人大、法院、检察院职权范围内的；

（2）依法应通过诉讼、仲裁、行政复议等法律途径解决的；

（3）有权处理的行政机关已经受理或正在办理的；

（4）来信人不服处理、复查意见，又没有在规定期限内提出复查、复核请求的。

（5）其他不属于政府依法行政范围内的事项。

"领导信箱"来信办理程序如下：

（1）接收。政府网站工作人员负责从网上接收写给各级政府和政府部门及领导的群众来信，有紧急事项的应及时妥善处理；

（2）受理。政府网站工作人员对接收到的信件按照收件人姓名进行分类、登记，并将广告、乱码等非"领导信箱"接收范围内的信件归档或删除；

（3）交办。政府网站工作人员将分类并登记的信件按照收件人姓名分别交到承办领导事务的主管秘书处阅。交办的信件需注明承办部门，承办部门应在《信访条例》规定的期限或指定期限内反馈办理结果。非本行政区域事项的信件，应直接告知来信人，按属地管理原则向其归属管理部门投诉反映，寻求解决。检举、揭发各级政府机关及其工作人员执行政策、工作作风、违法违纪方面问题的信件，按干部管理权限转送相应的纪检、监察、组织部门或其上级政府机关及其领导同志，不得将检举、揭发信件转给被检举、被揭发人或单位。

（4）承办。主管秘书处收到来信后，要按照《信访条例》第二十一条规定区分情况，采取不同方式及时办理。办理群众来信的基本方式有：转送、上报、存档。办理信件坚持谁办理谁督办，谁办理谁反馈处理结果的原则。办信部门要严格按照领导的批示要求办理，来信涉及的一般问题 5～10 个工作日，复杂问题 25 个工作日内将办理意见报主管秘书处。办理部门上报办理情况后，办信处（室）要汇总登记《转送信件办理情况统计表》，以备抽查和报告、通报情况。在规定的时间内，不能办结的，由主管秘书处通知政府网站，再由政府网站向信件提交者告知信件办理情况。

（5）报审。交办的信件，要按照时限向交办机关报告办理结果。直接交办的，直接报告；逐级交办的，逐级审查，逐级报告。办结报告必须经报告单位分管领导审查同意并签字。

（6）来信回复。主管秘书处将有关信件的答复意见逐级上报分管领导阅，经领导同意并批示后转至政府网站。政府网站及时对各处室及各厅局、各部门转来的处理意见在网上向写信人进行反馈或直接向写信人进行反馈。

（7）督查督办。督办主要采取电话督办、书面督办、实地督办和联合督办等方式，坚持谁交办、谁督办的原则，做到督办事项件件有着落，事事有结果。

相关知识链接：领导接待日的管理

为了进一步改进机关作风，密切干群关系，认真接待群众来访，许多单位都实行了领导接待日制度。关于领导接待日的管理，不同单位有不同的管理制度。现以《某市环保局局长信访接待日管理制度》为例，了解领导接待日管理的相关内容。

某市环保局局长信访接待日管理制度

第一条　为了进一步改进机关作风，密切与群众的联系，认真接待群众来访，根据《信访条例》和《中华人民共和国环境保护法》有关规定，制定本管理制度。

第二条　局领导轮流负责局长信访接待日工作，与值班局领导日程安排一致；监察支队负责局长接待日的组织工作；局机关各处室依据各自职能参与承办与之相关的来访事项。

第三条　局长接待日每月一次，为每月 15 日（遇节假日顺延）。接待时间为 9:00～11:30 和 14:30～17:00。接待地点为市环境监察支队。

局长接待日开放时间、接待地点及其他有关事项通过媒体向社会公布，详细内容挂市环境保护局门户网站。

第四条　要求局长接待的信访事项应在局长接待日 5 个工作日前，以电话、信函等方式到市环境违法行为举报中心进行预约登记。如有特殊情况或重大事项的，经主持接待局领导同意后，也可直接安排接待。

第五条　有下列情形之一的，将不作为局领导接待日事项，而由局受理中心按照有关规定接待或处理：

（一）不属于我局管辖的事项；

（二）未经预约的；

（三）信访工作人员可答复或者交有关处室即可办理的；

（四）就同一问题重复上访，局长接待日已提出处理意见或正在办理中的；

（五）局机关或直属单位在职、离退休干部职工前来反映与环保工作无关问题的。

局长接待日当日，经预约同意后的来访人员应在局受理中心填写《局长接待日访项登记表》，在指定地点等候接待。

第六条　根据预约登记情况，局举报中心在局长接待日3个工作日前，将预约登记情况呈报主持接待的局领导阅示，并按阅示意见将各访项分别交有关处室先行研究，同时确定参加接待的人员。

参加局长接待日接待的人员一般包括：主持接待的局领导、局机关有关处室负责人和局举报中心有关人员等。有关处室负责人不能参加接待需指派他人参加接待的，须请示主持接待的局领导同意。

第七条　局领导接待每位来访人的时间一般不超过30分钟。情况复杂的，局领导可以指派局机关有关处室另行接待。

第八条　局长接待日接待来访情况由局举报中心负责记录。未经同意，任何单位、个人不得照相、录像、录音。

第九条　局长接待日一般不接待新闻记者的采访，如有特殊需要，须按规定报批后方可接受采访。

第十条　局长接待日后3个工作日内，局举报中心按照局领导批示转相关处室办理。

第十一条　各承办单位须按照局领导批示办理，及时反馈办理情况、直接答复来访人。

第十二条　局受理中心负责局长接待日访项的督办工作，每月公布局长接待日访项督办情况。当月未能办结的访项，转为下月督办的内容。

第十三条　局长接待日访项应在30个工作日内完成，并形成督办报告，报原接访局长批示。

第十四条　局长接待日访项办结后，局举报中心按照档案管理有关规定将办理材料归档。

第十五条　未经许可，任何人不得对外公开局长接待日访项的研究办理情况以及领导批示等。

第十六条　本办法自发布之日起实施。

（资料来源：www.jinhua.gov.cn/002003025004/2009100900035.htm.）

能力训练

一、基本训练

训练一：列举办公室来信的类型，讨论在处理来信的过程中容易出现问题的环节有哪些？

建议：请你与同学进行讨论，将讨论内容一一记录下来，整理、归纳出清晰的观点，并找出解决问题的方法。

训练二：列举办公室来访的类型，讨论在接待来访的过程中容易出现问题的环节有哪些？

建议：请你与同学进行分组讨论，并结合所学知识模拟来访过程，总结在接待过程中态度、语言、行为、程序上的不足之处，提出优化方案，以小组报告的方式上交。

训练三：完整写出信函的接收程序和寄发程序。

建议：请通过与同学进行讨论或查阅资料的方式，将程序内容记录并整理出来。

训练四：完整写出来访接待的程序和注意事项。

建议：请通过与同学进行讨论或查阅资料的方式，将程序内容一一记录下来，并整理、归纳出清晰的观点。

二、案例分析

案例 1

某软件公司秘书刘心正在接总经理电话，这时从外面闯进来两个男青年，骂骂咧咧的，称软件公司研发的财务软件质量低劣，经常死机，和宣传的不一样，简直就是一家骗子软件公司。面对这种情形，刘心秘书应该怎么办？请与同学们一起讨论，给她出出主意。

案例 2

县政府办公室的辛秘书正在接待一位带着3岁小孩的农村妇女来访者。这位来访者一把鼻涕一把泪地哭诉着，说某某村干部无理没收她家的自留山，外来公司占用了她家的耕地，补偿款也被村干部克扣了……说到激动处，农妇声音颤抖、嘴唇发紫，一下倒在地上不省人事，而她的小孩也哇哇大哭起来。请与同学们一起讨论，辛秘书应该如何处理这件事？

三、能力拓展训练

训练一：秘书负责处理涉及上司和相关职权范围的各类来信。对类多量大的来信进行合理的分类存放和安排顺序，以便上司能按轻重缓急给予及时处理，是秘书需要掌握的重要技能。

建议：掌握信函分类的国际标准：优先考虑的信函用金色标记；例行性的备忘录用绿色标记；特殊信函用粉红色标记；绝密信函用蓝色标记；私人信函用黄色标记。注意的是，在使用这种方法之前，你和你的上司都知道这些分类标记的含意，如限于条件或色彩复杂不太容易搞清楚，你可以用某种符号或英文字母来代替这些颜色进行分类。

训练二：秘书的接待工作需要筛选来访者信息，分清权限，分别处理，在尽可能满足来访者需求的同时，尽量减少各类来访者对上司的干扰。因而学会分辨来访者及其来访目的是秘书需要掌握的重要技能。

建议：通过社会实践、实习等活动，加强与他人的沟通和交流，不断积累识人经验。接待来访时始终要坚持这样一个原则：无论来人是熟人还是陌生人，是有预约的还是无预约的，都应以礼相待，灵活处理。

训练三：通过网络或其他方式，搜集处理来信来访的相关资讯，了解行政部门、企事业单位在处理来信来访时做法的异同，也许这在今后的工作中能够对你有所帮助。

建议：多搜集、多积累、多总结，尽可能提升自己的就业竞争优势。

学习评估

即将成为办公室工作人员的你，通过上面的训练，你有什么收获和感想？反思自己在训练过程中的表现，是否进一步地提高了就业技能和专业能力？填写能力评价表（在符合的下面画"√"），如表3-3所示。

表3-3 能力评价表

学习目标		评价项目	小组评价			教师评价		
			好	较好	一般	好	较好	一般
专业知识	应知应会	一般来信的类型						
		一般来访的类型						
	理解和掌握	处理来信来访的重要性和注意事项						
专业能力	规范处理来信和出色接待来访	一般来信的处理程序和方法						
		接待来访的一般程序和方法						

完成任务后的反思：_____

名人名言

博观而约取，厚积而薄发。

——苏轼

理想是指路明灯。没有理想，就没有坚定的方向，而没有方向，就没有生活。

——列夫·托尔斯泰

任务二

印章和介绍信的使用和管理

任务目标

1）掌握单位印章使用和管理的方法。

2）能够正确使用和管理介绍信。

任务描述

作为办公室秘书，王玲管理着公司的印章和介绍信。前秘书张姗在把印章和介绍信移交给王玲时告诫她，印章是单位权力的标志，是对外行使权力的象征，要妥善保管和使用印章；介绍信是获得对方信任和支持的凭证，应慎重开具。王玲在工作中一直严格按规定使用和管理印章和介绍信，所以工作从没出过差错。

任务分析

印章和介绍信是各级各类社会组织对外联系的标志和行使职权的凭证。学习和掌握印章和介绍信的使用原则和方法，加强对印章和介绍信的管理，严格按规定使用，是秘书人员的重要职责。

相关知识

一、印章的管理和使用

1. 印章的含义和作用

印章是印和章的合称，我国古代称之为印信。现代印章是指刻在固定质料上代表机关、组织、单位和个人权力的图案。秘书部门掌管的印章主要有三种：一是单位印章（含钢印）；二是单位领导人"公用"的私章；三是秘书部门的公章。其中，单位印章是单位对外行使权力的标志。其作用包括以下几个方面。

1）标志作用。只有得到法律认可的机构或人员（亦具有法人资格）才备有印章，并在印章上以印文的形式标明其法定名称（全称），对外联系工作就以印章作为标志。另外，印章还表现为密封的标志。

2）权威作用。人们习惯把"印把子"比作权力的象征。这是法律赋予的权力，具有相当的权威性，而这种权威性则是以印章为凭证的。

3）法律作用。单位具有法人资格，其印章是单位的标志。按法定程序制发、用印后的公文和凭证具有法律效力，在刑事诉讼和民事诉讼中负有法律责任和法律义务。

4）凭证作用。各种各样的文件、凭证、证据等，不盖章对外一律无效。

2. 印章的样式和种类

印章的样式一般由印章的质料（如铜质、木质、钢质和塑质等）、印章的形状（圆形、椭圆形等）、印文、印章的图案和印章的尺寸规格构成。我国党政机关、企事业单位通行的印章为圆形，其尺寸、图案有具体要求，不得随意改变或设计。

印章的种类很多，按材料可分为红胶印、黄木印、木头贴胶皮印、原子印、光敏印章、钢印、铜印、玉石印、火漆印、有机材料印章、牛角印章及象牙印章等。按性质可分为单位印章、领导签名章及业务专用章等。

3. 印章的使用程序

印章的使用程序为：申请—填写用印申请单—专人审核签名—用印—登记。

1）申请用印。盖用单位公章，用印人必须填写"用印申请单"，经本单位的主要负责人或其授权的专人审核签名批准。一般证明用印可由办公室主任批准，或者遵循上司所确认的用印惯例。用印清单如表3-4所示。

表3-4　用印登记清单

月/日	用印人或部门	用印事由	用印件数	批准人	经手人	监印人	备注

2）正确用印。用印时，如有不明确的情况，应请示上司核准后，方能用印。盖用职能部门的印章，也必须由本部门的主要负责人签名批准。

正式公文只在文本落款处盖章。带存根的公函或介绍信，证明信要分别盖骑缝章和文尾落款章。同时，还应当使实际盖印的文件数量和"用印申请单"上的份数完全一致。

3）用印登记。用印后应当进行用印登记。登记的项目有：用印目的、文件名称、编号、签发人、领用人及盖印人等。

4. 印章的管理与使用要求

1）专人负责。印章必须由专人保管，非经领导批准，不能擅自委托他人代管。使用印章，应有严格的用印制度，不按照用印制度请求用印的应当拒绝。应选择事业心、责任心强的人保管印章，不准随意更换公章管理人员或将公章交与他人管理。一般情况下，印章的保管者也是具体用印者。因此，秘书部门对于保管和使用印章的人员必须严格审查和挑选，应加强平时的教育和考查，对不适合者，应坚决调离。

2）确保安全。印章应选择安全保险的地方存放和保管，如机要室或办公室的保险箱内。若存放在办公桌的抽屉里，则应当装配牢固的锁。经管人员不得将锁存印章的钥匙委托他人代管，也不得将钥匙插入锁孔后离去，以免印章被人盗盖，造成严重后果。

3）防止污损。使用印章要注意轻取轻放，避免破损。同时要注意经常洗刷，防止印泥和其他脏污将刻痕填塞，要保持图案和印文的清晰。

相关知识链接：常见印章的尺寸和样式

1. 党章。其形状要求一律为圆形，印章中央刊镰刀、斧头图案，直径为 4.2cm，圆边宽为 0.1cm，镰刀、斧头外刊党组织名称，自左而右环行，印章文字使用简化的宋体字。

2. 工会印章。其形状要求一律为圆形。印章直径为 4.2cm，外环为双边，外边为粗边，边宽为 0.1cm，内边为细边，边宽为 0.01cm，上弧为单位名称，自左而右环行，印章字体使用简化的宋体。

3. 国有企业、国营股份制企业等公章。其形状要求一律为圆形，直径为 4.2cm，中央一律刊五角星图案，星尖直径为 1.4cm，圆边宽为 0.12cm，五角星外刊单位名称，自左而右环行，或者名称的前段自左而右环行，后段自左而右横行，即单位部门名称放在星下方作横排，印章字体使用简化的宋体。

4. 业务专用印章。要求一律为圆形，印章中心部位空白，上弧为单位名称，自左而右环行，专用章内容放在章的下边作横排，直径为 4.0cm，圆边宽为 0.1cm，印章文字使用简化的宋体字。

5. 个体户印章、私营企业印章。集体所有制所属部门及个体、私营企业的印章为圆形的，直径为 3.8cm，圆边宽为 0.1cm，中央刊五角星图案，印章上刊刻营业执照上核准的企业名称，自左而右环行，印章字体使用简化的宋体。

6. 有限公司印章。要求为圆形，直径为 4.0cm，专用章和公司所属部门印章直径为 3.8cm，圆边宽为 0.1cm，中央刊五角星图案，五角星外刊企业名称，自左而右环行，或者名称前段自左而右环行，后段自左而右横行，印章文字使有简化的宋体字。

7. 股份有限公司印章。其规格为圆形，直径为 4.2cm，圆边宽为 0.12cm，专用章和公司所属部门印章尺寸直径为 4.0cm，圆边宽为 0.1cm，中央刊五角星图案，五角星外刊企业名称，自左而右环行，或者名称前段自左而右环行，后段自左而右横排，印章字体使用简化的宋体。

8. 中外合资、中外合作、外资企业印章。其规格为椭圆形，横径为 4.5cm，竖径为 3.0cm，中央不刊五角星图案（要求刻企业标志可准予），企业名称自左而右环行，或者自左而右横排，根据用章单位的要求，可刻制钢印和中英文印章两种。

9. 地方性社会团体印章。要求为圆形，直径为 4.2cm，中央刊五角星图案，五角星外刊社会团体名称，左而右环行，印章文字使用简化的宋体字。

10. 学校印章及其所属职能机构印章。一律为圆形。高等学校印章尺寸直径为 4.2cm，中心部位刊五角星或校徽，所刊名称自左而右环行，其所属职能机构印章，直径为 4.0cm，自左而右环行学校名称，职能机构名称垂直于学校名称自左而右横向排列，中心部位一律空白。中等（含中等）以下学校印章，直径为 4.0cm，中心部位刊五角星或校徽，所刊名称自左而右环行，其所属职能机构印章直径为 4cm，自左而右环行学校名称，职能机构名称垂直于学校名称自左而右横向排列、中心部位一律空白。各级各类学校钢印、印章直径一律为 3.6cm。

11. 税务印章。分国税与地税两种，两种印章的区别在于印章文字和尺寸。国税印章规格为 4.0cm×2.8cm，地税印章规格为 4.5cm×3.0cm。

相关知识链接：某学院印章的使用和管理办法

为了科学、规范地使用和管理印章，维护印章的客观性和严肃性，充分发挥印章的职能和效力，特制定本办法。

1. 院长办公室负责院行政和院长等印章的管理及对行政各部门印章使用的监督。

2. 各行政部门刻制印章，须写书面申请，经分管院领导签字，到院长办公室开具介绍信；刻好的印章须在院长办公室登记备案后方可启用。印章由各部门办公室专人管理，不得随身携带印章外出使用，不得随意托人代管印章。工作人员在使用印章时必须坚持原则，严肃认真，正确无误地用好印章。要仔细审查用印件内容，对不符合规定要求或手续不完备的请印件，应拒绝用印，确保学院利益不受损害。严禁利用印章谋私利，徇私情。

3. 对有相片的证书、证件用印，不宜将印章盖人脸部；文件用印印模应端正，并骑年压月。

4. 学院颁发、换（补）发各种证件、证书，统一由办证业务主管部门专人负责，部门领导在用章申请上签字，交分管院领导批复后，到院长办公室用印。

5. 院长办公室要加强对各类证件、证书复印件用印前的审查，请印人出示原件并经确认属实后方可用印。对不能提供原件或原件难以鉴定真伪的，院长办公室要向档案馆或相关业务部门查询核实。

6. 需要以学院名义出具证明者，凭教职工和学生所在单位证明，经人事处和教务处审核，分管院领导签字后，到院长办公室办理；只需以部门名义出具证明的，如工龄、职务、住房证明等，分别由有关业务部门按规定办理；公民因公（因私）出境审批表用印，需到院长办公室领取或学院网上下载申请表，报请分管院领导签字，保卫处政审，经院长审批后，到院长办公室办理。

7. 各部门与校外联系工作，应使用学院统一印制的介绍信。开具介绍信前，部门领导和持介绍信工作人员应在介绍信申请上签名，报请分管院领导批准。任何单位和个人不得携带盖有印章的空白介绍信或函笺外出使用。

教学单位组织学生外出教学实习，应到院长办公室领取或学院网上下载申请表，经教务处审核，与保卫处签订外出安全协议，报请分管院领导批准，到院长办公室办理。

8. 有关部门负责人，持有院长委托代理信函用印时，交院办主任审核。

9. 以学院名义与校外单位签订协议、进行法律诉讼的文稿和各种重要报表等用印。须经分管院领导签字。其中，重大的协议书、会谈纪要等，送分管院领导签字后报送院长审批；涉及学院经费投资项目，应有财务和审计部门负责人会签；经济合同，应有审计处审计意见和院长开具的委托书。

10. 对已毕业的学生，学院原则上不以行政名义出具相关证明，如有特殊要求，需报请院领导批准。

11. 在校学生办理教育储蓄证明，需携带个人申请、学生所在单位证明（附存储银行名称），到教务处核验学籍后，持本人身份证原件，报请分管院领导批准，到院长办公室办理。

12. 使用学院印章须如实填写"用印登记簿"，以备存查。

13. 本办法自发布之日起施行。

二、介绍信的管理和使用

1. 介绍信的含义和作用

介绍信是机关团体、企事业单位派人到其他单位联系工作、了解情况或参加各种社会活动时用的函件。它有两种类型：一种是印好格式的介绍信，用时按空填写即可；另一种是用公用信笺书写的介绍信。

介绍信是用来介绍联系接洽事宜的一种应用文体，是应用写作研究的文体之一。它具有介绍、证明的双重作用。使用介绍信，可以使对方了解来人的身份和目的，以便得到对方的信任和支持。

2. 介绍信的种类和样式

介绍信通常分为普通介绍信和专用介绍信两种。普通介绍信又名书信式介绍信，一般不带存根，通常使用印有单位名称的信笺书写，格式与一般书信基本相同。正中写"介绍信"，正文内容包括：称呼、正文、结尾、署名和日期，并注上有效期。专用介绍信又名填表式介绍信，是一种印有固定格式的专用信纸，根据需要将要办的具体事项按空逐一填写。它共有两联，一联是介绍信的本文，另一联是存根，便于查存。两联正中有间缝，同时编有号码。

（1）普通介绍信的样式

××饲料集团公司用笺

××畜牧局：

现有我公司刘兵、张英（销售部正、副经理）前去贵处联系饲料销售设点一事，请接洽。

此致

敬礼！

××饲料集团公司（章）
年　　月　　日

（2）专用介绍信的样式

存根

————————：

兹介绍　　　等　位同志前往联系

年　月　日　（有效期：　　　天）

………………………………介字第　　　号………………………………

×××市民政局介绍信

————————：

兹介绍　　　等　位同志前往贵处联系

请接洽。

此致

敬礼！

×××市民政局（章）
年　　月　　日

（有效期：　　天）

3. 介绍信的管理

1）介绍信的管理有明确规定，要指定专人负责管理。介绍信与用印紧密相连，一般情况下，介绍信由印章管理人员负责管理。

2）介绍信的保管应同印章保管一样，牢固加锁，随用随开，用完锁好，以防被盗、丢失。

3）管理介绍信的人员在使用介绍信时，要在存根上加以记载，涉及重要事项的要请批准人在介绍信存根上签字。属于口头批准的，要在存根上记下批准人的姓名，有批条的要将批条粘贴在存根上。介绍信要按编号顺序使用。

4）对于开出后未用的介绍信，管理人员应及时催回，粘贴在存根上。

5）介绍信持有者如将介绍信丢失，应及时报告单位或部门负责人，并告知介绍信管理人员，涉及重要事项的还应通知前往办事单位，以防冒名顶替。

4. 介绍信的使用

1）严格履行批准手续。使用单位的介绍信，要经上司或办公室负责人批准。

2）介绍信内容要明确具体，不能含糊笼统。

3）要填写有效时间。

4）管理人员要对开出的介绍信负责，应检查无误后方可用印。

5）一份介绍信只能用于一个单位，不能用于两个单位。

6）要填写持信的真实姓名和身份，不能为达到目的而随意提高持信人的地位和身份，不准弄虚作假。持信人不能将介绍信转借他人使用。

7）介绍信的存根内容要同介绍信的正文相符，与持信者姓名相一致。

8）介绍信书写要工整，字迹要清楚不能随意涂改或涂抹，如有涂改需在涂改处加盖公章，否则视为无效。

9）填写介绍信要用毛笔或钢笔，禁止用铅笔、圆珠笔或红色墨水书写。

相关知识链接：某大学介绍信的使用管理规定

大学行政介绍信是在对外联系和商洽工作等公务活动中，用以证明教职员工身份及有关事项的专用信件。介绍信目前分为两种：专用介绍信和普通介绍信。为进一步规范和加强介绍信使用管理，特制定本规定。

1. 学校行政介绍信统一由校办印制、编号、发放和管理。

2. 机关、部处和二级学院等单位使用介绍信，需统一由各单位行政办公室负责人到校办综合科登记领取介绍信，并按规定程序和要求使用。介绍信要指定专人负责，妥善管理，不得随处乱放和遗失。

3. 机关、部处和二级学院等单位对外联系公务，如需开具学校专用介绍信者，可经单位（部门）负责人签批直接使用，而开具普通介绍信者，经单位（部门）负责人签批后，须到校办综合科审核、盖章。

4. 开具介绍信必须用校办统一的介绍信文本，不得用空白纸和便笺，使用时必须按介绍信文本规定逐项填写被介绍人的姓名、职务、人数、联系工作的具体内容、年、月、日和有效期等。介绍信的内容要文辞达意，字迹工整，一律不得开具空白介绍信。

5. 开具介绍信只限本人使用，不得转让他人。开具后未使用的介绍信必须交回本单位，不得自行留存或销毁。遗失介绍信要及时报告本单位领导，并向所去单位声明，以防冒名顶替。

6. 开具介绍信要保留存根。存根填写不全，内容与介绍信不一致的，或者无经手人与审批人签字者，不予加盖印章。

7. 领取介绍信本的单位，在每本介绍信使用完毕后，应将存根统一交校办综合科。凡未交回介绍信存根的单位，校办综合科不再提供介绍信。

8. 本规定自发布之日起施行，原有规定同时废止。

能力训练

一、基本训练

训练一：列举印章的类型，讨论在使用和管理印章过程中容易出现的问题有哪些？

建议：请你与同学进行讨论，将讨论内容一一记录下来，整理、归纳出清晰的观点，并找出解决问题的方法。

训练二：四川省档案学校第 20 届艺术节组委会拟派张三、李四前往雅安市群众艺术馆租借演出服装，请你出具介绍信。

建议：组委会是临时性机构，无印章，应找一个与事由相关的部门代章，你觉得以校团委会、宣传部、学生会、学校办公室哪个部门出具介绍信更恰当？

训练三：完整写出印章使用程序和介绍信使用程序和注意事项。

建议：请通过与同学进行讨论或查阅资料的方式，将程序内容记录并整理出来。

二、案例分析

案例 1

新疆某单位给四川省的合作单位发了一份文件，按照新疆惯例，"红头子"文件在新疆可以不加盖印章。四川单位见文件无印章便没有引起足够重视，也没有按照文件中的要求去落实相关事项，最后引发了一场官司，也断送了两家单位良好的合作关系。

点评："十年动乱"期间，全国大多数地方的单位文件都不加盖印章，把"红头子"（即大版头）作为文件生效的标志。2000 年 8 月 24 日，国务院颁布的《国家行政机关公文处理办法》第十条第九款的规定：公文除"会议纪要"和以电报形式发出的以外，应当加盖印章。根据国家质量技术监督局 1999 年 12 月 27 日批准发布的《国家行政机关公文格式》（GB／T9704－1999 代替 GB／9704－1988）的规定，印章是公文生效的标志。

案例 2

红星公司的员工刘某找到雄起公司经理助理辛秘书，称他有一笔好买卖，但他是个人，不如公司签合同方便，想借用雄起公司的名义，让辛秘书给他出具一张雄起公司的业务介绍信，等合同签完后就还给雄起公司，并给了辛秘书 1 万元报酬。辛秘书应允后，刘某利用从雄起公司借用的业务介绍信及印章，以雄起公司业务经理的身份和雄起公司的名义与大华公司签订了一份钢材购销合同，骗取了大华公司价值 100 万元的钢材。刘某将钢材卖掉后，携款潜逃。

点评：根据最高人民法院《关于在审理经济纠纷案件中涉及经济犯罪嫌疑若干问题的规定》，个人借用单位的介绍信、合同专用章和盖有公章的空白合同书，以出借单位名义签订经济合同，骗取财物归个人占有、使用、处分或进行其他犯罪合同，给对方造成经济损失构成犯罪的，除依法追究借用人的刑事责任外，出借业务介绍信、合同专用章或盖有公章的空白合同书的单位，依法应当承担赔偿责任。

三、能力拓展训练

训练一：领导名章代表一个单位的领导身份，具有行使职权标志的作用，多用于书信、票证、合约、报表及文件等材料。如何正确使用领导名章，是秘书人员必须掌握的技能。

建议：各级领导机构之间，以领导个人名义发出的书信，一般都要加盖领导名章，表示负责、严肃、尊重和信任；领导机关印发的一些票证，常加盖领导名章，表示负责、严肃和认真；签订合同、协议、协定等，要加盖双方领导名章，表示负责和信用；布告、通知等特殊文书也要加盖领导名章，表示权威和承担法律责任。领导名章具有法定的权威性和代表性，因此要控制使用，加强管理，要像保管公章那样保管经理名章，防止他人利用经理名章招摇撞骗，进行非法活动。

训练二：在日常工作中，印信往来是相互的，有时秘书会遇上持假印信的招摇撞骗者，因此，必须要学会对印信的鉴别工作。

建议：印信的鉴别有五个方面：①鉴别印信的真伪；②确定印信的文字内容；③确认印信的代表对象；④断定印信的权力；⑤鉴定印信的时限。及时发现印信的异常，凡是造假印信者总有破绽，真正能以假乱真者总是少数。印信异常大体上有五种情况：①式样不同；②字体不同；③图案不同；④盖印不合程序；⑤用纸异常。

训练三：通过网络或其他方式，搜集使用和管理印信的相关资讯，了解行政部门、企事业单位在使用和管理印信时做法的异同，也许这在今后的工作中能够对你有所帮助。

建议：多搜集、多积累、多总结，尽可能提升自身的竞争优势。

学习评估

即将成为办公室工作人员的你，通过上面的训练，你有什么收获和感想？反思自己在训练过程中的表现，是否进一步地提高了就业技能和专业能力？填写能力评价表（在符合的下面画"√"），如表3-5所示。

表3-5　能力评价表

学习目标		评价项目	小组评价			教师评价		
			好	较好	一般	好	较好	一般
专业知识	应知应会	印章的样式和类型						
		介绍信的样式和类型						
	理解和掌握	印信管理的严肃性和注意事项						
专业能力	规范管理和使用印章和介绍信	管理和使用印章的一般程序和方法						
		管理和使用介绍信的一般程序和方法						

完成任务后的反思：_____

名人名言

读书，始读，未知有疑；其次，则渐渐有疑；中则节节是疑。过了这一番，疑渐渐释，以至融会贯通，都无所疑，方始是学。

——朱熹

如果你要引人注目，就要使得自己成为一棵树，傲立于大地之间；而不是做一棵草，你见过谁踩了一棵草，还抱歉地对草说：对不起？

——俞敏洪

任务三

安排值班工作

任务目标

1）掌握值班工作的内容和要求。
2）能够编制值班安排表和正确填写值班记录。

任务描述

公司总经理张伟一早在晨会上对秘书王玲进行表扬。原因是星期天公司的一位重要客户趁回乡探亲之便特意到公司拜访，由于王玲值班工作安排得好，迅速联系到经理，并协助经理接待好这位重要客户，使他乘兴而来，满意而归，还签订了一笔大单子。

任务分析

值班工作是秘书部门的日常工作之一，因为业务联系、信息传递、突发变化不可能限制在工作时间之内，这就要求秘书值班或安排好值班工作。这样才能在工作时间之外，及时传达反映本单位重大紧急的事情，使问题得到及时解决，保证工作顺利进行。

一、值班工作的内容

值班工作是秘书的日常工作之一。各单位和部门值班室的任务都非常庞杂，且各有不同的特点，一般来说，值班工作的主要内容包括以下几个方面。

1. 办理领导交办的事项

领导有很多临时性、紧迫性工作，在一时找不到其他部门办理时，多数交由值班室。因此值班室工作很大一部分是承办领导交办的事项。常见的事项有：①临时性的会议通知。一些临时决定召开的会议，因时间紧，发书面通知已来不及，或者会议内容与各个业务部门有交叉，难以确定哪个业务部门主办，在这种情况下，经常交由值班室处理，使用电话或其他方式召集有关部门和有关人员参加会议。②查问有关部门和有关人员对领导某一批示、要求的贯彻落实情况，并将查问的结果及时回复交办的领导。在工作过程中，值班室要恰当发挥单位某些职能部门的作用，以便顺利完成任务。③受委托做好接待工作，由于领导的工作原因或精力所限，有的接待工作就委托值班室来完成，值班室根据具体情况，自己承担或通知有关部门做好接待准备。④根据领导指示，了解在本地区工作考察的上级领导的活动及生活接待情况。⑤向有关单位人员转告领导的指示等，领导交办的事项很多，范围也很广，需要根据具体情况灵活办理。

2. 上传下达，沟通内外

上级机关派人到下级机关检查工作，了解情况；下级单位派人到上级机关汇报工作，反映问题；平级单位或无隶属关系的单位也常相互联系、协调工作。上述情况经常需值班室来处理。不论来自何部门、何单位的同志，值班人员都要认真接待，或请有关领导接洽，或介绍给有关部门。对上级的各项指示、通知和下级的请示、汇报，都要认真登记，及时汇报，及时处理。本单位的一些突发事件，值班室也有责任将新掌握的情况报告给领导，通知有关人员。

3. 认真处理来函、来电

日常的来电来函是由业务部门办理的，但在下班后或节假日，由于有些业务部门无人值班，应当由值班室担负起来函来电的接收工作。对于其中的急电、急件及时通知具体承办单位、部门或报告分管领导，对电话请示、文电内容，值班人员一般只传达不答复或不随意表态，以免造成单位和领导工作被动。若领导有批示或指示，再按领导的要求，及时办理。

4. 负责值班人员安排

只有党政领导机关、大的企事业单位或一些性质比较特殊的单位才可能设立有固定人员值班的值班室，平时有固定的人员值班，法定节假日则由业务部门的人员轮流担负值班。较小的单位多采取轮流值班的办法。轮流值班人员名单，由秘书部门具体编写，与有关部门协商并呈报领导审定后执行。

5. 随时掌握领导的外出活动

领导外出时应由秘书人员告知值班室，值班要详细记录领导外出的情况，尤其是领导出差在外，要及时与领导联系，了解领导外出所在地的住址和电话号码，以便遇到有急事能随时找到领导，保证工作的正常开展。

6. 协调处理安全保卫工作

值班人员在单位、机关下班后，除做好上述工作外，还要协助有关人员做好安全保卫工作，以防丢失、被盗、破坏等事情的发生。

二、值班工作的基本要求

值班工作的要求主要包括以下几点。

1. 坚守值班岗位

值班人员在规定的值班时间内，必须做到人不离岗、人不离机（电话机），始终保持通信联络畅通。值班室要接纳来自四面八方的函电信息，必须有人接收、传送处理。特别是在高级首脑机关或要害部门值班，随时都可能有突发性的事件报到值班室，有许多紧急事件无规律可循，必须随时准备应付复杂情况和处理突发性事件。因此，值班室人员必须坚守岗位，有事要提前请假，如无临时接班人，不得擅自离开岗位。

2. 认真处理事务

值班室工作庞杂、琐碎，无规律性，处理起来有时比较麻烦，但值班人员不得有丝毫大意和马虎，如果出现差错或处理不当，轻则耽误工作，重则造成严重后果。因此，值班人员必须认真负责处理好每一件事情。如认真接转电话，认真做好记录，认真接待来访人员等，真正起到问事员、联络员、收发员的作用。

3. 做好值班记录

一是做好值班电话记录。值班人员除接待来访人员外，相当一部分值班工作都是靠电话来联系处理的，因此，必须认真做好值班电话记录。电话记录基本上有五个要素：

来电时间，来电单位、姓名和对方的电话号码，来电内容，简明扼要地记下主要精神，领导批示和处理意见，记录人署名。对这五个要素，一定要记准确，记清楚。二是做好接待记录。对外来人员的姓名、身份、证件、联系事由、接洽单位要一一登记清楚，以备查考。三是做好值班日记，对外来的信函、电报、反映情况、外来的电话等，都要认真登记，使接班人员保持工作的连续性。

4．热情接待来人

因事来值班室联系接洽的人很多，值班室对各种来人，要根据不同情况做出恰当的处理。对于来洽谈工作者，在查验明身份证件，问清意图后，协助并指引其办理有关事务，对于一般问题者，只要不涉及机密，应尽可能地给予帮助。

5．加强安全保卫

值班人员的职责之一就是做好机关的安全保卫工作。值班人员一定要处理好热情接待来人和严格门卫制度的关系，既要热情接待，又要严格执行制度，严防坏人混入作案。如遇到紧急情况和可疑人员，应及时向领导和公安、保卫部门报告。值班人员要有较强的保密观念，不能把亲戚、朋友带到值班室留宿，不能泄露单位秘密，对于机密文件、他人信函，不得擅自拆阅。

三、值班制度

要想完成好值班任务，除了要求值班工作人员有较好的素质外，还需要建立健全各项规章制度。其内容主要包括以下几点。

1．信息处理制度

它包括对各种渠道传递来的信息基本处理程序，如下级单位用电话报送一条信息，值班员应如何记录、登记，哪一类信息应报哪一级领导。还有总值班室内的信息刊物的审稿、校对、核发等，都应作出明确规定。

2．岗位责任制度

首先应制定值班人员必须坚守岗位，无论发生什么事情也不能擅离职守的责任制度。另外对总值班室内不同层次的值班工作人员应规定不同的职责，如带班员职责、值正班人员的职责、副班人员的职责等。

3．交接班制度

值班室应坚持交接班制度，由前一天的值班员将所接收的信息及处理情况逐一交代给下一班值班员。对一些尚未办完的事项更要详细讲明处理情况，以便保证不断线；交接班最好是在值班室全体人员都在场的情况下进行,使接班的人员也了解前一天的值班情况。现在许多部门已经建立了完整的交班会议制度,交班会一般在每天早上上班时进行,由前一天的值班员主持。

4. 保密制度

值班工作常常接触许多机密性文件和事情,应制定严格的保密细则,包括外来人员的接待范围、各种信息材料的保管方式、不同密级的信息材料的传递方式等。另外,应责成一位负责人分管保密工作,并选定一位责任心较强的人担任保密员,定期检查保密细则的执行情况。值班人员不能把亲戚、朋友带到值班室留宿;不能把本单位领导的家庭地址、电话号码任意告知外人;机密文件、他人信函不得擅自拆阅(会议通知除外)。

5. 辅助性制度

为保证值班室有一个良好的工作环境,还应建立一些必要的辅助性制度,如"会客制度"、"卫生制度"及"考勤制度"等。

通过以上各项制度,使值班室便于管理,值班工作人员处理各种事项都有章可循,从而使值班工作形成制度化、规范化。要注意的是,应加强对值班工作的督促检查,如发现问题,及时处理。

四、值班安排

值班安排各部门、各单位不尽相同,主要有以下几种类型。

1. 四人专职值班

四人专职值班安排的方法有以下三种。

1)3 人轮班,1 人替班。3 人轮班,每昼夜 3 班倒,每班 8 小时,保证办公室 1 人值班,使工作时间大体相等。替班人员主要是替 3 位值班员公休,剩余 3 天安排其他工作。这种方法适宜昼夜工作量差不多的单位。但有时,尤其是白天办公时间一个人比较紧张,有时出去要请同事代看一下。

2)3 人倒班,1 人带班。带班者上常日班,一般兼管单位事务性工作。另外 3 人每天 1 人大班(24 小时连班)、1 人小班(日班)、1 人休息。第一天小班的值班员第二天大班,第一天大班的值班员第二天休息,第一天休息的第二天小班,依此类推。轮到星期六、星期天和星期一上小班进行公休,这样,星期二至星期五白天 3 人(带班者加大、小班),星期六、星期日一白天两人(带班者和大班),夜间一人值班。这种方法适宜白天事务多,夜间和节假日事情较少的单位。

3)四人顺轮。四人顺轮,即四位值班员挨个向下顺排,每人 8 小时或 12 小时轮流值班,节假日不另安排,平日不值班者还可上班做些弥补性、后续性工作。

2. 兼职值班

所谓兼职值班是在正常办公时间，由单位有关部门（如秘书、行政）的人员兼职，值班室遇到的事，谁负责的范围谁处理；中午和夜间轮流值班。其安排方法有以下两种。

1）大轮班。单位所有人员（可以执行值班任务的人员）中午和夜间大轮班。每天 1 人，一天一轮换，把全体值班人员列表印发，轮到自己值班的时候自行上岗。值班者可提前吃饭。

2）"单身汉"代班。每个单位都有一部分住集体宿舍的"单身汉"，请他们中午和夜间轮流代班。每天一轮或每周、每月一轮均可。这种方法比前一种好，因轮流范围小，值班机会多，处理问题有经验，一般不致误事。但由于这是给单身汉增加负担，应当分别两种情况：一是发扬友好互助精神，应是私人间委托；二是组织安排，那就应考虑他们值班的时间长，劳动强度大，应给予适当报酬。轮到代班者也要提前吃饭。

兼职值班，要特别注意班与班之间的衔接，交接班一定要认真细致。值班发生的问题、处理结果及遗留事项，要详细地记在"值班日志"上，并当面向接班人交代。

3. 专兼结合值班

专兼结合值班，即正常上班时间专职，中午和夜间兼职。办公室设 1～2 人专职值班员白天值班，其他时间采取第二种方法的安排，即大轮班或"单身汉"代班。

4. 星期日值班安排

除有专门值班员的单位以外，一般采取单位所有人员大轮班的方法，每季、每半年安排一次均可，但最好不要一次安排时间过长，以免遗忘误事。星期日轮流值班，最好不要安排那些平时中午和夜间值班的"单身汉"们，给他们一点机动时间休整和探家。还要注意安排领导和司机值班。

5. 法定节日值班

法定节日值班需要加强力量，不但要有领导带班，司机值班，而且一般还需 2 人值班。由值班室在法定节日前排好值班表，明确交接班手续，印表分发给每个值班人员。

6. 司机值班

由于正常上班时间以外，有时有特殊情况需要用车，所以司机要值班。

五、值班记录和交接班

值班应当做好工作记录，以作为向领导汇报情况的根据，处理问题的依据，同时以备查考。值班记录一般包括两种形式：值班日志和接待记录。值班日志以一天或一个班为单位，记录值班室一天或一班中遇到的情况和经历的主要工作，一般以记事册的形式出现。接待记录主要记录一个单位对来访问题的处理过程，应依次记录来访者姓名、单位、时间和内容。在"处理意见"一栏要记录接待人的承办意见，比较重要的问题要记录领导人的批办意见。最后还要署上接待人的姓名，以明确责任。值班日志和接待记录如表3-6和表3-7所示。

表3-6 值班日志

年 月 日	星期	值班人
事项		备注

表3-7 接待记录

来访姓名		单位	时间	接待人	
接洽内容					
处理意见					
处理结果					

　　交接班对于值班人员沟通情况、保持工作的连续性具有非常重要的作用。交接班有两种形式：个人交接班和集体交接班。无论是个人交接班还是集体交接班，值班人员都应当把主要工作情况、已办和未办的事情及注意事项等，如实向下一班值班人员交代清楚，以便接班人员顺利工作。交接班可以口头交代，也可以利用值班日志交代。个人交接班在下午下班或早上上班时均可；集体交接班以放在早上上班时最好。

相关知识链接：某公司的值班管理制度

　　第一条 本公司于节假日及工作时间外应办一切事务，除由主管人员在各自职守内负责外，应另派值班人员值班处理下列事项：①临时发生事件及各项必要措施；②指挥监督保安人员及值勤人员；③预防灾害、盗窃及其他危机事项；④随时注意清洁卫生、安全措施与公务保密；⑤公司交办的各项事宜。

　　第二条 本公司员工值班，其时间规定如下：①自星期一至星期六每日下午下班时起至次日上午上班时间止；②例假日：日班上午八时起至下午五时止（可随办公时间的变更而变更）。夜班下午五时半起至次日上午八时止。

　　第三条 员工值班安排表由各部门编排，于上月底公布并通知值班人员按时值班。并应配置值日牌，写明值班人员的姓名悬挂于明显处。

　　第四条 值班人员应按照规定时间在指定场所连续执行任务，不得中途停歇或随意外出，并须在本公司或工厂内所指定的地方食宿。

　　第五条 值班人员遇有事情发生可先行处理，事后方可报告。如遇其职权不能处理的，应立即通报并请示主管领导办理。

　　第六条 值班人员收到电文应分别依下列方式处理：①属于职权范围内的可及时处理；②非职权所及，视其性质应立即联系有关部门负责人处理；③密件或限时信件应立即原封保管，于上班时呈送有关领导。

第七条 值班人员应将值班时所处理的事项填写报告表，于交班后送主管领导转呈检查，报告表另定。

第八条 值班人员如遇紧急事件处理得当，使公司减少损失者，公司视其情节给予嘉奖。

第九条 值班人员在值班时间内，擅离职守应给予记大过处分，因情节严重造成损失者，从重论处。

第十条 值班人员因病和其他原因不能值班的，应先行请假或请其他员工代理并呈准，出差时亦同，代理者应负一切责任。

第十一条 本公司员工值班可领取值班津贴，其标准另定。

能力训练

一、基本训练

训练一：列举值班工作的主要内容有哪些？

建议：请你与同学进行讨论，将讨论内容一一记录下来，并整理、归纳。

训练二：常见的值班制度主要有哪些？实际值班时应注意哪些问题？

建议：请你与同学进行讨论，将讨论内容一一记录下来，并整理、归纳，找出执行值班制度时需要特别注意的问题。

二、案例分析

案例

小辛是刚到岗的新秘书，对办公室的各种规章制度还不是很熟悉。这天，王主任安排小辛值班。值班室里没什么事做，小辛很无聊，便先给朋友发手机短信，后开始上网聊天，相约交班后一起外出活动。可是眼看交班的时间马上到了，但接班的刘秘书还没有来。时间已经过去 10 多分钟了，刘秘书还是没来，可朋友们的电话不停地催促，小辛待不住了，在值班记录表上写下"一切正常"，便匆匆忙忙赴朋友的约会去了。

第二天，王主任把小辛和刘秘书叫到办公室，一顿狠批，还要求写出深刻的检查！原来，刘秘书因为堵车，迟到了 30 多分钟，就在小辛离开的 20 分钟时间里，金董事长本想陪着韩国客人到公司参观，往值班室打了 7 次电话都没人接，只好改变行程安排。但是，值班人员脱岗，已经使公司的形象受到很大影响。

经过王主任的批评，小辛终于明白：值班工作事务轻松，但责任非常重大，如果脱岗那天不是韩国客人要来，而是发生了火灾、水灾或安全事故什么的，不能及时报警或处置，后果将不堪设想。

点评：值班时，当遇到接班员没有及时到岗，值班员应继续值班，直到有人接班，并完成交接班手续方可离开；接班员因故不能按时到岗值班，应主动与上一班值班人员接洽、沟通，严防脱岗事故发生，影响单位工作。

三、能力拓展训练

训练一：收集各种类型值班室的值班工作内容、工作要求和值班安排表。

建议：利用课余时间，收集学校、父母或亲友单位的值班室工作内容、工作要求和值班安排表，看谁收集的多、收集的全面，并与班上的同学分享成果。

训练二：请结合你就读学校的实际情况，编制"五一"、"十一"、元旦、寒假和暑假的值班安排表。

建议：先到学校办公室、门卫室、保卫处等部门收集值班安排表，再分析值班表里的相关项目以及人员安排规律，最后自己模仿着制作一份值班表，与同学交流一下，看看谁做得最好。

学习评估

即将成为办公室工作人员的你，通过上面的训练，你有什么收获和感想？反思自己在训练过程中的表现，是否进一步地提高了就业技能和专业能力？填写能力评价表（在符合的下面画"√"），如表3-8所示。

表3-8　能力评价表

学习目标		评价项目	小组评价			教师评价		
			好	较好	一般	好	较好	一般
专业知识	应知应会	值班工作的内容						
	理解和掌握	做好值班工作的重要性和注意事项						
专业能力	能够编制值班安排表和正确填写值班记录	制定值班制度						
		安排值班工作						
		填写值班记录						

完成任务后的反思：＿＿＿＿＿＿＿＿＿＿＿＿＿＿＿＿＿＿＿＿＿＿＿＿＿＿＿

名人名言

纸上得来终觉浅，绝知此事要躬行。

——陆游

朝着一定目标走去是"志"，一鼓作气中途绝不停止是"气"，两者合起来就是"志气"。一切事业的成败都取决于此。

——卡耐基

任务四

制订商务旅行计划

任务目标

1）掌握制订商务旅行计划的常识和注意事项。
2）能够制订商务旅行计划，报销商务旅行费用。

任务描述

公司总经理张伟将于 8 月 10 日到北京与兰宇公司销售部经理洽谈业务，预计 13 日回来。为了顺利完成洽谈任务，张伟要求秘书王玲制订一份商务旅行计划，合理安排出差期间的各项活动。

任务分析

领导或同事出差是秘书常遇到的情况，这种差旅活动的日程安排紧凑，有时甚至当天往返。秘书在为领导或同事做差旅安排时，首先要了解商务旅行的一些基本常识，然后，根据出差的具体情况，做好准备工作，制订商务旅行计划，整个过程必须细心、缜密地考虑各个环节，不出差错。

相关知识

一、制订商务旅行计划的常识

1. 差旅准备的要求

1）根据公司规定，弄清上司出差应享受的待遇。
2）准备订票时一定要查用最新的时刻表。
3）订房、订票时要考虑上司的个人爱好和习惯。

4）平时注意学习订房、订票的相关知识，以确保工作的顺利进行。

无论是在国内出差还是到国外出差，无论是短期出差还是长期出差，在每次动身之前，秘书都要为上司做大量的准备工作，如安排日程，预订机票、船票和旅馆，整理随身携带的洗漱用品，预支差旅费，准备必须的文件资料和领导在不同场合的发言提纲等。

2. 制订旅程计划表

作为秘书，在制订旅行计划、编制旅程表时应注意以下几点。

1）要明确上司旅行意图、目的地、旅行时间及到达目的地后的商务活动计划。

2）了解上司对交通工具及食宿的要求，熟悉本单位的出差规定。

3）编制旅程表时，向有关服务部门或旅行目的地享有声誉的旅游机构索取有关资料，了解当地交通工具运行情况、旅行路线、旅馆环境情况、目的地的货币、外汇管理规则、经商特点及有关护照、签证、健康规定等常识；需要中转时，尽量选择衔接时间在2～4小时的班机，将时间的浪费降至最低。

4）旅行计划要按时间顺序编排，做到清楚明了。要考虑上司的身体状况，时间上留有余地。

二、制订商务旅行计划的工作程序

1. 制订商务旅行计划

在制订商务旅行计划前，首先要对公司差旅费用、交通、食宿等级标准范围的有关规定及程序等清楚明了。一份商务旅行计划至少应包括以下内容。

1）出差的时间、启程及返回时间和接站安排。

2）出差的路线、终点及途经地点和住宿安排。

3）会晤计划（人员、地点、日期和时间）。

4）交通工具的选择，如飞机、火车、大巴或轿车等。飞机要列明客舱种类及停留地的交通安排。

5）需要携带的文件、合同、样品及其他资料。如谈判合同、协议书、科技或产品资料、演讲稿和与会国的指南等。

6）上司或接待人的特别要求。

7）上司旅行区域的天气状况。

8）行程安排，约会、会议计划，会务人员的名单及背景，会晤主题。

9）差旅费用、现金、兑换外币、办理旅行支票。

10）上司下榻宾馆的电话号码。

差旅计划制订完成后，要向上司报告，并依其指示、决定安排旅程。

2. 制作旅程表

当安排完订房、订票的工作后，就要着手制作旅程表。旅程表是按预定的日程表和上司的计划要求、意见而制定的。旅程表的内容一般比旅行计划更详尽，秘书要将每日的日程表打印在纸上，并按时间顺序进行编号，供上司使用。一份周密的旅程表主要包括以下六项内容。

1）日期。指某月、某日、星期几。

2）时间。出发及返回的时间，包括各个目的地的抵离时间和中转时间；开展各项活动的时间；就餐、休息的时间等。

3）地点。上司本次出差的目的地（包括中转地点）；旅行过程中开展各项活动的地点及食宿地点等。

4）交通工具。出发、返回时使用的交通工具及停留地的交通安排等。

5）具体事项。商务活动内容，如访问、洽谈、会议、宴请娱乐活动等；私人事务活动。

6）备注。记载提醒上司注意的事项，如抵达目的地需要中转的中转站或中转机场，休息时间、飞机起飞时间，以及某国家为旅客提供的特殊服务；在当地需要注意的一些风俗习惯和礼仪等。

旅程表除行动计划外，还应将必要的信息尽量详细地写入：旅馆名称、所在地及电话号码；当地的联系人姓名、地址及电话号码；会晤者姓名、企业名称、所在地及电话号码；海外出差时当地的中国大使馆所在地及电话号码等。

旅程表应一式三份（或几份），一份存档，一份给上司及其家属，秘书存留一份。

旅程表的范例如表 3-9 所示。

表 3-9　金明总经理旅美日程表

成都—纽约

2010 年 8 月 24～26 日

时间	日程安排
8 月 24 日 （星期二） 上午 9:15 晚上 19:45 晚上 20:30	 乘中国国航 CA3403 空客 320（中）抵纽约 （雅雨小姐接），住福克斯旅馆 与福特先生在旅馆共进晚餐
8 月 25 日 （星期三） 上午 9:30 中午 11:10 下午 15:00 晚上 18:30 晚上 19:30	 与福特先生在公司会议室会谈（需用的 1 号文件在公文包内） 与福特先生共进午餐 与福特先生继续会谈（需用的 2 号文件已备于公文包） 在旅馆用晚餐 拜访王钢先生（雅雨小姐陪同，礼品蒙顶茶在手提箱内）
8 月 26 日 （星期四） 上午 8:30	 乘 CA3404 次班机返回成都双流国际机场（马主任接机）

3. 准备上司在不同场合的发言提纲

拟写发言提纲，要根据不同的发言场合，显示出领导的发言风格，体现领导的具体要求，突出鲜明个性。重要的发言材料，应提前交领导修改、审定。

4. 办理出国手续

1）撰写出国申请。常规出国申请应包括：出国事由、出国路线、出国日程安排（含出国时间，在国外活动时间、地点、回国时间等）及出国组团的人数等内容。

申请文书后面要附出国人员名单和外国公司所发的邀请函（附单），出国人员名单要写清姓名、年龄、性别及职务职称等内容。

2）办理护照。办理护照首先要携带有关证件。主管部门的出国任务批件，出国人员政审批件，所去国有关公司的邀请书，还要准备好2寸正面免冠半身相片等。因公出国人员的护照应到外交部或其授权的机关办理。因私出国人员的护照，由公安部授权的机关办理。同时需要认真填写有关卡片和申请表。拿到护照后，应检查姓名、出生年月、地点是否填写正确，并在签字格上签名。

3）办理签证。我国政府规定，因公出国的中国公民出入国境凭有效护照可不办理签证，而持因私普通护照出入国境的中国公民必须办理中国的签证。因公出国的人员前往国家的签证，可到前往国驻我国大使馆或领事馆直接联系申办签证；或是委托权威的可靠的签证代办机构（如中国旅行社总社签证代办处）代办；也可以委托前往国家洽商的公司到前往有关国家的使（领）馆办理。办理签证要交上护照并填写一份签证表。取得签证后，检查签证的有效期，以及是否有签字、盖章。

4）协助办理《国际预防接种证书》（即"黄皮书"）。出国人员在办理了有效护照和签证后，应持单位介绍信到所在地的卫生检疫部门进行卫生检疫和预防接种，并领取黄皮书。当拿到黄皮书后，应该进行认证查验。查验内容：填写的内容是否符合本人情况（姓名、出生日期和性别）、医生的签字、检疫机关的盖章是否清晰、应该接种的项目是否填写。

5）协助办理出境登记卡。在办妥上述各项手续后，秘书再携带出国人员的护照、户口簿、居民身份证办理临时出国登记手续。

6）订购机票（船票、车票）。可在国内各航空公司及其售票代理点办理购票手续，也可在外国航空公司驻我国的办事处购买。购买国际机票需出示护照。拿到机票后必须查验票面。查验的程序一般是：查验姓名的拼音是否与本人护照或其他有效证件中的拼音相符；全部航程的每班航班是否都有乘机联，每一联的黑粗线框内是否与原旅行计划相一致；每个航班起飞和降落的时间，机场名称；是否在订座栏内填好"OK"；是否有涂改或填写不清楚的地方，是否盖有公章。

如果所到国家有接待，这时候就可以发出通知，最好以书面形式通知。内容包括：航班、航船号或火车的车次、启程地点、到达口岸名称和时间、前往的人数等。

7）办理保险。通过代理人直接由保险公司安排，使用于意外事故，如医疗及行李丢失等。

5. 秘书在上司出行前应落实的工作内容

1）审查选定最佳旅程表。秘书编制几个旅程方案，供上司选择，待最佳方案确定后，秘书要将其打印成文。

2）了解外汇信息，办理兑换外币。

3）准备随身用品。包括服装、洗漱用品等。

4）准备文件。秘书要根据旅行目的，为上司准备必须携带的各种文件，如谈判合同、协议书、科技或产品资料、演讲稿以及目的地指南等，同时还要为上司提供有关国家的风土人情及各种礼节，使上司的商务活动圆满顺利。

5）准备相关证件。如护照、签证、黄皮书、国际机票、外语名片（切不可忘记）、外币以及其他必需的出国文件、证件等。

6）做好旅行安排（可参考国内一般商务旅行的做法）。

7）注意时差问题。

8）收集所到国的背景资料。

在国际交往中，无论是出国考察还是商贸洽谈，都会遇到各种不同的情况。对所到国或地区的文化、习俗、礼节等常识的了解，可以使我们在处事中既能维护尊严，不卑不亢，又不失礼仪之邦的风范，以诚相待、以礼相待。

三、注意事项

1. 秘书在上司外出旅行时的工作

如果秘书没有随上司一起出差，停留在单位，其仍有许多工作要做。

1）检查上司遗漏的东西。秘书应检查上司是否还有遗漏的东西，如果突然发现办公室桌上还有一份文件，是明天上司和对方签订协议时用的。千万不能惊慌失措，而是要想办法给上司送去。办法有两种：一是用传真机传送过去；二是航空特快专递。秘书将东西寄出去后，还必须打电话告诉上司东西已经寄出。

2）抓住机会学习。此时，秘书应当把上司出差的时间当作一个自学的好机会，努力充实自己。

3）电话的处理。在上司出差期间，如果有客人来电话找上司，秘书就要认真做好电话记录，把电话的时间和内容记录下来。

如果事情比较重要的话，上司回来时，在接站的时候汇报；如果不急，就待上司上班后再说。

如果遇到重大突发事件，要立即向上司汇报。如果这时上司正在开会或与客户会谈，电话也找不到，可以把电话打到宾馆，请对方接电话的人写个纸条，让上司晚上回旅馆后再等自己的电话，或者给自己来电话。如果事情不是很保密的话，也可以把事情的大致情况告诉接电话的人，请他直接转告上司。

2. 上司回来后秘书的工作

上司回来后秘书主要是要做好上司回来时的接站工作、汇报工作和旅行费用的报销等。

秘书接站不单纯是因为上司出差劳累，需要帮上司搬东西，更重要的是可以加深彼此之间的感情，并且还可以及时向上司汇报工作。有的上司责任心很强，他们身在外地却挂念单位的事情，回来后急于得知自己不在单位期间所发生的一切，特别是出差之前悬而未决的一些问题的处理结果。

在汇报时，秘书不能给上司说得太多，使他有大雨倾盆之感。有些重要的事情不是三言两语就说得清楚的，对于这些事情，秘书可以先写个提纲。如果上司想急于知道详情的话，可以先把提纲递给上司。

如果对方有人为上司送站的话，还要打个电话告诉他们上司已经平安到达，如果是客户为上司送站的话，那么在电话里还要向对方表示感谢。

报销上司的旅行费用，先要收齐所有票据，根据单位的财务报销要求，分类、粘贴票据，填写相关现金支出凭单，然后按单位的财务报销程序找相关领导签字、报销。

能力训练

一、基本训练

训练一：出国商务旅行与国内商务旅行相比要复杂得多，工作内容和工作程序都多了哪些？

建议：与班上同学讨论，比较国内、国际商务旅行计划的异同，并将讨论结果记录下来，列成表格，看看哪个小组归纳的条目多。

训练二：比较国际、国内商务旅行表的设计制作，分别归纳它们的注意事项。

建议：与班上同学讨论，并将讨论结果记录下来，看看哪个小组归纳的条目多。

二、能力拓展训练

训练一：为自己的父母或亲友设计一份出省的国内旅行计划，注意栏目完整、清晰、切实可行。

建议：尽量选择熟悉的省份作为旅行目的地，以便计划表能贴近实际。

训练二：请为你的班主任老师设计一份出国商务旅行计划表。

建议：全班同学各自挑选一个不同的旅行目的地，然后到互联网上收集相关信息资讯，最后将完成了的出国商务旅行计划表张贴在教室的墙报上，相互学习、借鉴，评一评，看谁做得最好。

学习评估

即将成为办公室工作人员的你，通过上面的训练，你有什么收获和感想？反思自己在训练过程中的表现，是否进一步地提高了就业技能和专业能力？填写能力评价表（在符合的下面画"√"），如表3-10所示。

表3-10　能力评价表

学习目标		评价项目	小组评价			教师评价		
			好	较好	一般	好	较好	一般
专业知识	应知应会	国内、国际商务旅行的计划表的项目、内容						
	理解和掌握	拟制商务旅行计划的注意事项						
专业能力	能够拟制一般商务旅行计划	国内商务旅行计划						
		国际商务旅行计划						

完成任务后的反思：_____

名人名言

忧劳可以兴国，逸豫可以亡身。

——《新五代史·伶官传序》

推动你的事业，不要让你的事业推动你。

——爱因斯坦

第四章 会务工作

会场里的"生人味"

从四面八方来的负责人差不多到齐了。李董事长环视会场，与到会的下属不断点头问好，满脸微笑。

"都到齐了吗？"他问秘书小张。

"都到齐了，整二十位。"小张说。

突然，董事长脸上的笑容凝住了。他吸了吸鼻子，沉默了一会，一声不响地走出了会议室。

张秘书一下子紧张起来，也跟着走了出来。与会者只得坐在那里等待。

"董事长"张秘书轻声叫道，等待指示。

"小张，会场上怎么有股生人味？"董事长问。

"生人味？"张秘书不解地问。

"好像有不该参加的人来到了会场。"

"不会吧，"张秘书说，"名单您审定过，这里是您的签字。来的都是各地经销处的负责人。"他拿出经董事长审定的名单，递给董事长。

董事长没有接过名单，问道："坐在我对面的那日本人怎么也到会了？"

"他是我们东京的代销商。"

"代销商和经销处一样吗？"董事长严肃地问，"你难道不知道今天会议的议题？"

"今天是研究海外市场促销对策……"

"这是本公司的核心机密。代销商只是合作伙伴，并不是本企业的成员，更不是研究企业经营决策的核心成员。内外有别啊！"董事长说。

"名单上有李明，这代销商的中国名字也叫李明……"

"好了!你呆会儿认真地再看看那名单吧!"董事长一挥手说:"现在,你说该怎么办?"

"现在,现在能不能由我通知日本人让他退出会场?"张秘书说。

"你说呢?"董事长反问道。

"这样好像不妥,会影响关系的。"张秘书说,"是不是能改变会议议题?"

"现在也只有这样了。"董事长说,"今天上午的议题改为介绍东京代销商野田二郎先生与各经销处长认识,交流经销经验。主要请野田先生讲东京的市场状况和他们的对策,我介绍中国"三十六计"在日本商场的运用。用半天务虚,下午正式研究问题。你通知公关部下午派人陪野田游览市内风景名胜,并通知公关部下午派人陪野田到张家界国家森林公园去游览三天。三天后我抽出时间,再与他单独研究如何拓宽双方的合作。"说罢,董事长快步走进会议室。

小张待董事长离开后打开名单一看,除各销售处长的名单外,董事长亲笔加了"请东京的李明同志到会"一行字。东京的李明同志是指公司派往东京的市场调查员。而日本的野田二郎虽也叫"李明",但不是"同志",只是合作者。

他急忙去公关部联系,然后打国际长途请东京的李明同志飞回总公司开会。

会场里的"生人味"是由于筹备会议的秘书人员没有认真领会领导的意图,没有根据会议的主题和内容审定与会代表资格造成的。秘书人员工作上的疏忽使得不该参加会议的人前来参加会议,应该参加的人反而没能到会,若不及时处理,可能造成会议具有保密意义的内容泄露出去,出现消极影响,甚至给组织造成损失。

再者,"会场的生人味"让我们懂得召开一次会议,准备几个议题的重要,它可以在情况发生变化时救急或减少不必要的损失。在这一案例中,如果董事长不因野田二郎的"生人味"而想出应急的议题,而采取不让野田二郎开会的方法,会影响双方关系,直至使合作关系破裂,应视为下下策。故而,秘书人员在协助领导确定和选择议题时,有必要多准备一至两个,是有好处的。

"会场的生人味"同样警示我们做好会议事务,马虎大意是要不得的。

项目背景

小莉是某中等职业学校文秘专业高三的学生,临近毕业学校推荐小莉到大宇会务服务公司去面试。

任务一

认 识 会 议

任务目标

1) 能明确会议的概念。
2) 能辨析会议的类型。
3) 熟悉企业常见的会议种类。

任务描述

大宇会务服务公司的总经理第一个问题就是"你了解会务服务公司的经营范围吗？"小莉第一个反映就是不就是承接会议吗？那可难不倒我。接下来总经理让小莉谈谈什么是会议？

任务分析

办会是文秘专业的主干技能之一，秘书人员需要承办单位内部各级各类的会议活动。每一类型的会议的特点都不一样，要求也就不一样。

相关知识

一、会议的定义

会：聚合；议：商议。从字面理解，我们可以将会议解释为有两人以上共同参与，以一定的方式聚合在一起商议、讨论、解决问题的活动。

二、会议的类型

1. **按照会议举办机构划分**

1) 协会会议：协会是由具有共同兴趣和利益的专业人员或机构组成，通过它来交流、协商、研讨或解决本行业的最新发展、市场策略以及存在的问题。它具有周期稳定、规模大等特点。

2）企业会议：为了企业自身的发展，应付日趋激烈的竞争，计划和协调企业的发展目标、策略及各项指标等，各类公司每年都要举行各种会议。具体的会议类型见下文详解。

3）国际组织和政府会议：出于政治、经济、文化等原因，联合国、各国际组织，如世界贸易组织（WTO）、世界卫生组织（WHO）、世界旅游组织（OMT）等，以及各国政府每年都要组织举办各种类型、规模和档次的国际性大会、论坛、研讨会等。一般来讲，此类会议都会受到主办国和地区的重视，影响比较大，多是新闻媒体追踪报道的焦点。

4）展销会与博览会：展销会与博览会由专业的会展公司或政府牵头举办，主要是陈列展示商品，向客户和潜在客户介绍、推销产品和服务，规模不一。经济越是发达的地区，此类活动也就越多。这种活动通常伴随着许多小型的产品发布会、研讨会等，因此，会中套会的现象在此类活动中已习以为常。

2. 按照会议规模（参加会议人数）划分

按照会议规模（参加会议人数）划分可以将会议分为如下几种。

1）小型会议：出席的人数少则几人，多则几十人，但是一般不超过 100 人。

2）中型会议：出席人数在 100～1000 人。

3）大型会议：出席人数在 1000～10 000 人。

4）特大型会议：出席人数在 10 000 人以上，如重大节日庆典、大型表彰、庆祝大会等。

3. 按照会议的地域范围和影响力划分

按照会议的地域范围和影响力划分可以将会议分为四个层次，即国际会议、全国会议、地区会议和本地会议。其中，国际会议是来自不同国家的人们所参加的会议。根据国际大会和会议协会（ICCA）的规定，国际会议的标准是：至少有 20%的外国与会者，与会人员总数不得少于 50 名。由于国际会议在提升举办地形象、促进当地市政建设和经济发展等方面所起的巨大作用，世界上各个国家都在积极争取承办国际会议，平均每一个国际会议的申办国家都在 10 个以上。凡来自国外的与会者人数占出席会议总人数的比例达不到国际会议标准的会议均称作国内会议。

4. 按照时间方面规定性划分

按照时间方面规定性划分可以将会议分为定期会议和不定期会议。定期会议，顾名思义每隔一段时间必须要召开一次，常见形式有代表性会议、董事会、行业年会、例会等；不定期会议则无时间上的规定。

5. 按照会议功能划分

按照会议功能划分可以将会议分为如下几种。

1）决策性会议：全体与会人员对工作中的重大问题集中讨论做出决定的会议，只要开会必有会议决议、决定产生。

2）执行性会议：此类会议召开的目的是向与会人员分配工作、布置任务。

3）协调会：参加此类会议的与会人员多来自不同的单位或部门，召开会议的目的是为了对某个共同的项目交换意见，沟通思想，回馈情况，以求得共同的了解和认识。

4）发布性会议：会议的目的是为了发布信息，具有通报性强的特点，多会邀请新闻媒体参加。

5）学术性会议：会议召开的目的是研讨交流学术上的问题，参加者多为行业领域方面的专家学者。

6）显示性会议：会议召开的目的是宣传教育、展示成绩，如报告会、宣讲会、纪念大会等。

三、企业常见的会议类型

企业常见的会议类型有如下几种类型。

1）经理例会：属于办公会议，有该企业经理们参加，一般一周一次或每月一次，具有定时、定点、定员的特点，主要任务是研究和解决新问题，做出相应的对策。

2）销售会议：销售会议是连接公司与其销售队伍最关键的链条。主要内容包括对销售人员介绍公司产品的最近动态，对员工进行销售技巧培训，设立销售目标和营销指导等，是公司中用来鼓励、奖励和激励销售队伍的最为宝贵的机会。

3）股东大会年会，一般每年召开一次，通常是在每一会计年度终结的 6 个月内召开。大会内容包括：选举董事，变更公司章程，宣布股息，讨论增加或者减少公司资本，审查董事会提出的营业报告等。

4）公司年会：一般在年末进行，是公司和员工增进交流的难得机会。主题一般为总结过去一年的工作，表彰先进员工，部署新一年任务，宣传企业文化，加强沟通认同，增进团队协作，激励员工士气。还可能开展一系列的庆祝活动，氛围轻松和谐，欢快热烈。

5）产品发布会：是为了向专业群体和消费者介绍和推广某一新产品。一般包括回顾公司原有明星产品，推介新产品，新产品演示，与会者体验新产品等环节。

6）研讨会：是为了提供信息和讨论该信息而举办的会议。研讨会一般让与会者相互交流并有意见反馈。

7）培训会议：一般要用至少一天，多则几周时间开展培训活动的会议。这类培训需要有特定的场所，培训内容高度集中，由某个领域的专业培训人员教授，而且通过培训要实现某些目的和目标。

8）客户咨询会：邀请企业的客户代表、合作单位代表参加，听取客户对企业经营管理方面的意见、建议，对客户提出的问题给予解答。

9）业务洽谈会：业务洽谈是企业一向重要的活动，是企业实现经济效益的关键。企业领导人往往亲自参加会议。

10）职工代表大会：职工代表大会至少每半年召开一次。每次会议必须有三分之二以上的职工代表出席。遇有重大事项，经厂长、企业工会或三分之一以上职工代表的提议，可召开临时会议。职工代表大会进行选举和作出决议，必须经全体职工代表过半数通过。

四、会务工作

会务工作指会议的策划、承办、服务工作。会务工作的流程和要求详见表4-1所示。

表4-1　会议工作的流程和要求

阶段	流程	工作要求
会前	承接会议	1. 收集公司行事历，了解本季度会务的大致安排 2. 接受领导交办任务
	和领导沟通沟通	了解领导举办会议的意图以及对举办会议的具体要求如程序、文字、会址选择要求、会场布置、接待等
	拟写会议方案	完整、规范 会议名称、时间、地点、与会人员、议程、日程、文字材料、用品、会场布置、（省市级活动还应包括食宿、交通、社交活动）经费
	领导审核	沟通、修改、再沟通、修改、确认
	实施方案	1. 编制实施计划书（时间推进表） 2. 实施：制发会议通知、制作会议证件、准备会议文件材料、安排食住行、布置会场、会场检查 3. 检查（领导） 4. 修正 5. 编制会中服务的岗位责任 6. 岗位培训
会中	服务	1. 会前检查：设备、人员到岗情况 2. 签到、接待 3. 分发文件 4. 维持会场秩序 5. 内外联系，传递信息 6. 处理临时交办的事项 7. 做好记录、收集会议资料、编写简报（限于会议） 8. 其他工作（合影等） 9. 省市级活动还应包括食宿、交通、社交活动的服务、协调
会后	善后、落实	1. 会后检查会场 2. 离会工作（省市级） 3. 整理、编写会议文件 4. 立卷归档 5. 会务总结 6. 经费决算 7. 检查催办

相关知识链接：会务服务公司是怎么开展会务工作的？

（一）会务服务公司的服务项目介绍

◇**业务范围**◇

接待会议类别：科研机构、机关、学校和各培训中心的学术会；笔会、论文发布会、各类培训班、企业业务洽谈会、订货会、新产品推广会、集团公司董事会、奖评会、客户联谊会、行业研讨会等各类型会议和展览。

接待会议人数：不限。

会议标准：按会务组要求提供各种标准的接待。

接站及用车：专车接站，会议期间用车服务。

会后旅游安排：提供多条旅游观光线路，以优惠价格安排参会代表的会后旅游活动。

◇**服务内容**◇

为客户代订酒店、餐厅、会议室做到物美价廉；

会议期间提供经验丰富的接待员协助会务工作（包括办理代表签到、解释、资料整理分发、分房等工作）；

机场、火车站接送参会代表，为会议代表代订返程飞机票；

提供外语翻译、摄像、音响设备、投影仪等服务及设备；

协助办理各种类搭台布展，喜庆服务等工作；

根据会议课题要求邀请专家授课；

为会议期间的重要客人提供特殊照顾和服务；

提供会展期间的后勤保障和外围协调服务；

以优惠的价格，高标准的服务质量安排参会代表的会后考察活动。

（二）会务服务公司承办会务的流程

会前：

1. 与会议主办方洽谈。

2. 提供会议所需要的机票、车票、住宿酒店、会议场所、交通等信息。并制定完备的会议预案书给会议方。

3. 派专人协助客户实地考察会议举办地的吃、住、会议场地、旅游、娱乐等相关方面的情况。

确定方案，签订合同，预付定金。

会中：

1. 会议接待：专人负责机场，车站的礼仪、接站、公关等服务。提前在酒店、会议室摆放好欢迎条幅、欢迎牌、签到台、指示牌等。

2. 会前准备：准备好会议所需要的会议资料，会议用品，会议演讲稿等会议相关物品。

3. 会议场所：专人到会议室检查会议室条幅、灯光、音响、茶饮等。

4. 会议住宿：房间楼层及房间号确认，询问是否有特殊要求。

5. 会议餐饮：用餐时间、用餐标准及特殊客人（如回民）的确认。

6. 会议旅游：旅游线路行程、用车、导游是否增加景点等确认。

7. 会议娱乐：娱乐消费形式、消费标准、娱乐地点的确认。

8. 会议服务：会议代表合影留念、为代表提供文秘服务及相关服务。

会后：

1. 结账：提供会议过程中的详细费用发生明细账及说明，专人与客户进行核对并结账。

2. 资料：会议后的资料收集，根据客户要求制作会议通讯录或花名册。

能力训练

一、基本训练

辨析会议：说明下列会议的特点要求。

学生代表大会

校长办公会议

二、案例分析

案例

这次会议无效

某工厂召开职工代表大会，职工代表直接进入会场随意找到位置就座，厂工会主席一看规定的时间已到，就宣布会议开始。总经理作为法人代表进行述职后，工会主席要求在座的职工代表们鼓掌表示通过。会后，有代表向上级工会提出申诉，认为本次会议无效。上级工会了解、核实了情况后宣布该厂本次职工代表大会无效。

思考题：

你能说明原因吗？

三、能力拓展训练

请以小组为单位走访学校行政、教学、德育等部门收集本学期学校的办会信息完成表 4-2。

表4-2　学校办公信息

时间	会议名称	会议主题	会议主办方	参加人员	会议地点

学习评估

即将成为办公室工作人员的你，通过上面的训练，你有什么收获和感想？反思自己在训练过程中的表现，是否进一步地提高了就业技能和专业能力？填写能力评价表（在符合的下面画"√"），如表4-3所示。

表4-3　能力评价表

学习目标	评价项目	小组评价			教师评价		
		好	较好	一般	好	较好	一般
专业能力	1. 能辨析会议类型						
	2. 能收集到本学期学校办会的信息						
专业知识	1. 能说出会议的概念						
	2. 能说出企业常见的会议种类						
通用能力	组织能力						
	沟通协调能力						
	解决问题能力						
	自我管理能力						
	创新能力						
职业意识	态度谦和						
	礼仪规范						
	职业的敏感度						

完成任务后的反思：_____

名人名言

每个人每天约会产生5万个想法。如果拥有积极的态度，那么就能乐观地、富有创造力地把这5万个想法转换成正面的能源和动力；如果态度是消极的，就会显得悲观、软弱、缺乏安全感，把这5万个想法变成负面的障碍和阻力。

——李开复

任务二

承接会议

任务目标

1）掌握会议的基本要素。
2）掌握确定会议议题、与会人员、会议时间、地点的方法。

任务描述

正巧本市的宏达公司要召开年度表彰大会，大宇公司将承接承办年度表彰大会的任务，王经理让小莉跟着会议销售部经理来到宏达公司联络具体承办事宜。

任务分析

通过沟通了解会议的主题以及会议主办方的要求，在沟通中获取的信息越详细越好。

相关知识

一、会议的基本要素

1）与会人员（Who）。
2）会议类型（What）。
3）会议时间（When）。
4）会议地点（Where）。
5）举办会议的目的（Why）。
6）会议召开方式（How）。

二、策划会议要了解的事项

（一）会议主题与议题

1. 会议主题

主题是议题的集中体现，表达上更概括；主题统领议题，主题通过议题具体化。

> **相关知识链接：2010博鳌亚洲论坛的主题和议题**

2010年博鳌亚洲论坛的主题是："绿色复苏——亚洲可持续发展的现实选择"。

设置该主题的原因是：全球经济虽已呈复苏迹象，但金融危机难言结束。中国、印度等亚洲国家保持了相当的经济增速，但复苏的基础仍不稳固。因此，如何尽早摆脱危机、实现复苏，同时着眼长远，果断进行结构调整和经济转型，实现经济、社会与环境的协调发展，成为亚洲各国领导人关注的焦点。而绿色复苏，已成为亚洲可持续发展的现实选择。

围绕"绿色复苏——亚洲可持续发展的现实选择"这一主题，设置了下列议题，以期全面阐释主题。议题："亚洲发展模式的再思考"；"从G8到G20——全球经济治理的新架构、新原则、新力量"；"海外并购——现实与目标的差距"；"未雨绸缪——企业的反周期战略"；"低碳能源——亚洲领先世界的机遇"；"消费——亚洲经济的软肋"；"后危机时代的企业经营环境"；"放松管制——民营经济和民间资本的力量"；"经济结构调整与地产定位"；"亚洲区域金融合作的创新思路"；"新兴经济体比较——借鉴与合作"；"全球金融监管的新格局"；"公司治理——危机的教训"。

2. 如何确定会议议题

会议议题的提出有两种情况：一是有领导提出；二是由秘书部门征求各职能部门意见，按照轻重缓急的程度提出交领导审定。

每次会议的议题应该尽可能集中、单一，不宜过多，不宜太分散。尤其是不宜把许多互不相干的问题放在同一会议上讨论，使与会者的注意力分散，不利于解决问题。

（二）与会人员

应根据会议的目的、性质、议题、议事规则等来确定与会人员。与会人员一般包括主持人、会议代表、列席代表、来宾、记录员等。

（三）确定会议时间

确定会议时间包括三种含义：一是指会议召开的时间；二是指整个会议所需要的时间、天数；三是指每次会议的时间限度。

1. 会议召开时间

某个会议在什么时间召开最合适要考虑多种因素。首先是需要，如每周一次的工作例会，通常放在周末的下午，一周即将结束，下一周就要开始，利于承上启下。一年一度的职工代表会议，宜于年初召开，既利于总结上年的工作、生产成果，又利于讨论、部署新一年的工作、生产计划，通过各种预算等。其次是可能，即最好是每位与会者都能参加的时间。再次是适宜，即要考虑气候、环境等自然因素和社会因素。

2. 整个会议需要时间

会议需要时间可长可短，尽量紧缩。少则几分钟、几十分钟；多则几天、十几天。会议组织者应尽可能准确地预计需要时间，在会议通知中写明，便于与会者有计划地安排。

3. 会议时间限度

会议时间若超过两个小时应该安排中间休息。

（四）选择会议地点

会议地点又称"会址"，既是指会议召开的地区、城乡，又是指会议召开的具体会场。为了使会议取得预期效果，应综合考虑各种因素，选择恰当的会议地点。

1）交通便利：方便与会者前往。

2）大小合适：与会议规模、主题相符。一般来说，人均活动空间在两平方米左右的空间比较合适。

3）附属设施齐全：特别是要外租场地的一定要考虑桌椅家具、通风设施、照明设备、空调设备、音响设备、多媒体设备等。

4）有停车场。

5）场地租借成本合理。

注意事项：

1）如果还要安排与会人员食宿的，那在选择会议地点时还要附带考察就餐、住宿、娱乐设施。我们在考虑会议地点时应尽可能为会议主办方（领导）提供多个备选方案，能提前实地考察。

2）国际性或全国性会议，要考虑政治、经济、文化等大因素；专业性会议，应选择富有专业特征的城乡地区召开，以便结合现场考察；小型的、经常性的会议就安排在单位的会议室。选择会址，还要考虑会场设施、交通条件、安全保卫、气候与环境条件等因素。

（五）会议的召开方式

根据会议议题和与会者的具体情况，考虑采用何种方式召开会议，如采用集中会议或电话会议、计算机远程会议等。

（六）会议用品

1）必备用品：文具、桌椅、茶具、音像设备、多媒体设备、照明设备等。

2）特殊用品：不同类型的会议会涉及一些特殊的会议用品，如代表会议可能需要投票箱，表彰大会需要奖品等。

能力训练

一、案例分析

案例 1

宏达公司成功研发了 KT900 新产品，顺利通过了专家的认证。为了早一步将新产品面市，该厂精心策划了新产品发布会。他们邀请多家媒体参加，记者们在体验了新产品后也给了很多正面的评价，纷纷表示回去一定发稿，宏达公司满心期待着第二天他们的新产品发布会的消息能登上各大媒体显著的版面。但是结果却非常令人扫兴，有的媒体压根没发这则消息，有的媒体虽然刊发了消息，但篇幅很短，而且挤在十分不显眼的位置。宏达公司办公室主任约见记者询问原因，原来这段时间全国正召开两会，各大媒体都将大量版面或时间段用来报道两会动态了。

思考题：

请指出宏达公司开新产品发布会不成功的原因，分析企业在召开会议时应如何选择合适的时间。

案例 2

宏达公司召开全国性订货会议，老总想找个风景优美的度假胜地好好招待一下各地的经销商，徐秘书向老总提了一个建议。在省内有个未开发的小镇，民风古朴，环境清幽，风景优美，可以在那里召开全国订货会议。老总采纳了徐秘书的建议。可是全国订货会召开时，各地经销商似乎并不领情，反倒是怨气冲天。

思考题：

你知道原因吗？

二、能力拓展训练

训练一：大宇会务服务公司在承接业务时一般会请客户填写客户意向表，目的是了解需承办活动的基本信息。你能设计一张大宇会务服务公司客户意向表吗？

建议：包括客户基本信息、会议基本信息。

训练二：模拟承接会务场景，填写客户意向表。

1）将学生分成 8 组，其中一组模拟宏达办公室主任作为本次年度表彰大会的主办方，其他 7 个小组模拟大宇会务公司销售部经理和小莉作为本次年度表彰大会的承办方。

2）模拟宏达办公室主任的小组应事先做好准备（可以事先收集企业举办年度表彰大会的资料，内容越详细越好）。

3）其他 7 个小组分别和模拟宏达公司办公室主任的同学沟通、接触，了解主办方对本次表彰大会的具体要求。（7 组同学可以实现准备好提纲）

4）8 组同学填写会务服务公司的客户意向表。

训练三：调查你所在城市某家宾馆的接待会务的能力。

建议：酒店的简介，会议厅、会议室的配备情况、接待案例。

学习评估

即将成为办公室工作人员的你，通过上面的训练，你有什么收获和感想？反思自己在训练过程中的表现，是否进一步地提高了就业技能和专业能力？填写能力评价表（在符合的下面画"√"），如表 4-4 所示。

表 4-4　能力评价表

学习目标	评价项目	小组评价			教师评价		
		好	较好	一般	好	较好	一般
专业能力	1. 能根据会议的基本要素编制客户意向表						
	2. 能通过模拟填写客户意向表						
专业知识	1. 能掌握确定会议时间的方法						
	2. 能掌握确定会议地点的方法						
通用能力	组织能力						
	沟通协调能力						
	解决问题能力						
通用能力	调查能力						
	自我管理能力						
	创新能力						
职业意识	态度谦和						
	礼仪规范						
	职业的敏感度						

完成任务后的反思：_____

任务三

拟订会议方案

任务目标

能熟练拟写会议方案。

任务描述

销售部经理要求小莉为宏达公司年度表彰大会拟订会议方案。

任务分析

会议方案应包含会议主题、会议名称、会议时间、地点、与会人员、会议议程、会议日程、会议用品、经费预算等内容。

相关知识

一、会议议程

会议议程是一次会议所讨论的问题及进展程序，所讨论的问题称为议题或已成项目。一般来说，开幕式、大会发言、分组讨论、其他事项、通过报告书、闭幕式等。

实例：

××公司××会议议程

本公司定于　　年　月　日　点在公司会议室召开××会议。

1. 主持人宣布会议议程
2. 说明有关人员缺席情况
3. 宣读并通过上次会议记录
4. 报告事项
5. 讨论事项
6. 形成决议
7. 会议结束

二、会议日程表

会议日程是以简短的文字或以表格的形式结合议程对会议期间的所有活动作逐日的具体的安排，如表4-5所示。

实例：

表4-5　××公司现代企业文化建设研讨会会议日程表

日期	时间	内容安排	地点	参加人	负责人	备注
×年×月×日	8:30	签到	会议厅门口	全体与会人员	张秘书	
	9:00～10:00	专题报告	会议厅	全体与会人员	总经理	
	10:20～11:50	讲座	会议厅	全体与会人员	公司顾问	
	12:00	午餐	阳光酒店餐厅	全体与会人员	徐秘书	自助餐
	13:30～15:00	分组讨论	1、2、3会议室	全体与会人员	各小组召集人	
	15:20～16:50	各组代表发言	会议厅	全体与会人员	主持人	
	16:50～17:30	大会总结	会议厅	全体与会人员		
	18:00	晚餐	阳光酒店餐厅	全体与会人员	徐秘书	

三、会议文件

1）会议程序性文件：会议议程、日程表等。

2）会议主题性文件：开幕词、闭幕词、主题报告、发言稿、会议讨论稿、会议议案等。

3）会议管理性文件：会议通知、签到表、会场示意图、会议须知等。

4）会议指导性文件：法律、法规、相关政策等。

四、会议经费预算

1）交通费用。

2）会议室/厅费用。具体可细分为会议场地租金、会议设施租赁费用、会场布置费用等。

3）住宿费用。

4）餐饮费用：早餐、中餐及晚餐、酒水及服务费、会场茶歇。

5）会议资料费用。

6）会议宣传费用。

7）会议旅游的各种费用：如门票、酒店、用车、用餐、导游、晚会等费用。

8）会议礼品等各种费用。

五、人员分工

会务人员分工如表4-6所示。

表4-6　会务人员分工

阶段	会务组	秘书组	宣传组	接待组
会前	与会议主办方沟通、制订会议方案、编制实施计划、会址选择、会场布置、会议用品准备、检查其他各组的进度	协助主办方制订议程、撰写会议通知，各类表格的印制、文件的印发、装袋	文娱活动、参观游览安排	食宿、车辆安排、迎接
会中	会前检查、签到、内外联系，传递信息 处理临时交办的事项	会议记录、 会议简报、会议中产生的文件	组织文娱活动、参观游览新闻报道、摄影、摄像	食宿、车辆的协调
会后	会场的整理、组织会议总结、经费决算	会议纪要、收集会议文件、立卷归档	新闻报道（校园网络）	与会人员的离会工作

会议方案实例：

××学校阳光会务服务公司开业典礼策划书

一、活动目标：宣告阳光会务服务公司的成立，提高公司知名度，建立起自己的潜在客户群。

二、邀请嘉宾：

1. 教育局领导：×××、×××

2. 学校领导：×××、×××

3. 客户代表：各个教研组组长、德育、行政部门

三、活动地点：校一楼报告厅。

四、活动时间：2009 年 6 月 3 日。

五、前期准备：

1. 活动通知：以请柬的形式于 2009 年 5 月 25 日发给各个与会人员。

2. 会议必需品：计算机，音像设备，投影设备，灯光设备，签到簿，座签，照相机，背景音乐，会议区域标志，横幅，花卉，桌椅，剪彩用具。

3. 会场布置：

（1）报告厅门口设立签到处，准备两张桌子，并有"签到处"标志。

（2）场内横幅"旅职阳光会务服务公司开业典礼"。

（3）桌椅（山字形会场座位），有花卉。

（4）在座位上贴好标签。

4. 活动形成文件：

（1）开幕词。

（2）主持稿。

（3）领导祝词。

（4）旅职会务服务公司开业典礼意见反馈单。

（5）阳光咖啡吧祝词。

（6）活动日程、议程。

（7）通讯稿。

（8）来宾名单。

5. 人员安排：具体如表 4-7 所示。

表 4-7　人员安排

组别	任务
秘书组	确定来宾名单，拟写文件（开幕词、主持稿、领导祝词、阳光咖啡吧祝词、策划书）
会务组	安排座位，会场布置，用品准备，协调人员，联系未到人员，善后工作
宣传组	联系摄像人员，拟写通讯稿
接待组	发送请柬，制作接待方案，准备签到簿，负责开业当天的接待工作

6. 会议程序：

（1）主持人宣布开业典礼开始。

（2）总经理致开幕词。

（3）上级领导讲话。

（4）客户代表讲话。

（5）剪彩。

（6）参观。

（7）座谈讨论。

7. 宣传工作：在学校一楼中厅和报告厅门口贴上海报。

六、活动实施：具体活动日程如表 4-8 所示。

表4-8 活动日程

时间	内容	地点	参与人员	负责人	备注
12:50	签到、接待	一楼报告厅门口	工作人员、全体与会者	接待组	
13:05	主持人宣布开业典礼开始	一楼报告厅	全体与会者		
13:10	总经理致开幕词				
13:15	上级领导讲话				
13:20	学校领导老师讲话				
13:25	客户代表致辞				
13:30	剪彩、合影				
13:40	参观	实训室	领导	接待组	
14:15	座谈讨论	会议室	领导、会务公司主创人员	总经理、专业课教师	

表头合并单元格文字：××阳光会务服务公司开业典礼活动日程　2009年6月3日

七、经费预算：

1. 请柬：10×2=20元。

2. 签到本：20元。

3. 剪彩用品：100元。

4. 茶点：15×16=240元。

5. 横幅：60元。

6. 会场标志：15元。

总计：455元。

八、活动后期：

1. 文件归档。

2. 拟写通讯稿。

3. 整理会场：检查是否有人遗忘物品，及时联系归还。

4. 离会后接待人员为来宾送行。

相关知识链接：企业年终答谢会如何开？

元旦春节将至，企业又要面对一年一度的年终答谢会，公司需要向经销商、代理商、零售商、政府职能部门负责人表示谢意，感谢他们这一年的支持。

（一）地点选择，视实力而定

选择之一：公司总部所在地。国内很多大型民营企业如果总部条件较好，会选择在公司总部所在地开会。这样可以在会议期间安排参会人员到公司总部办公楼、荣誉展厅、生产现场等地参观，提升公司在经销商心目中的形象。另一个好处是会议本土作战，就近方便，易于组织。

选择之二：优秀经销商所在地。选择这种地点的好处是可以现场观摩，学习交流，同时鼓舞当地经销商。

选择之三：风景名胜点。在旅游景点开会，闲暇之余可以欣赏祖国名山大川，人文景观，陶冶情操，提高文化底蕴。这种形式的会议往往因为组织工作难度大、费用高且因众口难调而使好心办成了坏事。

选择之四：政府礼堂。国内一些民营企业特别喜欢在政府礼堂开会。究其原因，无外乎是显示一下规格，扩大影响面。

选择之五：宾馆酒楼。这种地方纯粹是把答谢会当成了休闲放松会，一般来讲，省去了很多的会务组织工作，但可能达不到会议的其他目标。

（二）参与者为何人

经销商及全家：根据会议性质，可以考虑邀请各区域优秀经销商携家属一同前往答谢会，如在风景名胜地开会等。一来可以融洽客情关系；二来可以促进经销商家人对公司工作的支持。

零售商及全家：主要指有代表性的零售商，而非普通零售商，如重点超市客户、对公司忠诚度较高的客户等。

政府职能部门：邀请政府有关职能部门的领导出席答谢会主要是提供一个职能部门领导与企业高层人员、经销商的认识与熟悉的机会，扩大企业影响力。曾有一位经销商通过在年终答谢会上结识了某部门领导后，得到了该领导对其工作的大力支持。

忠诚消费者代表：要限定这类代表的人数。邀请的目的主要是通过其现身说法，介绍使用本公司产品的经历，感染其他人，起到增强信心，鼓舞士气的作用。

优秀基层员工代表及家属：可以利用开会期间对上一年度企业优秀基层业务代表进行表彰。这也是鼓舞员工士气，增强员工及家属对企业荣誉感的有效手段。

行业专家：邀请业内专家对员工及经销商进行培训充电，使之更好地投入到来年的工作中去。

公司高层领导和相关部门负责人：作为企业一年一度的盛会，公司高层领导和相关部门负责人当然要参加，而且要做好在会议现场解答与会人员提出各种问题的准备。

（三）如何安排议题

议程之一：工作回顾，总结提高。工作回顾主要包括：本年度公司大事；主要市场工作；销量及销售额；分市场、分品牌、分渠道产出指标；公司形象指标如美誉度、偏好度、忠诚度等；市场人员管理，如人员投入、分公司或办事处设点情况；市场客情管理，含经销商的选择与管理、客户档案建立与完善、关系处理、危机处理等；市场规则管理，含区域划分、渠道管理（政策）；经验教训等。

议程之二：经验交流，现身说法。会议期间可选出优秀区域市场进行操作经验交流，交流项目包括如何处理外部关系、建立经销商忠诚度、专卖经销商心得体会、进取型经销商成功之道、最新政策法规影响、优秀零售商卖场管理和促销的经验以及市场难题讨论等。

议程之三：公布计划，安定军心。这是年度会议较为敏感的话题，计划公布关系到经销商未来最切身的利益，应尽量提出普遍性计划，避免细节性计划，并强调公司支持力度，包括下年度目标、策略、手段、执行、投入力度计划等。计划公布完后必须留出适当时间供经销商讨论，提出合理性意见，要注意时间不能太长，以免起到反作用。

议程之四：分组讨论，头脑风暴。对会上公布的计划进行分组讨论，建议打破区域限制分组，要求会务人员做好记录工作，及时将分组讨论情况汇总上报，供公司高层参考。

议程之五：信息反馈，修订计划。将计划草案中反响最大，问题最集中的条款重新报公司，提出修订计划，并形成最终决议。

议程之六：培训学习，不断提高。主要涵盖企业文化理念、经营策略、产品知识、政策法规方面的学习内容，力求实用有效。

议程之七：奖励兑现，鼓舞士气。这是年终会的高潮，要注意以下几个问题。

1）公布时机，会议结束前再公布，避免矛盾过早爆发。

2）公布原则，对众所周知的奖励，特别是特殊贡献奖励要大张旗鼓地宣传，奖品最好在现场发放，对于特殊扶持的奖励，则需会前沟通，会后再予以兑现。

3）兑现时机与方式，可奖励印有企业 LOGO 的礼品，如时尚电脑、MP3、手机等，建议马上兑现，掀起现场高潮气氛（如当事人未到现场，则不需发放，以免造成差错。）应避免直接以公司产品、现金等作为奖励，防止事后影响公司整体产品价格体系。旅游是目前较为流行的奖励方式，但应避免旅游地撞车，在会后要立即组团，落实奖励。

会上除对过去成绩的奖励外，还应提出下一年度的奖励政策，包括新产品、新市场开发政策、广告政策、费用含量、让利政策、终端政策、客户奖励政策、消费者促销政策等。

议程之八：明确条款，签订订单。会前必须做好调查工作，一方面需重新评价和选择经销商，另一方面要与个别忠诚度较高且有实力的经销商协商，在会上象征性地签订合同，该合同一般为常规合同，用来渲染气氛、示范表率，带动其他经销商。因为要讨价还价，斟酌细节问题，其余经销商的订单和合同在会议结束后立即签订。

议程之九：娱乐招待，犒劳答谢。在会议期间或会议之后，可以组织一些轻松活泼、雅俗共赏的活动，如娱乐、餐饮等，一些外企在此类项目中穿插了些团队游戏活动项目。还可以添些展示企业特色产品的娱乐项目，如某著名化妆品公司针对面膜产品推出了有奖问答，产品使用前后效果对比游戏等项目。

能力训练

一、基本训练

项目背景：宏达公司的年度表彰大会将于 2010 年 12 月 28 日在阳光大酒店召开。届时总经理将对这一年来取得的成绩做一个简单的回顾与总结，还要表彰优秀员工；优秀员工代表讲话；公司董事长向全体员工拜年，部署新一年的工作计划，抽奖，联欢。晚上 6 点全体员工聚餐。

1）请拟写宏达公司年度表彰大会的议程，日程安排。

2）列举本次会议所需的各类文件资料

3）列出本次会议可能产生的费用的项目

二、能力拓展训练

请帮助小莉来拟写本次年度表彰大会的会议方案。

学习评估

即将成为办公室工作人员的你，通过上面的训练，你有什么收获和感想？反思自己在训练过程中的表现，是否进一步地提高了就业技能和专业能力？填写能力评价表（在符合的下面画"√"），如表 4-9 所示。

表 4-9　能力评价表

学习目标	评价项目	小组评价			教师评价		
		好	较好	一般	好	较好	一般
专业能力	1. 能根据背景拟写会议议程						
	2. 能根据背景拟写会议日程						
	3. 能根据背景列出所需会议资料的名称						
	4. 能根据背景列出经费预算						
	5. 能根据背景拟订会议方案						
专业知识	1. 能掌握制订会议的议程、日程的方法						
	2. 能说出会议的文件种类						
	3. 能列出会议的经费项目						
通用能力	组织能力						
	沟通协调能力						
	解决问题能力						
	自我管理能力						
	创新能力						
职业意识	态度谦和						
	礼仪规范						

完成任务后的反思：_____

名人名言

神圣的工作在每个人的日常事务里，理想的前途在于一点一滴做起。

——谢觉哉

任务四

分发会议通知

任务目标

1）能针对不同会议主题、时间要求、与会人员选择合适的方式与途径。

2）能拟写不同格式的会议通知。

任务描述

宏达公司来电，他们准备邀请两位媒体朋友，希望大宇公司协助他们印制标有公司标志的请柬。王经理把小莉叫过来，交代她做好这件事。突然王经理准备考考小莉，问："你知道分发会议通知有几种形式吗？"……小莉的回答让王经理很满意。

任务分析

分发会议通知很有学问。内部人员、外部人员、上级领导可以选择不同的方式与途径。

相关知识

一、会议通知需包含的基本信息

确定与会人员名单后，就要起草会议通知了。会议通知一般应包括会议名称、主持单位、会议内容、会议时间、地点、与会人员范围、联络方法等这些基本信息。

二、发送会议通知的方法

1）口头通知：当面或电话告知。一般小型会议、特别紧急的会议可采用此方法。

2）书面通知：书面印制的通知或从网络上发布的通知都属于书面通知。参加人数较多的、比较重要的会都应采用书面通知。

有时由于受邀参会的人员身份不同或参会的目的不同，我们需要采用不同的发送通知的方法。

针对单位内部人员，可采用备忘录式的会议通知。

实例：

备 忘 录

发至：策划部郭晓明经理

发自：行政秘书 李莉

时间：2010 年 5 月 25 日

主题：关于召开现代企业文化建设研讨会的通知

内容：公司定于 2010 年 5 月 27 日上午 8 点 30 分在阳光大酒店二楼会议厅召开现代企业文化建设研讨会，要求中层以上管理人员以及公司顾问参加。

针对本单位内部人员，也可使用事务性通知。

实例：

关于召开现代企业文化建设研讨会的通知

各位经理：

为了进一步统一员工对现代企业文化的认识，建立具有本公司特色的企业文化，推进企业管理的科学性、有效性，进而提升公司的综合竞争实力，公司决定召开现代企业文化建设研讨会，中层以上干部和公司顾问参加。

会议主要议题：如何进行企业文化的建设和管理？影响我公司企业文化建设的因素有哪些？如何理解现代企业文化的独特性？

会议地点：阳光酒店二楼会议厅。

时间：2010 年 5 月 27 日上午 8:30。

请准时参加会议，如因故不能出席，请于 5 月 26 日上午 10 点前电话告知，以便我们做好会议准备工作。

联系人：李莉　　　　　电话：×××××××××

宏达公司总经理办公室
二○一○年五月二十五日

事务性通知的形式同样适用于单位外部正式参会人员。

如果我们邀请的是上级单位领导、行业专家或媒体人士，则可采用邀请函或请柬的形式。

实例：

请 柬

尊敬的×××先生：

兹定于××××年×月×日×时，在××举行××活动。

敬请光临

××公司
××××年×月×日

三、注意事项

（一）发送会议通知的程序

1）明确会议通知发送对象：必须保证给每一位与会人员发送会议通知。

2）明确联系方法。

3）选择合适的通知形式。

4）发送通知：可将议程、事先需要准备的材料以及会中使用的有关票证（如入场券、代表证、汽车通行证、座次号、编组名单、就餐证和乘车证等）与会议通知一并发出。

5）确认会议通知是否到达：可以采用电话询问或回执的形式确认对方是否收到会议通知，并确认对方参会的意向。

（二）会议通知的回执

回执不仅是确认会议通知是否送达的一种方法，它更是统计参会人数，会议准备住宿和餐饮等后勤工作的基础。可以在需要回复的会议通知或预备通知内夹入一张明信片，作为回执的形式，上面注明本公司地址、邮编、发信人姓名、电话、电子信箱、传真，以便对方有时间考虑并能及时采用合适的方式回复。

回执格式如图 4-1 和图 4-2 所示。

```
310001（邮编）


            ×××××××单位（会议主办方）
              ×××收（具体的联络人）
```

图 4-1　回执（正面）

```
请于×××年×月×日前将此明信片寄至×××××××单位×××收。
（电话：        电子信箱：        传真：        ）
□准时参加此次会议。
□届时赴会，并带宾客前往，宾客姓名为_____。
□很遗憾，我不能参加此会。
                                      署名：
                                      单位：
```

图 4-2　回执（背面）

能力训练

一、基本训练

训练一：某校举行开放周，各专业组都认真对待，精心备课，希望在开放周时能拿出高质量、高水平的公开课和同行交流。教导处特意提前了两周对各兄弟学校发出了邀请函。各兄弟学校也很重视，在开放周那天各科教师纷纷前来听课。然而文秘和旅游专业的教师却怎么也找不到授课教室，仔细一问原来该校文秘和旅游专业设置在分校，而邀请函上没有说明。请分析邀请函中存在的问题。

训练二：改错题。

请柬

刘惠理先生：

　　自定于2010年12月5日举行我公司新产品发布会。

敬请光临

天地公司

2010.12.4

请指出上则请柬的错误并改正。

二、能力拓展训练

训练一：帮助宏达公司拟写下发至员工的有关参加年度表彰大会的会议通知（备忘录格式、事务性通知格式）。

训练二：帮助宏达公司拟写邀请记者参加年度表彰大会的会议通知。

学习评估

即将成为办公室工作人员的你，通过上面的训练，你有什么收获和感想？反思自己在训练过程中的表现，是否进一步地提高了就业技能和专业能力？填写能力评价表（在符合的下面画"√"），如表4-10所示。

表4-10　能力评价表

学习目标	评价项目	小组评价			教师评价		
		好	较好	一般	好	较好	一般
专业能力	1. 能以备忘录的形式发放会议通知						
	2. 能以事务性通知的形式发放会议通知						
	3. 能以请柬的形式发放会议通知						
专业知识	1. 能掌握备忘录的格式						

续表

学习目标	评价项目	小组评价			教师评价		
		好	较好	一般	好	较好	一般
专业知识	2. 能掌握事务性通知的格式						
	3. 能掌握发放通知的程序						
通用能力	写作能力						
	组织能力						
	沟通协调能力						
	解决问题能力						
	自我管理能力						
	创新能力						
职业意识	态度谦和						
	礼仪规范						

完成任务后的反思：_____

名人名言

最好不要在夕阳西下的时候去幻想什么，而要在旭日初升的时候即投入工作。

——谢觉哉

任务五

编制会场布置方案，布置会场

任务目标

能编制会场布置方案，并按要求布置会场。

任务描述

宏达公司办公室与大宇会务公司联络，特意交代会场布置要突出喜庆热烈的氛围。王经理叫来小莉，要求小莉编制会场布置方案，和会务组的同事一起布置好会场。

任务分析

会场布置包括：会场整体的布局，主席台、代表席的座位安排，会场设备的安装、调试，会场装饰等工作。在布置前应编制会场布置方案，交领导审核后再实施。

相关知识

一、会场的整体布局

要根据会议的规模、性质和需要来选择会场布局的形式。不同的布局，体现的意义、气氛和效果均不相同。

1）相对式布局：主席台与代表席采取上下面对面方式，突出主席台的位置，容易形成严肃庄重的会场气氛。典型的摆法有大小方形（如图4-3）、而字形（如图4-4）、半圆形（如图4-5）。

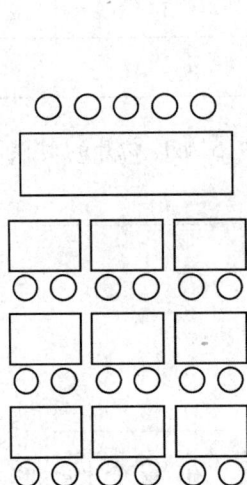

图4-3　大小方形

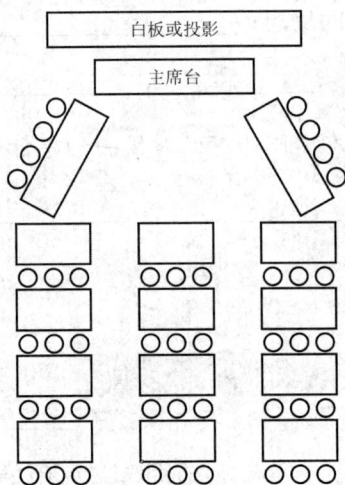

图4-4　而字形

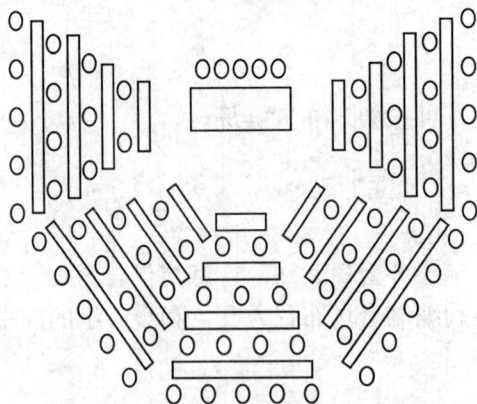

图4-5　半圆形

2）全围式布局：不设专门的主席台，所有与会者均围坐于一起，有利于消除拘束感，形成民主、团结的会场氛围。典型的摆法有圆形（如图4-6）、椭圆形（如图4-7）、长方形（如图4-8）。

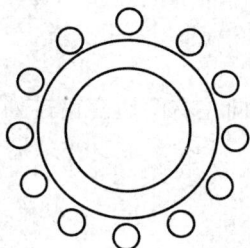

图4-6 圆形

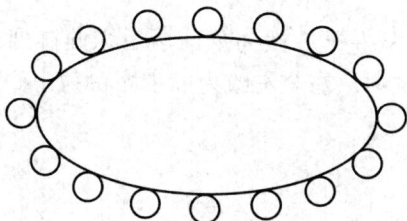

图4-7 椭圆形

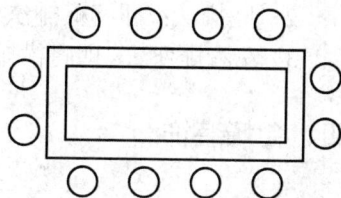

图4-8 长方形

3）半围式：介于相对式与全围式之间，设有主席台，但在其正面和两侧安排代表席，这样即突出了主席台的地位，又有融洽的氛围，比较适合中小型工作会议。半围式分为马蹄形（如图4-9）和T字形（如图4-10）。

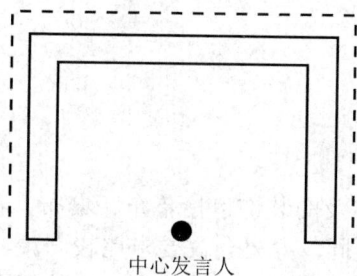

中心发言人

图4-9 马蹄形

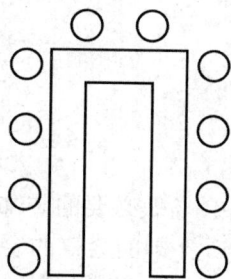

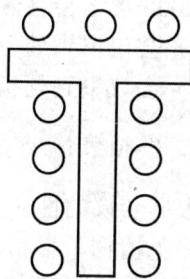

图4-10 T字形

二、主席台座位安排

1）事先应请领导确定在主席台就坐人员的准确名单。

2）确定其中身份最高的人员就座于主席台前排中央，其他人员按先左后右、一左一右顺序排列。

3）主席台上就座领导人数为单数的采用⑤ ③ ① ② ④的方式排列；主席台上就座的领导人数为双数的采用⑥ ④ ② ① ③ ⑤的方式排列。

4）主持人应按职务排列，不必排在第一排最边上。

5）主席台上应放置名签。

6）主席台的座次排列属于敏感问题，应由秘书人员拟订方案，由领导审核。

三、与会人员的座位排列

1）横排法：即按照会议人员名单，以姓氏笔画或单位名称笔画为序，从左至右横向依次排列。

2）竖排法：即将横排法中从左至右改为从前至后纵向排列。

3）左右排列法：即将横排法中从左至右改为以主席台为中心，向左右两边交错排列。

四、会场装饰

1. 会场的标志

1）会标：可制作横幅、大型喷绘背景作为会场最主要的标志，悬挂在主席台前上方，上面标注会议的名称。

2）会徽：可将能体现或象征会议精神的图案标志，悬挂于会场前上方中央位置。会徽可以是组织已定徽标，如党徽、国徽、团徽、警徽等，也可以向社会公开征集，如北京 2008 奥运会会徽"中国印"。

3）会议报到处指示牌。

4）会议签到处指示牌。

2. 其他装饰

根据会议的性质、需要对会场做必要的装饰，涉及的装饰包括幕布、桌布、花卉、大型绿色植物、彩旗、标语等。不同的会议的要求不同。办公会议要求比较严肃，可以采用蓝色、绿色等桌布、幕布。表彰、庆典类型的会议则要体现出热烈喜庆的氛围，可以采用彩旗、标语、红色、粉色的桌布、幕布。

相关知识链接：会场布置如何选择植物？

会场布置分许多种如圣诞、国庆、中秋、公司员工大会、欢迎外宾、年会等。不同的场合对于会场布置的要求也不一样。良好的会场布置会让整个会议拥有非常好的气氛，可以使人们踏入会场的一瞬间就融合在会议的主题中。

最常见的是非节日的普通布置，这类布置一般多采用鲜花和绿色植物的合理搭配，一般采用一些高大植物摆在主席台的背后作为背景，如棕竹、散尾葵等，然后用一些小盆植物或花卉放在主席台的下方作为呼应，常用的植物有一叶兰、一品红、鸭脚木等植物。另外，在会场四周合理的摆放植物也是不错的选择，常用的植物有马拉巴栗、巴西木、绿箩等。鲜花的布置也在会场布置里起到画龙点睛的作用。例如，在会场入口插一盆较大的迎宾花卉、在主席桌和宾客的座位上摆放一盆插花，效果不言而喻。

根据会议的主题做会场布置也很关键，例如，圣诞节可以加上一棵高大的圣诞树和一些圣诞花，再配一些精美的彩带和气球，整个会场会很有气氛。

五、准备、调试会场内的设备

1）音响设备：扩音设备、麦克风、耳机、同声传译等设备。
2）声像设备：多媒体设备、投影仪等设备。

注意事项：

要充分考虑，在布置方案上注明要求。在会场布置时应完成对以上设备的调试。

能力训练

一、基本训练

训练一：有 25 人参加的研讨会的会场适合用哪种布局方式？画出示意图并说明会场中需要配备的设备以及装饰风格。

训练二：某校拟邀请已毕业的优秀毕业生回母校做报告（2 小时左右），有 1000 个高一学生参加本次报告会，请问采用哪种会场布局的方式合适？学校现有场地包括教室、会议室、报告厅、小礼堂、操场，你认为可选用何处作为会场？请说明会场中需要配备的设备以及装饰风格。

二、案例分析

案例

宏达公司召开新产品研发的研讨会，特意邀请了大学里的专家教授来对公司拟开发的新产品作鉴定、评审。秘书人员搬来了尘封已久的投影设备。当技术人员走上台作介绍时，却怎么也开不了投影仪，会议只能暂停下来。徐秘书赶紧联络专业的会议服务公司提出向他们租用投影设备，要求对方一小时内送到。

实例：

宏达公司销售策略研讨会会场布置方案

一、会议主题：KH623 新产品研发

二、会议时间：2010 年 5 月 15～17 日

三、会议形式：全体大会与分组讨论两种形式

四、与会人员：宏达公司总经理、销售部人员、各地经销商共计 65 人，分为 3 个讨论组

五、会址：××度假酒店

（一）××酒店地理位置、设施的介绍。

（二）实地考察结论。

（三）交通状况。

六、会议对会场要求以及落实情况

（一）会议对会场要求：

1. 1个大会场，能容纳65个与会人员，大小在150平方米左右，设主席台，配有计算机、投影仪、投影幕布、2个麦克风、音响等设备。

2. 3个小会场，均能容纳25人，大小在60平方米左右，采用全围式布置，配有计算机、投影仪、投影幕布、2个麦克风、音响等设备。

（二）落实情况：

会议室已按照要求预订。大会议室为××酒店二楼××厅，使用时间为5月15日下午（13:00～18:00），5月17日下午（13:00～18:00）。

小会议室为XX酒店2010室、2016室，2018室，使用时间5月16日上午（8:30～12:00)；下午（13:00～18:00）。

设备：配有计算机、投影仪、投影幕布、2个麦克风、音响、照明、通风、空调、电话。

七、会场布置示意图

（一）全体大会会场布局示意：

说明：1. 主席台就座：总经理、副总经理（2人）、行业专家（2人）。

2. 与会人员座位应放置会议桌。

3. 在主席台前上方悬挂会标，会标：0.6米×10米；文字："宏达公司销售策略研讨会"。

4. 桌签：5个。

姓名：×××　　×××　　×××　　×××　　×××

（二）分会场布局示意图：

八、会议场地标志

酒店一楼前厅放置会议场地标志。内容：

"宏达公司销售策略研讨会

地点：二楼××厅　　　　　　　　　"

三、能力拓展训练

训练一：编制学校年度表彰大会的会场布置方案。

训练二：利用学校场地布置好会场。

学习评估

即将成为办公室工作人员的你，通过上面的训练，你有什么收获和感想？反思自己在训练过程中的表现，是否进一步地提高了就业技能和专业能力？填写能力评价表（在符合的下面画"√"），如表 4-11 所示。

表 4-11　能力评价表

学习目标	评价项目	小组评价			教师评价		
		好	较好	一般	好	较好	一般
专业能力	1. 能根据会议的主题、规模选择合适的会议布局形式						
	2. 能编制会议布置方案						
	3. 能布置会场						
专业知识	1. 能掌握会议整体布局的几种类型						
	2. 能掌握主席台位置排列的方法						
	3. 能掌握代表席排列的方法						
	4. 能掌握会场布置的方法						
	5. 能掌握会场所需设备的种类						
通用能力	写作能力						
	组织能力						
	沟通协调能力						
	解决问题能力						
	自我管理能力						
	创新能力						
职业意识	态度谦和						
	礼仪规范						

完成任务后的反思：_____

名人名言

为什么工作竟然是人们获得满足的如此重要的源泉呢？最主要的答案就在于，工作和通过工作所取得的成就，能激起一种自豪感。

——塞尔斯·L.R.

任务六

会议中的服务

任务目标

能承担会前检查、签到、引导就座、分发文件、会间茶歇服务、会议记录等工作。

任务描述

今天宏达公司年度表彰大会就要召开了，小莉和大宇会务服务公司的同事们早早来到了会场，为会议提供服务。

任务分析

在会场中秘书人员要承担起会场内的服务、会场外的管理等任务，秘书人员有条不紊的工作是保证会议顺利召开的一个必要条件。

相关知识

一、会前检查

秘书人员应提前赶到会场，在与会人员未到场之前，一定要做好会前检查工作。

1）环境检查：通风、照明、室温、卫生、安全通道等。

2）设备调试：调试音响、声像设备。

3）用品检查：会场指示牌、名签、纸、笔、茶具，以及一些特殊用品等。

4）茶水准备。

二、签到

签到是指与会者出席会议时在专门的表单上签字，以证实其已经到会的手续。签到的意义在于核实法定的到会人数和检查缺席情况，在一些法定性代表大会和董事会议上，签到还是一种法律行为，因此只要求与会者签字。

1. 签到表的设计

（1）标题。

一般由会议活动名称和"签到表"组成，如"××代表大会签到表"。

（2）正文。

正文应当制成表格，内容项目包括以下几个方面：

1）主办单位名称。

2）举办时间，写明具体的年、月、日、时、分。

3）举办地点，写明具体场馆名称。会议活动要写明所在的宾馆名称、楼号、房间号码。

4）应到单位名称或应到人姓名。如有列席对象，应与出席对象分开，分栏签到。

5）签名。即参加对象在相应的空格内对号签名。

6）签到时间。有的会议组织者还要求签到时同时注明签到时间，以便掌握签到者实际到会的确切时间。

2. 签到的方法

1）秘书人员代签到。有些内部小型会议可由秘书人员在预先确定的应到会人员名单上逐一打钩签到。

2）与会者在签到表上签到。适用于小型会议。在董事会议上，签到还是一种法律行为，要求与会者必须亲自在签到表上填写姓名、单位、职务。

3）簿式签到。富有纪念意义的会议上可采用簿式签到的方式。秘书人员应事先准备好精美的签到簿，上面粘贴好会议标志，与会人员在签到簿上签上姓名、单位、职务。

4）证卡签到。大中型会议宜采用证卡签到的方式。会议工作人员应提前将代表证发到与会人员手中，上面注明与会人员的姓名、单位、职务，与会人员凭代表证入场。

5）电子计算机签到。同样适用于大型会议。会议工作人员需先将与会人员的信息输入 IC 卡内，提前将卡分发给与会人员。与会人员入场时只需刷卡，签到机就将与会人员的基本信息传到会务中心。大会会务中心能准确、迅速地统计出与会人员的到会情况。

3. 填写与会人员到会情况统计表

法定性会议对到会人数有法定的要求，在会议开始时有向大会通报到会情况的程序，因而秘书人员应及时将与会人员到会情况汇总（如表 4-12 所示）交给大会主持人。

表 4-12　XXX 会议到会情况统计表

会议名称					
会议召集单位		会议时间			
		会议地点			
会议正式代表人数		正式代表实到人数		缺席人员及缺席原因	
会议列席代表人数		列席代表实到人数		缺席人员及缺席原因	
法定人数要求		统计人			

三、引导就座

大多数会议与会者的座位都是事先安排好的，秘书人员应做好引导就座的工作。可以通过发放座次表、设立会议指示标记或秘书人员引导的形式进行。

四、分发文件

1. 需分发的文件种类

大会签到、大会期间、会议结束时三个阶段都需要分发会议文件。

大会签到时分发参会规则、领导讲话稿、主题报告、专题报告、讨论议题、参考资料，目的是使与会人员能了解会议的主要内容以及会议制度，有利于会议的顺利召开。

大会召开期间分发会议简报以及临时产生的决议等文件。

会议结束时分发会议决议、会议纪要等文件，用以记载和传达会议情况和议定事项。

2. 分发会议文件资料的方法

1）按照与会人员名单，准备好每人一个文件袋，在文件袋上注明"×××会议文件"。

2）日常工作会议和某些大中型会议会有一些密级较高的文件，需要编公文份数序号、注明密级。文件编号印在文件首页左上角，密级标在文件首页右上角。带密级的文件分发给与会人员必须做好登记工作。

3）会议文件袋中应附有需要回收的会议文件的清单。

五、提供会议茶歇服务

茶歇的定义就是为会间休息兼气氛调节而设置的小型简易茶话会。会期较长的会议或层次较高的会议可以安排茶歇，有利于调节紧张的会议节奏。秘书人员在提供茶歇服务时可以准备一些饮品、点心和水果。中式饮品包括矿泉水、开水、绿茶、花茶、红茶、奶茶、果茶、罐装饮料、微量酒精饮料，西式饮品一般包括各式咖啡、矿泉水、低度酒精饮料、罐装饮料、红茶、果茶、牛奶、果汁等，点心一般是各类糕点、饼干、春卷、袋装食品，水果一般用时令水果、花式果盘等。

六、承担会议记录

1. 会议记录的格式

1) 记录头（会议概况）：会议名称；会议时间；会议地点；会议主席（主持人）；会议出席、列席和缺席情况；会议记录人；会议主要议题。

2) 记录主体：根据议程记录与会者的发言以及议定事项。

3) 记录尾部：主持人、记录人签字。

2. 会议记录的要求——准确、完整

会议记录一定要忠实于会议，一定要反映会议原貌，决不能有记录者个人的好恶和主观臆断。完整的会议记录指的是记录完整，结构不缺失，讨论事项不缺失，发言结论不缺失。

3. 会议记录方法

1) 为会议记录时，秘书人员可以准备会议座位安排表以便确认发言者。

2) 记录的重点是将主要讨论的观点、决议、决定，重要声明、修正案内容、结论全部记下来，其他的可简要记录。

3) 漏记的内容先作记号，然后对照录音带修改，或请发言者重复。

4) 与会者提的意见、建议，要记人名。

4. 注意事项

1) 在宣读会议记录时，若与会者指出错误，经确认后修改。

2) 主席签字批准后成为定稿，才能交付打印。

3) 会议记录一经签名，不能再改动。

实例：

XX公司房地产行业2009中期投资会议记录

时间：2009年7月26日下午1:30

地点：××度假酒店二楼××厅

出席人员：兴业证券总经理×××、中原地产研究总监××、龙元建设董事长秘书朱占军、万科证券事务代表梁洁、金地集团董市长秘书徐家俊、建发股份董事长秘书林茂等专家和相关上市公司代表、机构投资者×××、×××共计25人

主持人：×××（总经理）

记录人：×××（秘书）

主持人讲话

今天主要讨论房地产行业 2009 年中期投资策略。

发言：

龙元建设朱占军：

2009 年以来，住宅建筑市场的确出现了回暖，但还并不是特别热。公司的市场主要在上海和广东地区，跟各大地产商基本都有合作，2008 年住宅施工收入约 40 亿，占公司总收入的 60%左右。（后略）

万科证券事务代表梁洁：

万科对下半年的房地产市场持谨慎乐观的态度，认为短期内政策转向的风险不大，但一旦有二套房政策等核心政策的变化，对楼市的影响将会较为明显。（后略）

金地集团董事会秘书徐家俊：

金地认为居民购房意愿仍然保持较高水平，前期刚性需求集中释放后有所下降，但会拉动改善型需求释放。未来市场成交量将保持一个相对稳定的水平，2009 年整体销量比 2008 年将有所增长。随着各城市成交量的稳定，以及前期房价逐步调整到位，未来房价将趋于稳定。住宅市场去库存化速度加快，市场供需关系会进一步得到改善，部分重点城市存货将回落至 2008 年最低水平，上海等部分城市供求关系紧张。供应情况将在第四季度得以改善。（后略）

建发股份董事会秘书林茂：

建发股份主营供应链运营、房地产开发及物业租赁、实业投资。2008 年净利润 6.9 亿，其中地产相关利润约 2.5 亿。公司进出口业务 1998～2008 年复合增长率为 23.1%，2009 年上半年会同比下滑，但预计下半年情况将有所好转，全年力争贸易业务收入和利润与 2008 年持平。（后略）

结论：总体而言，目前中介机构对后市的看法相对乐观，认为在政策氛围没有明显转变的情况下，房价继续上涨的趋势不会改变，一线城市房价在未来半年可能会较为快速增长。开发商也是持谨慎乐观的态度。目前第一重要的任务是拓展适合的土地储备，并适当提升开工速度。

综合各方看法，我们认为流动性释放和通胀预期将导致改善型和投资型购房趋于活跃且不可逆转，使得成交量维持高位，价格持续上涨。二三线城市供应相对充足，复苏步伐相对缓和，目前还未出现全国性的房价泡沫。而正是由于通胀和经济都不可能短期内真正起来，导致政策面不会短期转向，从而改善型和投资型购房得以延续。即使房地产市场从局部过热再次发展到全局性过热，这个传导的过程也将为股价上涨留下一定的时间窗口。而从动态估值看，伴随销量和价格的上涨，地产股的动态估值并不离谱。我们认为未来半年国内房价总体涨幅在 10%左右，销售量不会出现明显回落，新开工面积从 7 月起会出现单月同比正增长，但全年的增幅仅在 5%左右。我们维持对行业的"推荐"评级。看好万科、建发、华发等目前相对低估的品种，此外在泡沫化过程中，资源类地产和重组股也将有较大的机会超越行业指数。

散会。

主持人（签名）

记录人（签名）

日期：2009 年 7 月 26 日

七、确保会议期间信息的沟通

开会期间一般不允许外界干扰，秘书人员要做好信息沟通工作。若有人要进入会场找领导，秘书应予以阻止。秘书问清来意后可以加以衡量，若事情紧急，秘书可以将事件写在纸条上进入会场交给领导，由其定夺。一般事项可在休会期间处理。若是来电也可按照上述办法处理。秘书在内外联系、传递信息的过程中应该注意对会议内容的保密。

八、值班保卫工作

秘书人员要坚守值班岗位，以保证会议顺利结束，并随时应付各种突发事件。会议期间遇到的重大突发事件主要包括失窃、紧急医疗、火灾。这些事件秘书人员都应做好预案。

1）失窃：建议与会者租用酒店的保险箱存放贵重物品。外出游玩尽量安排当地人员陪同。

2）紧急医疗：大型会议应制订紧急医疗计划，特别是与会者平均年龄比较高，或安排有拓展等特定活动的会议更应该有紧急医疗计划。根据会议类型、会议与会人员的特点我们可以采用以下几种医疗保障的措施：①和当地医院（靠近会议驻地）联络，由他们提供会议的紧急医疗系统。②成立会场医务室，由医务人员在会场值班。③若在酒店举行会议，也可要求酒店提供紧急救护。

3）火灾：每一个与会者都要知道在活动中遇到火灾时的逃生技能，浓烟和惊慌往往比火灾本身造成的死亡还高。饭店有责任告知客人逃生步骤，例如，紧急逃生口，但是会议主办者对此也承担着更重要的责任，要保护与会者并提供足够的资料。主办单位秘书人员可以印制防火手册，放在资料袋中一起给与会者参考。

九、做好食宿管理工作

1. 会议餐饮

1）确定好伙食标准和进餐方式，制订餐饮标准，照顾少数民族代表和年老体弱者，尽量照顾南北不同代表的口味。

2）负责后勤的秘书人员应提前到餐厅布置并检查组织工作的落实情况。若与会人员众多，秘书人员应按照离主桌近高远低，右高左低的原则安排好与会人员的座位。席位的通知除在请柬上注明外，还可在宴会上陈列宴会简图，标出全场席位以及出席者的位置，还可用卡片写好姓名席位，发给本人。在门口安排工作人员引导与会人员入座。

3）保证餐饮卫生。大型会议人员多来自省市各地，饮食习惯各有不同，负责后勤的秘书人员必须考虑到这个因素，在会议餐饮安排上要力求干净卫生、周到全面。

2. 会议住宿

1）提前编制住房安排方案。

2）具体安排住宿时，要根据与会人员的职务、年龄、健康状况、性别和房间条件综合考虑，统筹安排。

3）不同标准的房间要作合理分配，一般是根据房间的不同规格并结合代表具体情况，列出住宿表。

4）住宿安排方案应提前报经有关领导审定，领导审定后按方案安排。

十、组织参观访问和文娱活动

1）会期超过两天，会议主办方一般要安排一定的时间便于与会人员之间沟通交流，联络感情。除了晚宴之外还可以安排参观娱乐项目。

2）参观和娱乐活动的成本应包括在会议预算中，并事先进行审核。

3）安排会议参观与娱乐活动项目应尽量与会议主题密切联系，事先应精心设计，不要临时凑合。

4）在与会人员报到时会议主办方即可将活动安排表随同会议文件发至与会者，以便与会者了解活动的内容和时间安排。

5）若与会人员多来自外地，会议主办方可选择当地名胜古迹作为参观浏览项目，需要安排车辆，注意安全。

6）若选择的娱乐项目属于观看项目，如歌剧、舞剧、地方戏等，秘书人员需准备节目单、节目简介，以便与会人员更好地观看。

7）如果全家人都参加会议，应考虑与会代表们的配偶及其子女们在会议期间的活动安排。

能力训练

一、案例分析

案例 1

宏达公司召开新产品研发会，会前张秘书将新产品研发资料复印 20 份，签到时发给了与会者。第二天办公室主任要求张秘书将回收的所有研发资料汇总保存，张秘书一脸慌乱，原来他已经将会后要回收这些文件资料的事抛在了脑后。虽然事后张秘书一路小跑一个一个地向所有与会人员要回了资料。但张秘书在新产品正式面市之前的一段时间里一直陷入恐慌之中，深怕由于自己的一时疏忽，致使公司的新产品研发信息泄密了。

思考题：

办公室主任批评张秘书在签到分发文件的环节就没有做好，你知道原因吗？

案例 2

大宇会务服务公司承办了一次国际会议，负责会务工作的张明感触良多，他得出的结论是：会务无小事，要保证会议顺利进行，需要方方面面的配合，不要认为后勤服务是无关紧要的小事，有时这些小事也会影响到整个会议的进程。原来这次国际会议中小张就负责了会议的后勤工作。由于缺乏经验，小张在安排食宿时碰到了不少难题。他将套房、标准间打乱编排，采用谁先到谁先住好房的策略。结果惹来了一大堆麻烦。一位尊贵的客人是大会报到第二天来的，虽然在之前的回执中已经注明需要一个套间，便于在会议期间会客，但这时小张已经将套间分配完了。小张将一位西方客人安排在了 13 楼，这位客人拒绝接受。

思考题：

你帮小张分析一下，他的问题出在哪里？该怎么办？

案例 3

宏达公司近日召开了营销策略研讨会，与会人员多来自北方。整个营销策略研讨会会期长，讨论的议题多，日程安排上将早、中、晚三个时间段都安排了分组讨论、培训、头脑风暴等活动。与会人员纷纷喊到吃不消，向办会秘书反映，要求放松一点。秘书人员看了第四天晚上没有什么安排，就决定安排与会人员观看地方戏，结果大部分与会人员都抱怨听不懂，一些脾气急躁的与会者甚至提前离场了。

思考题：

请你帮秘书分析一下他哪些地方做得不妥当？

二、能力拓展训练

在家长会或主题班会中完成以下训练：

训练一：编制会议签到表。

训练二：完成签到、分发文件的训练。

训练三：完成茶歇服务的训练。

训练四：按照会议记录的格式作会议记录。

学习评估

即将成为办公室工作人员的你，通过上面的训练，你有什么收获和感想？反思自己在训练过程中的表现，是否进一步地提高了就业技能和专业能力？填写能力评价表（在符合的下面画"√"），如表4-13所示。

表4-13　能力评价表

学习目标	评价项目	小组评价			教师评价		
		好	较好	一般	好	较好	一般
专业能力	1．能编制会议签到表、与会人员到会情况统计表						
	2．能在会议中承担签到、分发文件的工作						
	3．能在会议中提供茶水服务						
	4．能在会中担任会议记录的工作						
专业知识	1．能掌握分发文件的方法						
	2．能掌握安排会议食宿的方法和要求						
	3．能掌握安排会议娱乐、参观活动方法						
通用能力	写作能力						
	组织能力						
	沟通协调能力						
	解决问题能力						
	自我管理能力						
	创新能力						
职业意识	态度谦和						
	礼仪规范						

完成任务后的反思：_____

名人名言

把每一件简单的事做好就是不简单，把每件平凡的事做好就是不平凡。

——张瑞敏

任务七

会后工作

任务目标

能承担会议善后工作，了解会务经费结算的程序。

任务描述

年度表彰大会顺利召开，看到宏达公司员工们脸上洋溢着笑容，看到公司领导满意的目光，小莉和同事们觉得这几天来的努力有了回报。不过大会结束后还有很多工作等着他们来完成。

任务分析

会议结束后，秘书人员要做好会场的清理、与会人员的离会、文件的回收、经费的结算、检查催办等工作。

相关知识

一、会后检查会场

会议结束后，秘书人员还要整理会场。

1. 单位内部会议室

1）关闭所有设备。
2）整理会场，清理茶具。
3）归还用品。

2. 外租场地

外租的场地会有专业的人员负责整理会场。秘书人员只需将属于本单位的用品带回即可。

二、回收资料

部分会议需要将会议分发的资料回收，特别是一些有密级的文件更要及时收回。可采用以下方法回收文件。

1）让与会人员将会议文件放在桌面上，会后由秘书人员收回。这种方式不适用于有密级的文件。

2）秘书人员站在门口，每一个与会人员在离开会场时将文件交还给秘书人员，秘书人员根据文件回收清单，对回收的文件一一确认。此方法适用于带密级的文件。

3）秘书人员还应在会议结束后向主持人、工作人员回收文件资料。

三、离会工作

秘书人员还应做好与会人员的返程工作。一般这样的大会是安排在酒店的，秘书人员可以和酒店商务中心联络，请其协助与会人员购买返程的机票、火车票、汽车票等。对于一些贵宾，秘书人员还应安排好车辆送行。

四、会议经费决算

筹备会议期间秘书人员应制作会议经费预算，会议过程中的一切花费，应按照预算计划开支，让决算与预算应大体相当。会后应制作会议决算表，提交领导审核，再到财务部门结账（见表4-14）。

表 4-14　XX 公司会议经费决算表

会议名称				
会议地点				
会议时间	月	日	～ 月	日
实际到会人数（人）	附名单			
工作人员数（人）				
会议预算数（元）				
实际支出数（元）	场租费：			
	伙食费：			
	住宿费：			
	公务费：			
	其　他：			
比预算结余或超支（＋/－）				
实际收入数（元）	住宿费：			
	其　他：			
	合　计：			
实际需拨会议经费（元）				
经办人签字	年	月	日	
财务审核签字	年	月	日	
处室负责人意见	年	月	日	
公司负责人意见	年	月	日	

五、整理、编写会议文件

会议结束后，秘书人员应根据会议记录整理成会议纪要，用以记载、传达会议情况和议定事项。

1. 会议纪要的种类

1）办公会议纪要。这类会议纪要用于记载和传达领导机关及其首长的办公会议决定和决议事项，并发至有关下级部门要求贯彻执行。

2）专题工作会议纪要。这类会议纪要用于记载并传达重要的专题工作会议的主要精神和议定事项，有较强的政策性和指示性。

3）协调会议纪要。这类会议纪要用于记载或发布协调会议（包括会见和会谈）各方所取得的共识以及议定事项，往往需要各方签字确认，对与会各方有一定的约束力。

4）研讨会议纪要。这类会议纪要用于记载和发布研讨性会议或总结交流性会议的情况，要求全面客观，除反映主流意见外，如有不同意见，也应整理进去。

2. 会议纪要的结构和写法

（1）标题

有以下几种写法。

1）会议名称＋文种，如《第三届全国文秘公关学会年会会议纪要》。

2）主办机关名称＋会议名称＋纪要，如《××大学××××年×月党委扩大会会议纪要》。

3）会议主题＋会议纪要，如《关于中职学生学科统测问题的会议纪要》。

（2）成文时间

写在标题下方居中排列，以会议结束的日期为成文的时间。

（3）正文

会议纪要的正文包括会议概况、会议内容和结尾三部分。

1）会议概况部分。应当说明会议的名称、时间、地点，召集或主持会议的单位，会议主席（或主持人）、出席会议的单位和主要领导人，在会上作主要发言的单位及发言者的姓名、职务，会议讨论的主要议题和进行的主要活动，会议的基本成果等。

2）会议内容部分。这部分是写作的重点，应当准确、全面地反映会议主要的精神、研究的问题以及议定的事项。写作方法主要有以下几种：①综合归纳式，即把会议讨论的情况综合在一起，概括地加以叙述，适用于小型会议或问题较集中并且意见较一致的会议；②分项罗列式，即把会议的主要精神和议定事项归纳成几个方面逐项叙述，每一方面可列出小标题或编上序号，以便条理清楚，适用于规模较大、问题涉及面较广的会议；③摘要记录式，就是把与会人员的发言要点记录下来。一般在记录发言人首次发言时，在其姓名后用括号注明发言人所在单位和职务。一些重要的座谈会纪要，常用这种写法。

3）结尾部分。结尾部分指明方向，发出号召，提出希望和要求。有的会议纪要不写结尾。有的会议纪要还会在结尾处感谢会议的东道主以及支持会议的单位。

实例：

河北省工伤案例分析会议纪要
（XXXX 年 X 月 X 日）

2006 年 6 月 7～9 日，省厅工伤保险处在秦皇岛市召开了全省工伤案例分析会。全省 11 个区市劳动保障局负责工伤认定的同志参加了会议。会议对 2005 年以来各统筹地区工伤认定过程中发生的典型案例进行了分析，就工伤认定工作中对一些特殊情形的把握问题研究了意见，现纪要如下。

一、关于职工突发疾病死亡视同工伤问题。《工伤保险条例》第十五条第（一）规定："在工作时间和工作岗位，突发疾病死亡或者在 48 小时内经抢救无效死亡的"，应当视同工伤。但在工伤认定实践中，有时职工在工作时间和工作岗位突发疾病后，当时并未死亡，也没有即刻送往医疗卫生机构进行抢救，而是在回到家中后死亡，或者回到家中后病情加重，又从家中送往医疗卫生机构进行抢救过程中死亡。会议认为，对于上述情形，如确有证据证明职工在工作时间和工作岗位突发疾病后回至家中死亡，或者从家中又送往医疗卫生机构进行抢救过程中死亡，其从突发疾病的时间到死亡未超过 48 小时的，应当视同工伤。

二、关于连续作业职工因生理需要的活动中受到伤害问题。一些用人单位实行连续工作制，职工在工作时间，由于生理需要必须临时中断作业从事与工作无关的活动，如饮水、就餐、去厕所等活动，在此期间受到意外伤害。此类意外伤害事故，只要不是个人明显过错或故意所致，应当认定为工伤。

三、关于职工上下班时间的问题。一些职工居住地离单位较远，交通不便而且上下班时间处于午夜或者凌晨等时间段。对于这种情况下职工的上下班时间应从客观实际出发予以掌握。会议认为，凡没有证据证明职工有偏离正常上下班路线从事与本职工作无关的事实，在此期间的路途上受到机动车事故伤害的，在工伤认定中应当作为职工的上下班时间。

四、关于椎间盘突出是否可以认定工伤的问题。在工伤认定实践中，职工发生椎间盘突出等伤害后，有时难以把由于外伤造成的椎间盘突出与非因工的椎间盘突出明确区分。会议认为，对于这种情况，应当先通过劳动能力鉴定机构对发生外伤与椎间盘突出之间是否有关联做出确认，再根据有关鉴定结论进行工伤认定。

五、关于职工串岗受到伤害的问题。在工伤认定实践中，经常遇到一些职工在工作时间和工作场所内从事与本职工作无关活动时受到意外伤害的情况。会议认为，只要职工在工作时间和工作场所内，出于维护本单位利益或为了帮助其他同事更好地完成本职工作，而离开自己的岗位去主动帮助他人工作或处理事故中受到伤害的，可以认定为工伤。

六、关于维护国家利益、公共利益等行为的确认问题。《工伤保险条例》第十五条第（二）规定："在抢险救灾等维护国家利益、公共利益活动中受到伤害的"，应当视同工伤。会议认为，对于此类行为的范围，应按照 2005 年 1 月 1 日起实施的《河北省奖励和保护见义勇为人员条例》第二条规定界定，即"个人非因法定职责，为保护国家公共利益或者他人的人身、财产安全，不顾个人安危，制止正在发生的违法犯罪行为或者抢险救灾、救死扶伤的行为"。其人员应当是与用人单位建立了劳动关系（包括存在事实劳动关系）的人员。

七、关于部分职工工作时间前后预备性或收尾性工作界定的问题。在工作实践中，各地对于生产岗位上的职工的预备性或收尾性工作比较容易界定，但部分职工尤其是机关处室的工作人员，有的在规定时间之前提前到岗后，从事整理办公室、打扫卫生、打水等活动时受到意外伤害，有的下班后在离开工作区域过程中受到意外伤害。对于此类情况，会议认为，只要没有证据证明职工的意外伤害是明显的个人过错或者故意所致，应当认定为工伤。

六、会议文件归档

会议结束后，收齐会议的整套文件、材料，按照档案管理的规定整理归档。

（1）需归档的文件材料

1）会议主题性文件，包括决定、决议、指示、计划、报告、开幕词、闭幕词、会议记录、会议纪要。

2）会议管理性文件：会议通知、出席、列席、分组名单、会议总结。

3）会议程序性文件：议程、日程、程序。

4）会议资料：图标、照片、录像、录音。

（2）立卷归档时间

会后归档。

（3）立卷归档的原则

"一会一案"，以会议为单位立卷。

七、会议总结

会议总结是以总结会的形式对已经进行的会议工作做出回顾和评价，目的是总结经验教训，及时发现和弥补工作中的疏漏。

会议总结格式：

（1）标题

会议名称＋工作总结。

（2）开头

会议概况，会议总结的目的。

（3）主体

1）回顾工作基本情况。

2）说明取得的成绩。

3）说明失误和不足之处，分析原因，提出改进意见与方法。

4）提出今后努力的方向。

（4）结尾

表明发扬成绩、克服缺点、力争上游的愿望。

能力训练

一、基本训练

训练一：请说明校学生代表大会可能产生哪些文件，哪些是需要立卷的。

训练二：借阅学校团委学生代表大会形成的档案，结合本节所学知识，分析案卷质量。

二、能力拓展训练

根据这份会议记录，拟写一份会议纪要。

IT集团"创建学习型组织"研讨会会议记录

时间：2004年12月18日下午14～16点

地点：阳光大酒店201会议室

主持人：副董事长王杭

出席人：董事长、总经理、3位副经理及7位董事

列席人：集团顾问

记录：集团办公室主任夏天

讨论议题：面临新世纪和中国加入WTO，如何创建学习型组织。

董事长主题报告：我集团这几年在人才队伍建设及企业培训方面有投入、有成果，说明企业对员工的教育、培训是非常重视的，而且是卓有成效的。但是现在集团面临着企业快速发展与员工队伍素质提高不能成正比的矛盾，因此，创建学习型组织，对于促进企业技术进步，跟上国际潮流，实现企业宏伟战略意义重大。

讨论发言（按发言顺序记录）

总经理：我是深有感触啊！大学毕业以后就进入了集团工作，可当初发现大学四年所学的东西几个月之内就过时了。如今我从企业技术员、车间主任、事业部部长，直到现在这个位置，每一次换岗，就是一次知识的洗礼。IT在发展，我也在进步，我越进步，感觉自己越缺乏知识。

王董事：总经理真是说出了我们的心里话！

李董事：我也要感谢董事长的栽培，创建学习型组织，我是双手赞成，可以形成良好的学习氛围，可以为企业培育一批与企业一同发展的员工。

董事长：请各位谈谈目前集团在创建学习型组织中存在的问题和措施。

孙副经理：去年创想集团请到了比尔盖茨讲学，我们也可以邀请国内外著名同行专家来集团讲学。

总经理：我建议集团规定每月的一天为"企业学习日"。

副董事长：具体哪一天？

总经理：最后一周的周三怎么样？

董事长：周三通常有例会，不如放在周五吧！每月的最后一周的周五作为"企业学习日"。

周副经理：我们集团其实缺乏文化氛围，我建议筹建企业图书馆。

总经理：这个提议很不错，大家同意吗？

全体：同意。

董事长：现在我们企业的人才引进也要与时俱进，以后我们要联系省内的著名高校联合定向培养研究生。

集团顾问：创建学习型组织也是企业文化建设的重要举措，"IT 人"经过几年的拼搏，物质富有了，现在企业领导高瞻远瞩，要富"创新"精神，即创建学习型组织，这是企业生机活力兴旺发达的保证。

与会人员经过充分讨论、协商，形成以下决议。

（一）下决心创建学习型组织。

（二）每月的最后一周周五为"企业学习日"。

（三）筹建企业图书馆，营造集团文化氛围。

散会。

主持人　王杭

记录人　夏天

二〇〇四年十二月十八日

结合前期实训办会的情况，在班里召开会务工作总结大会，会后形成会议总结。

学习评估

即将成为办公室工作人员的你，通过上面的训练，你有什么收获和感想？反思自己在训练过程中的表现，是否进一步地提高了就业技能和专业能力？填写能力评价表（在符合的下面画"√"），如表 4-15 所示。

表 4-15　能力评价表

学习目标	评价项目	小组评价			教师评价		
		好	较好	一般	好	较好	一般
专业能力	1. 能拟写会议纪要						
	2. 能拟写会议工作总结						

续表

学习目标	评价项目	小组			教师		
		好	较好	一般	好	较好	一般
专业知识	1. 能掌握回收会议文件的方法						
	2. 能掌握做好离会工作的要求						
	3. 能掌握会议文件立卷归档的范围						
通用能力	写作能力						
	组织能力						
	沟通协调能力						
	解决问题能力						
	自我管理能力						
	创新能力						
职业意识	态度谦和						
	礼仪规范						

完成任务后的反思：_____

名人名言

事业的成功除了勤奋外还有一个重要的因素是"忠诚"。忠诚体现在工作主动，责任心强，细致周到地体察领导和上司的意图。忠诚还有一个最重要的特征，就是不以此作为寻求回报的筹码，而是与企业同舟共济，积极地为企业献计献策，做好每一件力所能及的事。忠诚于公司，从某种意义上讲，就是忠诚于自己的事业，就是以不同的方式，为自己的事业尽力。你的忠诚将会得到上司的赏识，赢得更多的发展机会。

第五章 文书处理

范仲淹改革文书工作

以"先天下之忧而忧，后天下之乐而乐"闻名古今的北宋著名政治家范仲淹，有德有才，且善理军国大政，颇孚众望。他曾针对当时的行文弊端，提出过相应的改革意见。他在担任枢密副使，参知政事职务时，在京的朝官、使臣、选人（待分配人员）等向皇帝呈递了许多有关"理会劳绩"、"陈乞差遣"的投告。其中部分有"可行"、"可罢者"或"朝廷便有指挥"的投告，处理的比较快；而很多难以定夺又无先例可援的报告，办文机构多批送有关部门。而这些部门见到没有批示处理意见的报告，便不施行，积压起来，不了了之。"进状"人员久久看不到批示，就三番五次打报告，积案"不能结绝，转成住滞"。对于这些流弊，范仲淹要求皇帝"降圣旨"，提出"今后凡进状者，仰逐司主判仔细详看，如内有合施行者，即与堪会，具条例情理定夺进呈，送中书、枢密院再行相度，别取进止。如不可施行，亦仰逐司告谕本人始委，庶免官员、使臣、选人等重叠进状，紊烦圣听。"这个改革意见，得到了批准施行，从而提高了行政效率，避免办事拖拉、马虎从事，使文书处理善始善终，消除了积压弊端。

文书工作是通过相互衔接的一系列程序和手续，完成拟制、处理和管理文件材料的工作。文书工作的表现形式是对文件的分送、处理、整理等收发的琐碎事务，但却是一项行政管理中不可或缺的重要工作。做好每一件具体而细致的文书处理工作的实质，就是保证其政治功能、行政功能的实现。从国家的角度来看，建立一套统一的、科学的文书工作制度，将有助于国家机构的上通下达、左右联系、相互协调和自如运行；反之，如果文书工作制度混乱、组织不健全，势必出现处理迟缓、公文旅行、误时误事、失密泄密，助长官僚主义、文牍主义的作风，并造成政治上、经济上的损失。

从本案例可看出，范仲淹改革文书处理，着重解决文件处理过程中具体办事人员不负责任的"踢球"行为，从而明确职责，杜绝由此造成的文件报送与处理上的恶性循环，以提高行政机关的工作效率，保证朝廷的政令畅通。

任务一

文书处理工作概述

任务目标

1）了解文书处理的内容。
2）理解文书处理的要求。

任务描述

一天下午，秘书小王收到了一份邀请公司参加产品推介会的传真通知。她看快要下班了，就准备明早处理，办公室李主任看到后赶紧把这份通知通读了一遍，然后迅速传到了领导手中。李主任说："这份文件很重要，明天就要参会，关系到公司的发展，明天再处理就误了大事。"小王说："原来我以为文书处理就是简单传送文件，没想到这么重要。"李主任说："是的，而且这里面的学问大了，还有很多要求，好好学吧。"

任务分析

文书处理是一项政策性、机要性、技术性、服务性很强的工作。它是办公室工作的重要内容，是公务管理的重要手段，对于指导工作起着重要作用。案例中的小王在收到文书时，没有认识到文书处理工作的重要性，认为文书这项工作就是简单的传送文件，因此没有及时的对文件进行处理。这种做法是不对的。主要在于她没有正确的看待文书处理工作，忽视了文书处理工作的作用及要遵循的要求。

相关知识

一、公文处理概述

文书处理的内容。文书处理是指围绕文书的发出、收进、运转和日常管理所进行的一系列衔接有序的工作。文书处理包括收文处理、发文处理、文书管理三个环节，其中又包含着若干个互相衔接的工作程序。

文书处理的作用。文书处理是上下、左右、内外沟通的枢纽；是提供参谋辅助和服务决策的重要工具；是提高档案工作质量的前提和基础。

文书处理的要求。文书处理必须依照及时、准确、安全、保密、精简的原则和要求。

相关知识链接：行文制度

行文制度是指在行文时要遵守的原则、规定和要求，它是由行文关系、行文方向、行文方式和行文规则等方面内容共同组成的。行文关系主要有三种类型，即领导隶属关系、业务指导关系、平等协商关系。根据一定的行文关系，通常可以将向不同级别、性质的组织单位的行文的方向划分为上行方向、下行方向、平行方向。行文形式，根据行文目的、行文关系、行文方向及文书内容可选择不同的行文形式，行文形式包括逐级行文、多级行文、越级行文和直接行文几种。行文规则，是指行文时所依据和必须执行的规定、准则。通常要遵循以下几点原则：注重实效，行文确需必要；明确职责，行文方式恰当；协调配合，行文意见一致；统一领导，分级分工负责。

二、公文处理的规范化、制度化、科学化

公文处理工作要达到优质、及时、高效、安全、可靠，必须有统一的标准和行为规范，还需建立并完善必要的制度，使各项工作有章可循，要用科学的思想来指导公文处理工作的每一个环节，以改善服务、提高效率。

（一）公文处理的规范化

公文处理各个工作环节都有规范的内容和处理程序，公文撰拟的每个数据项目及其所在的位置都不能差之分毫，收文、发文处理的整个程序的基本环节不能任意削减或削弱；各个环节的排列次序不能任意地颠倒和打乱；整个公文处理系统目标的实现可根据具体的组织需求或文件效用而合并、删繁就简、随机制宜。标准化管理，才能发挥整体系统的功能作用。

（二）公文处理的制度化

公文处理的制度化是这项活动内在客观规律的反映。各类人员必须共同遵守相关准则，建立高度稳定的秩序，依靠制度为管理工具，既分工又协作，使责任权利分明。在实践中建立行之有效的制度并不断改进和完善。如审核制度就根据新的形势的发展要求强调部门领导审核、专职秘书审核、签发领导审核三级审核制度，以达到层层把关的目的。此外，公文处理的制度应具有高度的统一性、可操作性和相对稳定性，以避免沟通的障碍和不必要的转换加工环节，各体系之间的差异应不超过客观所必需的限度之外

（如党、政两大系统公文趋同性）。制度必须精细具体，清晰明确，使人们能一看便知。制度制定时要深入调查，细化分析，使之与客观情况的变化具有一定的适应性。制度建立后，关键的问题在于制度的实施和监督。

（三）公文处理的科学化

公文处理是一个动态、多环节、相互影响的工作过程，最终公文的效用和质量是众人共同努力的成果。

没有科学的理论指引，没有科学的管理和培训，没有科学化的安排和协作分工，没有科学的制度建立和实施，要做到公文处理的高效率、高质量是不可能的，也很难真正实现公文处理的规范化和制度化。

能力训练

一、基本训练

训练一：学习讨论《国家行政机关公文处理办法》和《中国共产党机关公文处理条例》中关于文书处理内容、作用、原则、要求方面的论述。

建议：请你与同学进行讨论，或者进行辩论，将讨论内容一一记录下来，整理、归纳出清晰的观点。

训练二：参观学校公文处理部门，听取学校文书处理工作人员讲解文书处理的重要意义的介绍，写一篇关于如何认识文书处理工作的心得体会。

建议：以小组为单位，分组参观，对文书处理工作有个系统的了解和认识，通过整合分析提出自己的观点，清楚文书工作人员的职业角色和岗位职责。

二、案例分析

案例 1

死刑犯因何延期

20世纪50年代，某机关收到一个下级机关呈请审批的判处死刑犯案件。该机关的文书处理人员接到这个材料后，没仔细看清内容就认为是人民来信，就送交处理人民来信的部门。人民来信部门也没有处理，就归了档。过了九个月，当发件机关拍电报查询审批结果，是否可以执行时，收件单位才发现是送错了。

思考题：

1）这件文书在办理的环节中为什么会出错？

2）从这个案例中，如何理解文书处理工作的作用？

案例 2

如何处理涉密文件

天龙公司管文书收发的刘秘书，一贯严格执行交接手续。一天，经过清点、对号、查看封口，发现无问题后，他签收了一批外来文件。但是，在启封、登记过程中，他发现有一份属于某单位的机密文件，混装在普件中。这是他多年工作中遇到的第一次，不知该如何处理。退回去吧，又怕节外生枝，说自己看了机密文件，惹出麻烦来；不退吧，也不妥。后来，他将此事报告了办公室主任，通过正常方式将文件退给了发文单位。

思考题：

1）你认为应该如何把握文件处理工作中的"细节"问题？

2）以此案例为由，谈谈工作程序在文件处理工作中的重要性？

三、能力拓展训练

训练一：借阅、收集不同种类的文件材料，根据文件的文种和内容，确定哪些属于上、下、平行文关系？

建议：分组到公文处理部门借阅和收集材料，找出区分它们的规律。

训练二：了解学校近期行文，以小组为单位讨论行文规则在实际中是如何运用的？

建议：多搜集、多积累，拥有尽可能多的近期文件。在分组讨论的过程中，组长作好记录工作。

学习评估

作为将来的文书工作人员或办公室人员，通过上面的训练，你有什么收获和感想？反思自己在训练过程中的表现，是否进一步地认识到文书处理工作的内容和性质，加强了岗位意识，提高了专业能力？填写能力评价表（在符合的下面画"√"），如表5-1所示。

表 5-1　能力评价表

学习目标		评价项目	小组评价			教师评价		
			好	较好	一般	好	较好	一般
专业知识	应知应会	文书处理的内容						
	理解和掌握	文书处理的作用、要求和行文制度						
专业能力	1. 文书处理工作相互衔接的程序	文书处理工作的阶段性和程序化						
	2. 文书处理工作具有的性质	文书处理工作的政策性、机要性、技术性和服务性						
	3. 行文制度的内容							
	4. 文书工作人员的岗位角色和职责	行文时要遵守的原则、规定和要求						
		转变角色，做好办公室文员工作						

完成任务后的反思：＿＿＿＿＿＿＿＿＿＿＿＿＿＿＿＿＿＿＿＿＿＿＿＿＿＿＿

小故事

禁繁文，茹太素挨打

明朝开国皇帝朱元璋非常重视文书工作。为适应中央集权政治的需要，他从中央到地方建立起一系列国家机关的同时，还建立了一套完整的文书工作机构，而且对文书名称、用纸、书写格式等，都有严格的要求。严禁繁文制是其中之一。

洪武九年（1376年）12月，刑部主事茹太素给朱元璋呈上一份陈时务书，长达一万七千字，共谈五件事。朱元璋命中书郎中王敏读给他听，读到六千三百七十字还没有接触到正题，朱元璋大怒，叫人将茹太素打了一顿。第二天半夜里，又叫人再读，直到一万六千五百字，才读到所谈的五件事。这五件事只用五百字，其中有四件事可行。为此，朱元璋命令订立上书陈言格式，繁文违式者罪之，并且亲自写了序言。

名人名言

文书处理工作对国家机关来说，具有很重要的意义。它是管理国家事务的一种重要的工作手段。

——吴宝康

任务二

收文处理程序

任务目标

1）了解收文处理的系列工作。

2）理解收文处理每个环节的内容和要求。

3）通过收文处理实践训练，掌握公文处理流程及各环节的操作技能。

📖 **任务描述**

　　小李是 A 单位新来的秘书，上班第一天，她就遇上了一件事，办公室的张主任分给她一项任务就是处理今天早上刚刚收到的文件，小李自信地抱了一堆文件去"处理"，懒得看内容，只是抄了标题，贴上处理签，清一色写上"送领导阅"就算完成。事后总经理把小李叫去问了一些与文件内容相关的问题，小李一问三不知，经理就耐心地讲，以后要了解文件内容，拟出具体意见，否则文件处理就没有意义。当时小李的脸滚烫，连连点头称是。

📑 **任务分析**

　　帮助领导处理文件是秘书的事务性工作。怎样做好文件处理工作，是秘书人员必须掌握的收文处理技巧之一。本案例中，秘书小李不管文件的内容是什么，全部贴上处理签，将难题交给领导去处理，没有做好文件处理工作。正确的方法是秘书要了解文件的内容，拟出具体意见，再交给领导审阅，这样才能达到文件处理的要求。可见，小李，并不熟悉收文处理的相关程序。那么，收文处理的程序究竟是怎样的呢？

📢 **相关知识**

　　收文处理程序，是收到文书的办理程序，具本来说，包括签收、启封、登记、分发、传阅、拟办、批办、承办、催办、查办、注办等环节。概括起来，分为两个阶段：第一阶段，从签收到登记，称之为"收进阶段"；第二阶段，从分发到注办，称之为"阅办阶段"，此阶段为收文处理的重点环节。

一、签收、启封、登记

（一）签收

（1）签收

签收是收文处理的首要环节。它是指收到公文后收件人在对方的公文投递单或送文簿上签字，以表示公文收到。目的是明确交接双方的责任，保证公文运行的安全可靠。签收主要有三种方式：签字、盖章、收条。

　　（2）签收公文时要注意的事项

　　1）清点。检查、核对所收公文的件数是否与公文投递或送文簿上登记的件数相符。

　　2）检查。检查就是核对所收公文封筒上注明的收文机关、收件人是否与本机关相符，核对封筒编号是否与投递单或送文簿的登记相符，检查封筒、公文包装是否有破损、开封等问题。

3）签字。经清点、检查无误后，在公文投递单或送文簿上签署收件人姓名和收到日期。应该签写全姓名并写上收到的时间，一般件注上收到的月、日，急件注上收到的月、日、时、分，以备事后查考。签字一定要清晰、易识。

（二）启封

（1）启封

启封是秘书人员的特有职责，其他人不具有这种权利。但标有具体领导人"亲收"、"亲启"的信件，文书人员也不得启封，除领导有委托者例外。

（2）启封时要注意的事项

1）启封时应当对照封皮检查公文袋内的公文是否取完，并要检查公文是否完整、齐全，是否错发单位等。

2）封内填有公文清单的，应对照清单检查；填有回执单的，应当在回执单上签收并将回执单退回原发文机关。

3）启封时最好使用剪刀，沿信封的一头徐徐剪开，不要图省事而用手去撕拆，以免损毁公文和邮戳。

4）启封后，信封和包装封皮一般可以不留存，但对于第一次发生工作联系的机关，启封人应当予以保留，以备查用。

（三）登记

（1）登记

登记包括收文登记和发文登记，这里先介绍收文登记。收文登记是指将收到的需要登记的文件的有关特征和日后处理文件的有关情况在"收文登记账簿"（见表 5-2）上进行记载的过程。收文登记是收文处理过程中重要的基础环节，目的是为了便于管理和保护文件，查找和统计文件，便于追查问题责任等。

表 5-2　收文登记账簿

收文编号	收文日期	来文单位	来文字号	文件标题	密级	份数	承办部门	签收人	处理结果	归卷号	备注

（2）登记的形式

登记的形式常见的有三种：簿册式、卡片式、联单式。此外，还有计算机登记，直接通过办公软件进行的登记。

（3）登记的方法

登记的方法一般有两大类：流水式登记、分类式登记。流水式登记就是将收到的文件按照时间分级登记、分类登记、分文种登记、按时间顺序登记。这种方法的优点是手续简便、环节少，缺点是不便查找。分类式登记法，是按文件的来源分门别类，如分级、分文种等进行登记。这种方法的优点是查找使用方便，是一种较科学的公文管理方法。缺点是环节较多，类别易混杂糅合。各单位应根据各自实际选择最合适的方式进行登记。

（4）登记时的注意事项

1）要有利于文书的运用，便于处理，服务文书管理的整体目标。

2）力求减少登记层次，简化手续，提高文书处理效率。

3）做到登记准确无误，保守秘密，最好将密件与非密件分开登记。

二、分发、传阅

（一）分发

（1）分发

分发是指秘书人员将所收到的公文按其性质和办理要求分送给有关领导人、有关部门或承办人员阅办。

（2）分发的要求

1）已有明确业务分工的文件，应分发到有关领导人和主管部门处理。

2）来文机关答复本机关询问的文件，直接送给原发文的承办部门或主管人。

3）对方针政策性的、事关全局的重要文件及秘书人员判定不了承办部门的文件，应先送办公室负责人注明意见，然后再根据意见分发与处理。

4）阅读范围明确的参阅性文件，可直接组织传阅。

5）分发文件要建立并执行登记交接制度，履行签收手续。

6）要求退回归档的文件，要在文件上标明"阅后请退回归档"字样，以便及时收回，防止散失。

（二）传阅

（1）传阅

传阅是指两个以上人员或部门轮流看一份文件，这是解决文件数量少而应阅人员多的方法。传阅的文件主要有：上级机关的指导性文件或重要会议文件；需要几位领导共同批办的文件；机关领导在文件上有重要批示，需其他领导同志和部门阅知阅办的文件。

（2）传阅要求

1）掌握传阅范围。传阅文件范围是依据文件的密级程度和文件本身内容的要求而确定的。在传阅文件时，一定要严格按照规定范围和领导批办范围组织传阅。

2）杜绝"横向"传递。一般情况传阅文件应以秘书人员为中心进行传递，这种传阅文件的方法称为"轮辐式传阅"。

3）控制文件运行。秘书人员对文件的去向要实时控制，尤其是对于有办理时限要求的文件，更要严格控制传阅时间。

4）按级别顺序传递。传阅对象顺序应根据级别高低顺序传递，先单位的主要领导人，次主管的领导人（分管领导人），再主管部门，最后是需要阅知的对象。传阅对象的次序，也可根据实际情况灵活变通。

5）建立必要的传阅手续和制度。要随文件附上传阅登记单，阅文人员阅后要签署姓名和写明时间，如表 5-3 所示。

表 5-3　文件传阅单

来文单位			来文字号		
文件标题					
收文日期			收文号		
传阅人签名	阅文时间	备注	传阅人签名	阅文时间	备注

三、拟办、批办

（一）拟办

（1）拟办

拟办是对需要办理和答复的收文提出的初步办理意见，以供领导批示时参阅。拟办是发挥秘书部门文件处理和参谋辅助作用的重要途径和节省领导时间的有效措施。

（2）拟办人员的分类

拟办人员有两类：一是秘书部门的拟办人员，包括办公厅主任或大机关办公室专职拟办的秘书，负责对综合性的、分送人员难于确定承办部门的、方针政策性的、问题重大的、偶发性问题的承办性收文和上级机关下发或交办的公文提出拟办意见；二是业务部门的拟办人员，包括业务部门的负责人或收文承办人员，负责对专业性较强的承办性收文提出具体办理意见。凡是承办性收文都应拟办。对阅知性收文，不必拟办，应直接分送有关领导人和部门供阅，或进行传阅。

（3）拟办的要求

1）拟办人员要区分拟办范围。应对不同情况的收文提出不同的拟办意见，应当熟悉党的方针政策和国家的法律法规，熟悉各个部门的业务范围，相互关系，了解各个重要事项的办理程序和处理重要业务的有关规定，以便提高拟办意见的准确性。

2）拟办人员要认真阅读文件，吃透文件内容，做好拟办准备。

3）拟办意见应当符合文件的要求又切实可行。对紧急公文，还要提出办理收文的时限。

4）拟办意见应当简明扼要，文字准确，书写在"收文批办单"、"拟办"一栏内，拟办人应签署姓名和时间。

5）拟办时应将收文有关的文件、背景资料随同收文一并呈送给领导人，供领导人批办时参考，如表 5-4。

表 5-4　文件处理单

收文日期	年　月　日		收文号			
来文机关			来文		日期	
					字号	
来文标题			附件			
拟办意见						
领导批示						
办理结果						

（二）批办

（1）批办

批办是指单位领导人对送批的文件最终如何处理所做的批示和要求。这是领导行使职权的过程，是收文处理中最重要的步骤，属于决策性的办文环节。

（2）批办的要求

1）不得越权批办公文。机关主管领导对分管工作的有关承办性收文进行批办。主要领导人对综合性重要的承办性收文进行批办。凡拟办的收文，都必须由机关领导人批办。

2）批办要认真负责。批办者既要重视拟办意见，又要认真阅读和思考，提出办理收文的原则意见和基本方法，不要轻易签署"同意"、"阅"。

3）批办意见要明确、肯定、具体，前后一致，切实可行。

4）批办意见要准确、简明、工整、清晰地写在"收文批办单"的"批办"栏内，签署姓名和日期。

5）写批办意见时，应根据批办人的身份和具体情况，斟酌用语。对必须办理和答复的来文，批办时常用比较肯定的语气。对提出了问题但非必答的来文，批办时一般不用肯定性语气。

四、承办、催办、查办、注办

（一）承办

（1）承办

承办是指主管部门和承办人员，按照领导人的批办意见和来文的内容、要求，对收文进行具体办理或办理复文的过程。承办有两层意思：一是指具体的承办工作；二是指复文的承办工作。这里所讲的承办主要是指文书工作中的办理复文。它是收文处理的最后程序，又是发文程序的开始。收文的承办是收文处理程序中的核心环节，只有对收文办理了，才能发挥文件的作用，实现制文机关的意图。

（2）承办的要求

1）分清主次，区别缓急，科学安排承办次序。

2）认真阅读领会文书内容及批办意见，按承办原则办事。

3）加强协商，努力协调各方面关系。

4）及时反馈承办结果。

（二）催办

（1）催办

催办是根据承办时限和要求对办复文件的承办情况进行监督和检查的环节。催办可分对内催办和对外催办两种。对内催办是对本机关内部承办的文件情况督促检查，一般由办公室的文书工作人员负责；对外催办是对其他机关向本机关或部门发去的文件的办复情况进行督促，主要由有关的承办单位或承办人负责。催办可加速文件的处理工作，提高单位工作效率。

（2）催办的方法

催办的方法主要有三种：电话催办、发函催办（发便函、催办单）、登门催办。催办始终贯串在整个公文处理过程中。公文处理的各个环节都存在着督促、检查、询办的问题。

（3）催办的要求

1）催办工作要随时进行登记。已经办理完毕的文件和正在催办中的文件要分别存放。

2）单位要建立必要的定期催办制度，明确工作职责，使催办工作走向制度化、经常化，规范化。

3）秘书人员在催办过程中要讲究说话的态度和技巧，需把握时间和场合，讲究催办艺术。

4）及时向主管领导汇报催办情况。如表 5-5 所示。

表 5-5　催办卡

文件标题		来文号	
来文单位		交办时间	
承办单位			
领导批示摘要			
办理情况			

（三）查办

（1）查办

办公室或秘书部门按照单位领导人的批示或意见，通知、催促有关单位或部门检查所承办文件的办理情况。查办工作通常可采用发公函、打电话和实际走访有关单位三种形式。查办工作的程序主要有：拟办、立项、办理、催办、结案、归档。

（2）查办的要求

1）要根据具体情况选择核查文件落实的形式。

2）根据领导指示或需要对相关文件办理情况进行检查。

3）要将公文查办的情况及时反馈给领导。

4）对查办公文的情况进行登记。如表5-6所示。

表5-6　查办事项登记表

来文单位			收文日期			
办文单位			交办日期			
内容摘要						
拟办意见						
领导批示						
查处结果						
转办单位		转办日期			回复日期	
报送机关		报送日期			经办人姓名	

（四）注办

（1）注办

注办也称结办，指对文件承办的情况和结果，由经办人在文件处理单上所做的简要说明。

（2）注办的要求

1）需要办复的文件，办完后要注明"已复文"，并注上复文的日期和文号；不需要复文而只传阅的文件，阅读的有关人员应签注"阅知"字样，并签上姓名和阅文日期。

2）需传达的文件，应注明具体发出日期、发送的单位和份数；通过电话或面谈方式解决的，也要注明时间、地点、接谈人员、主要内容等。

3）注办文字可写在文件首页的右上方，附有文件处理单的，要在文件处理单上的适当位置记录。

4）文件办理完毕后，如发现办理过程中的遗漏问题，要采取补救方法，并在"注办"中注明。注办应当时进行，不要拖延，以免今后记忆不清。

相关知识链接

◇ **公文签收的内收发和外收发**

一般大中型机关、企事业单位，在办公室都设立外收发和内收发。

外收发一般设在本单位门岗的收发室，负责签收邮电部门投递来的非保密的挂号件、速递件、电报、传真件和外单位派人送来的非保密的函件。包裹、汇款单、报刊也应签收，但不属于公文。其他平信等资料不签收。外收发不准拆封。外收发在签收文件时，要进行清点，逐件检查封套上的收件单位名称是否是本单位，若封套破损、散包、被拆封，应当场查明原因，作适当处理。经清点无误后，才能签名验收。

内收发一般由机要文书人员担任，负责签收邮电、机要交通部门投递来的和外单位派人送来的保密和非保密的函件，签收外收发和本单位内各部门送来的保密和非保密的函件。内收发还负责拆封、登记、分发文件等文书处理工作。对外单位首次发来的函件，应将封套上来文单位的名称、地址、电话号码、邮政编码等信息记录下来；对群众的信访函件，封套要保留，以备复函时使用。

◇ **收文登记的范围**

登记公文的范围没有统一的规定，主要根据文件的性质和实际需要确定。并非所有文件都必须登记。缩小登记的范围可提高机关工作效率，还可以为以后的立卷、归档工作打下基础。

1. 必须登记的文件、材料

（1）上级机关或上级主管部门发来的指导性、参阅性和需要办理的文件等。

（2）下级机关送来的请示性、报告性、建议性或批评性的文件等。

（3）其他单位发来的商洽性或需要答复的来函。

（4）重要的带有密级的刊物、资料等。

（5）机关内部使用的文件、会议文件和音像文件等。

（6）上级机关召开会议印发的会议材料。

2. 不必登记的文件、材料

（1）各种公开的和内部不保密的出版物和资料，如工作简报，情况交流等。

（2）日常行政事务性公文，如便函、介绍信和请柬等。

（3）事务性通知，如报刊征订等。

◇ **传阅文件的方法**

传阅方法有分送传阅、集中传阅和设立阅文室。

分送传阅是将传阅件直接送给应阅人员。先送第一应阅人，退回后，再送第二应阅人，依次传阅。应阅人之间不横传文件，由文秘人员采用一送一退的办法直接传阅。这种方法的优点是：避免文件积压和散失。在采用这种方法传阅文件时，要根据文件的不同内容、急缓程度，遵循先主办后协办，先办事后阅知的原则，分清主次。

集中传阅，对于一些紧急而又简短的文件，可以利用领导集中学习和开会的机会在会前或会后集中传阅。文字较长的文件，不宜采用这种办法。

设立阅文室。有条件的单位可以设立机要阅文室，将需要传阅的文件、资料、刊物放在阅文室内，请应阅人员前来阅读。建立阅文室的好处很多：文件集中，阅读方便；安全保密，便于管理；周转速度快，利用率高。

能力训练

一、基本训练

训练一、你若是某一个企业办公室的文员，你如何对企业的收文进行分类登记？试设计收文分类登记的方法。

建议：最好分组讨论，在分组讨论的过程中，组长作好记录工作。

训练二、根据文书处理要求模拟收文程序，注意填收文登记单、登记簿、文件传阅单以及其他表格。

1）角色：收发1人，秘书1人，办公室领导1人，公司领导1人。

2）道具：收文1份，由市政府安全委员会发来的题为《关于加强安全生产的通知》，各种收文登记表。

建议：收集文件材料，按照收文程序进行；在模拟办公室分组、分角色模拟收文的一系列程序，然后进行交流、讨论和分析。

二、案例分析

案例1

收文处理的规范化

××公司的秘书小张，收到上级主管部门"关于组织企业参加杭州国际新产品展览的通知"。她认真地研读了文件内容，认为参加此次的新产品展览会，既可以宣传公司新产品，又可以了解国际市场扩大出口。她考虑了一会儿，在文件处理单上提出可由展览部主办、出口部协办，请展览部与相关部门协商的建议，并将建议提交总经理，请总经理作进一步批示。

思考题：

1）小张秘书的做法是否规范？

2）后续的工作还包括哪些？

案例 2

收文中的登记工作

乔梅在计算机旁打字时，收到一份邮局送到办公室的快递信件，签了字之后，便随手把文件和一摞今天收到的其他文件放到了一起。这时办公室主任拿起刚刚送达的信件边看边说："收到的文件要养成立即登记的习惯，以防漏登，还要看看是否是急件，以防贻误公务。"乔梅这时才赶紧登记那几份文件，在拆封登记时发现有一份文件竟然送错了地方，不应送给广通集团公司，于是赶紧按照来文上的电话联系对方。

思考题：

1）乔梅应如何保证收文准确无误？

2）乔梅应该如何提高收文处理的质量？

案例 3

传阅文件要控制运行

某单位办公室收到上级主管部门一份关于加强党员干部纪律教育的通知，单位领导通知：由纪委牵头，组织部、宣传部协助开展党员干部纪律教育活动。办公室秘书小李先将文件送交隔壁的组织部负责人阅毕后，将文件传交纪委负责人。纪委负责人阅毕后，将文件传交宣传部负责人时，由于宣传部负责人外出开会，便由宣传干事小王暂时保管并代为转交。时隔两日，文件丢失。

思考题：

1）出现这一事故主要责任在谁？

2）小李的主要失误在哪里？

案例 4

邮件收进的程序

沈小姐是某公司总经理的秘书，刚上班，就到公司租用的信箱中把邮件取了出来，用专用信袋装好，提着走进了自己的办公室。略微整理了一下，就坐在自己的办公桌前开始工作了。

沈小组数了下信件的数量，一共 21 件。她先把公函和私人信函分开，把有密级要求的、标有"某某亲启"的信件分开。然后她根据收件部门的名称分类：有 5 封信是人事科的；7 封信是销售科的；1 封是财务科的；1 封写着教育科的，但公司没有这个部门，她把这封信归到培训部去了；1 封信上写总经理亲启；另 2 封是总经理办公室的；剩下的 4 份是报纸杂志。

　　沈小组拿出邮件登记簿，边登记边分检。所有的来函和邮件都登记在册了，也按部门分检归类了。接着沈小姐把总经理亲启的那封信放在总经理的办公桌上，把其他信放到各个部门的专用信格里，留下了2份报纸、2封总经理办公室的信。

　　在拆信前，她先把信拿到有亮光地方照了一下，一封信的信纸折得几乎与信封一样大小，沈小姐只好把信在桌上磕了十几下，尽可能使信纸沉落下去，然后取出剪刀，小心翼翼地剪开了信口。将信封内的信纸一一展开，盖上日戳，再用回形针把信纸和信封一一别住。一封信写明有三份附件，但沈小姐仔细检查，只找到二份附件，她用红笔在信纸上写下："缺少一份附件"，然后签了自己的姓名。她想，这封信让总经理来处理吧。

　　另一封是对本公司提出业务方面意见的客户来信，按照惯例，沈小姐决定立即复信。她写到：

郭思源先生：

　　非常感谢您对我公司的关心。您所提到的服务质量和态度问题，我们正在研究改进，希望在不久之后，您看到的将是新的面貌。希望我们继续合作。再次向您致谢。敬请

安好

奇斯公司敬上
2000 年 5 月 6 日

　　拟好复信稿，本已坐到计算机前的沈小姐想了一下，还是拿起了钢笔，手写誊抄了一遍，并写好了信封，填好了发函登记。

思考题：

1）沈小姐的收件程序是否正确？每一个细节是否符合秘书的要求？

2）"缺少一份附件"的那封信为什么要由总经理自己处理？这封信有可能是什么内容的信？

3）沈小姐最后为什么不用计算机打信，而要手写发出？

4）除了上面提到的按照部门对收件人分类，还有什么标准可以对收件人分类？

三、能力拓展训练

　　训练一： 参观学校办公室，分批到办公室或校外单位的文书处理部门实践，掌握收文处理的过程、方法和要求，写一份总结。

　　建议：分组到校内外的文书处理部门实践，理论联系实际，获得第一手的体验资料。

　　训练二：沈阳分公司收到内蒙古七头牛皮革服装总公司将于近日对沈阳分公司全面检查，以下是通知的内容。

关于内蒙七头牛皮革服装总公司安全生产检查的紧急通知

各分公司：

根据 2009 年度总公司的工作安排，七头牛皮革服装总公司将于近日开始对沈阳地区进行全面检查。望各分公司高度重视，对照 2009 年度安全生产考核指标，全面自查整改，并做好接受检查的准备。各分公司将自查报告于 2 月 28 日之前上报到总公司人事行政部。

特此通知

内蒙七头牛皮革服装总公司（章）

二〇〇九年二月二十日

实训收文工作分 5 个场景。

1）2009 年 2 月 20 日，总经理秘书钟苗收到这份通知。拆启后，将文件取出，核对好份数、日期后，将文件的内容登记在收文登记簿上。（请演示秘书收启文件和收文登记的过程）

2）钟秘书取出文件处理单，填上内容、提出初步办理意见，再将文件处理单夹在通知原件上，拿到总经理办公室，请王总经理批示。（请演示秘书拟办文件的过程）

3）总经理办公室内，王总经理看了通知后，同意了曲秘书长的处理意见，指明此份通知中要求办理的事项具体应由人事行政部负责办理。他立即打电话让钟秘书过来，让她将这份通知和办理意见传达给人事行政部。（请演示领导批办文件的过程）

4）钟秘书将这份通知和办理意见，交给人事行政部部长陈峰义，请他负责办理。陈看过后，以电话的形式，告知 3 个单位，要求他们对照 2009 年度安全生产考核指标进行自查，并在 2 月 28 日将自查报告交至人事行政部。（请演示承办文件的过程）

5）2009 年 2 月 28 日，3 个单位的自查报告均按要求上报。陈峰义在文件处理单上，填好办理结果、方式和日期，然后和通知原件一起，交还给钟秘书。（请演示注办文件的过程）

实训要求：学生每 5 人为一组，教师为 5 名学生编上号数，即 1～5 号。实训在模拟公司办公室进行。学生按场景顺序进行演示，5 个场景演示总过程不能超过 60 分钟。

第一个场景，由 1 号扮演钟秘书。

第二个场景，由 2 号扮演钟秘书，3 号扮演王总经理。

第三个场景，由 3 号扮演钟秘书，4 号扮演王总经理。

第四个场景，由 4 号扮演钟秘书，5 号扮演陈峰义。

第五个场景，由 5 号扮演秘书，1 号扮演陈峰义。

每组在实训过程必须制作两份材料：通知的收文登记簿和文件处理单。

实训建议：收启时注意，凡信封上表明送本单位的公文，可直接拆封；急件和密件应当先拆。拆封后要检查核对,确认收到文件的质量与数量和发文通知单上注明的项目完全相符。凡收到的重要文件都要登记,内容参见收文登记簿。拟办文件,要说明此件应由哪个部门办理,如何办理,办理时限,办理后文件是否应退回,由谁归档。要制订文件处理单。批办的内容包括对拟办意见的认可、提出办理公文的具体要求。公文批办应签署姓名及日期。承办时凡可用电话、口头联系等方法解决的问题,不必复文,但须做好记录。公文办结束时,由承办人在文件处理单上注明办理结果。通过电话或面谈方式承办的,应注明谈话人(通话人)姓名、职务和谈话要点。(选自《秘书职业技能实训教程》P131~132)

训练三:

南京分公司收到上海××食品总公司的一份通知,得知总公司将于近日对各地分公司进行安全生产大检查。

上海 XX 食品总公司关于安全生产检查的通知

各分公司:

根据 2009 年总公司的工作安排,总公司将于近日开始对各分公司的安全生产进行全面检查。望各分公司高度重视,对照 2008 年度的安全生产指标,全面自查整改,并做好接受检查的准备。各分公司将自查报告于 2009 年 1 月 31 日之前上报至总公司人事行政部。

特此通知

上海××食品总公司(章)

二OO九年元月五日

实训要求:

1)演示秘书小许拆启文件和收文登记的过程。

2)制作一份收文处理单,并演示秘书拟办文件的过程。

3)演示领导批办文件的过程。

王总经理看了通知后,同意小许秘书的处理意见,指明通知中要求办理的事项具体应由人事行政部负责办理。他让小许将这份通知和办理意见传达给人事行政部。

4)演示承办文件的过程。

人事行政部陈经理看过后,以电话形式告知 3 个单位,要求他们对照 2008 年度安全生产考核指标进行自查,并在 1 月 28 日前将自查报告交至人事行政部汇总。

5)演示陈经理的文件办结过程。

1 月 28 日,3 个单位自查报告均按要求上报人事行政部。陈经理在文件处理单上填好办理结果、方式和日期,然后和通知原件一起交还给小许秘书。

学习评估

作为将来的文书工作人员或办公室人员，你通过上面的训练，你有什么收获和感想？反思自己在训练过程中的表现，是否掌握了收文处理的程序，理解了每个环节中秘书人员要做的工作及一些具体的要求，提高了收文处理的业务能力？填写能力评价表（在符合的下面画"√"），如表5-7所示。

表5-7　能力评价表

学习目标		评价项目	小组评价			教师评价		
			好	较好	一般	好	较好	一般
专业知识	应知应会	收文处理的内容						
	理解和掌握	收文处理各个环节及要求						
专业能力	1. 收文处理工作相互衔接的程序	收文处理工作的阶段性和程序化						
		收文处理工作的内容及注意事项						
	2. 收文处理工作的要求	收文处理各环节的技能操作						
	3. 收文处理各环节的操作	做一名合格的办公室文员						

完成任务后的反思：_____

小故事

圈阅文件的来历

自三国起，我国就形成了在文书、契约上"签名"、"签字"的习惯，史书谓之"押"。在呈文上签押有"已阅"之意。王安石在宋神宗熙宁二年（1069年）被委任参加政事，每天接触大量的往来公文，每次阅毕，惯例都要写上一个"石"字。由于他性子急，又不太注意书写规范，因此这个石字在写一横一撇之后，里面的"口"字往往画一个圆圈了事。史载他画的圆圈不圆，多为窝扁状，且写的潦草，一笔带过，使很多人不知这个字的主人，因而经他阅过的文件常常有辗转送回来的情况。为了减少传递人的苦恼，王安石在押字时，特别留意把圈画圆以示标志。不少臣僚以为这是表示"已阅"的特殊记号，纷纷仿效。王安石于是干脆省去那一横一撇，只画了一个圆圈来标明。久而久之，以画圈表示"已阅"的习惯就流传下来。

任务三

发 文 处 理

任务目标

1）了解发文处理各步骤的理论知识，熟悉操作各发文程序。

2）能按照发文的合法步骤办理发文手续。

3）能够规范的制作和使用发文登记表等基础性工作表格。

任务描述

某单位机关要求秘书部门于一周内将工作意见拟好发文。A秘书接受任务后，为了抢时间争速度，按领导意图拟稿后，只交给本业务部门负责人审核，即送打字室进行缮印。打印出来的一百多份"工作意见"全部作废，造成人力、物力的浪费，耽误了文件的准时下发，造成不应有的失误。本案例中，A秘书造成失误的原因何在？试从秘书工作的规范角度加以分析。

任务分析

本案例中A秘书的失误是因为没有按照公文形成的规范程序去做。公文形成必须要经过交拟、撰拟、审核、签发、印制、用印才能生效。A秘书应把工作意见交给秘书部门负责人审核而不是业务部门负责人审核，文稿审核后还应交给领导审阅、签发，才可以进行印制。所以A秘书把未经领导审阅、签发的工作意见打印出来，全部作废，造成极大的浪费。秘书工作无论是办文、办会还是办事都必须做到规范化、科学化。

相关知识

发文处理程序，是指各单位在发文过程中围绕着所发文书进行的一系列工作。主要的工作程序包括交拟、拟稿、审核、登记、签发、缮印、校对、用印、登记、装封、分发、传递等。从交拟到签发为第一阶段，称为"制文阶段"，为发文的重点阶段；从缮印到分发传递为第二阶段，称为"制发阶段"。单位主动发文或复文均会进入到发文处理程序。

一、交拟、撰拟

（一）交拟

交拟，也叫交办，是公文的第一个程序。是指组织领导人或部门负责人向执笔人交代文稿撰写任务的过程，也是执笔人接受写作任务的过程。

在交拟过程中，执笔人必须弄清如下内容：一是撰文的背景，包括上级指示、下级请示，或实际工作需要；二是撰文的依据，包括有关政策法规、研究成果以及工作实例；三是撰文的意图，包括领导集体或主要领导人对某一事件的态度、意向和要达到的目的；四是撰文的要求，包括文件体式、内容和完成时限。任务明确后，才能进入拟稿阶段。

（二）撰拟

撰拟，又称拟稿，是指文件承办人员草拟文稿的过程。也是将领导意图转达化为文字信息的过程。这一过程一般要经过四个步骤：收集占有材料——确定公文主题——拟定文稿提纲——动笔起草文稿。拟稿的过程可分写作准备、文书起草和文书修改三个阶段。

1）准备阶段：第一步，领会授受意图，即领导者向拟稿人交代行文的主旨、内容和要求，以及拟稿人对领导者授意的倾听、判断和领会。第二步，收集材料，即拟稿人根据文稿主题和内容的需要，去查找、阅读和筛选与之有关的信息资料，为起草文稿提供依据。第三步，拟定提纲，即拟稿人对文稿的框架及布局进行构思，并用简要的文字加以记录，从而形成写作提纲。

2）草拟阶段。拟稿人依据确定的提纲，把系统构思的结果用语言文字加以表述，这就是文稿的草拟阶段。在这一阶段，拟稿人要注意以下几点：讲究语法；讲究逻辑；讲究格式。

3）定稿阶段。文稿的审定，是对草稿进行审核、修改，并由领导者签发而成为定稿的过程。这是文稿撰写的最后阶段，其中有三个重要环节：①审查，即对草稿的内容和形式进行全面的审查核对，以便发现问题；②修改，即对审查中发现的问题进行改正、增删或调整；③定稿，即将修改后的文稿提交领导者签发或会议通过。

撰写公文是一项严肃的工作，因此，在撰写公文的时候必须要遵循如下要求：一是公文的观点必须正确、鲜明；二是必须遵循实事求是的原则；三是撰写公文时必须做到"严、准、精、快"四个字。

二、登记、审核、签发

（一）登记

登记，这里是指制文登记，在文稿审签之前进行的，是公文形成过程中不可缺少的一道中间手续。

制文登记包括编号、划密、抄录三个环节。编号，即编排公文序号，作为该文的代号。其目的在于简化文件名称，便于登记查找。我国现行机关公文的发文字号，一般由发文机关代字、发文年度和发文顺序号三个要素组成。划分密级，我国现行的公文机密程度分为三个密级：绝密、机密和秘密。标明公文的秘书等级，必须严肃认真负责，依据划密原则确定密级，经审签领导确定。抄录。抄录就是把公文标题、印发份数、密级、公文编号等项目记录到制发公文的登记簿上（见表 5-8 所示）。

表 5-8　制发公文的登记簿

行文单位				
公文标题				
机密等级		发文编号		印刷份数
主送单位				
抄送单位				
部门领导意见				
领导批示				

（三）审核

审核，是对文稿的文字、内容、体式等作全面审查核实的过程，也就是文稿的"把关"工作。它是文稿签发前的最后一道文字工序，也是文书制发阶段的关键环节。审核由办公厅（室）负责人办理（一般的文稿可以指派各方面水平都比较高、又有拟稿经验的秘书人员负责办理）。做好此项工作有利于控制发文总量，确保文稿质量，减轻领导负担。审核的重点是，"是否需要行文"，这是一个先决条件，即如不需要行文，其他的不必再审了。这样，不仅可以节省人力、物力和财力，也可以提高公文办理效率。

审核要做到"五查"。审核的内容涉及多方面，主要须审核以下五个方面的内容。

一查法律政策。即查文稿内容是否与国家法律相一致；是否与党和国家的方针政策保持一致，与本机关以往政策规定是否保持连续性，与有关部门的相关政策规定是否保持联系性，文稿中新的政策规定是否具有可行性。

二查措施落实。即查文稿提出的办法措施是否切实可行，能否达到既定目的；查由谁组织落实或谁执行，怎样执行及执行时限是否合宜；查涉及外部、外机关单位和外地区的是否已征得同意等。

三查程序手续。即认真检查发文机关是否遵循行文次序及其规定，有无程序或程序颠倒的问题。

四查文字表达。即认真审查文稿的主题是否明确，观点是否鲜明，材料是否真实，结构是否紧密，语言是否规范，以及标点符号、数字和计量单位等的使用是否符合有关规定。

五查文件体式。即查文稿所使用的文种是否恰当，查密级、紧急程度、发文字号、标题、主送机关、附件、署名日期、注释、主题词、抄送机关等是否符合有关规定，查字形、字号、用纸等印装格式是否规范。

（四）签发

签发，公文签发包括会签、签发和注发三个环节。

1）会签，是指公文文稿送领导签发之前，要由秘书部门会同有关方面讨论，征求对文稿的一致意见，以帮助领导审核公文的过程。如系联合发文，还必须由各自的领导人分别签字，必要时加盖各方的公章。

2）签发，是机关领导人对审核过的文稿进行最后审定并签署发印，文件据此生效。它是公文定稿形成的最后一个环节，是保证公文撰写质量的最后一道关口，因而也是决定性的环节。签发是机关领导人履行职权的一种表现。

签发要有权限。签发的权限，是指领导人签发文件的审批权限与职责分工。总的来说，重要的或涉及面广的公文，必须由正职或者主持日常工作的副职领导人签发；一般性公文，经授权，可由秘书长或办公厅（室）主任签发；联合行文，由联署机关的领导人会签。

签发文书必须符合的要求：一是签发人对已签发的公文负有完全的责任；二是签发人必须明确签署意见，并写上姓名和审批时间；三是签署时应使用符合存档要求的书写工具和材料，不得在文稿装订线外书写；四是审批时尚需送主要领导人或有关领导人审阅的，要写明"请 XX 同志审阅后发"；五是受领导委托代行签发职责的，应注明"代签"二字。

3）注发，是成文后发文前的一个办文环节。在发送文件前，秘书人员根据机关领导确定的办文原则，逐项登记，并对印刷要求等提出具体意见并加以实施。

三、缮印、校对

文稿定稿签发后，要印制成正式文本，才能向外发了。公文的印制，包括缮印和校对两项工作。

（一）缮印

缮印，是对已经签发的文件定稿进行誊清或印制，使之成为正本的过程。缮印的方式有打字机打印、复印、墨印、铅印、胶印、誊抄等形式。

缮印文件时应注意以下几个问题：要忠于签发的原稿，不能随意改动；要严格按照规定的格式制版；缮印机密文件要注意保密；要建立缮印登记制度。

（二）校对

校对，是指将文件的誊定稿、打印稿清样与领导人签发的定稿核对校正，是对文件质量的最后一次检查，必须经过严格的校对，确保与定稿完全一致后才能付印。这是保证文字上少出错漏的一个环节。校对是一项耐心细致的工作，校对人员必须有高度的责任感、较高的文字理论水平与专业知识水平，还必须一丝不苟、认真细致、维护发文的严肃性。

校对文件时要注意的几个问题：文件的核对必须以定稿为准；校对的方法原则上实行双人对制；重要文件还要将校对后清样送领导人审阅；发现原稿中有误时，不得擅自改动原稿，应与拟稿部门联系后妥善解决；校对完毕后，还应对文件的印帧格式、文头文尾等印刷版记、签发手续等做全面复查后，才能在校样上签字，然后付印。

四、用印、登记

（一）用印

用印，就是在印好的文件上加盖发文单位印章，以示文件正式生效。印章是单位行使权的凭证，是文件有效性的重要标志，也是公文格式的组成部分。

盖印有严格要求，具体包括以下几点。

1）印章的使用要有完善的制度作保证，印章的管理者要认真审阅需要盖章的材料，看是否符合规定。

2）核对内容，必须以单位领导人或部门负责人签发的公文原稿为依据，经核对无误后才可用印。

3）公文用印要核实份数，超过份数的不能盖印，要防止将印章错盖在漏印的空白纸上面。

4）用印要十分谨慎，要检查手续是否完备，如不完备，在未补办手续时，不得用印。

5）公文用印一定要与制发公文的单位、部门相一致。对于联合发文，各单位部门都要加盖印章。

6）正确用印，公文用印要端正、清晰，不得模糊歪倒。盖印的位置要正确，要端正地盖在正文日期上方，做到上不压正文，下要骑年盖月，使整个印模显得颜色鲜明，位置突出。

7）盖印要领是：握法标准，印泥适度，用力均匀，落印平稳。

（二）登记

登记，这里是指文件用印之后、封发之前，对文件主要内容进行登记、检查的环节。它是指对准备发出的公文统一记载的过程。登记的作用主要是为了便于对发文管理、统计、核查和回收。发文登记一般使用簿册式。采用簿册登记，一般以年度为单位，每年使用一个册。

分发文件登记的要求：应当按照发文登记账簿规定的文件分发范围及各发往单位文件份数，具体确定并登记各发往单位及文件份数，或抄录发文登记明细账页的有关内容；

按照核发人或签发人批示的发出方式登记各发往单位的发出文件方式；按照文件及发出、传递文件的实际情况如实登记，如表 5-9 所示。

表 5-9　发文登记簿

顺序号	文号	文件标题	签发人	拟稿部门	密级	缓急	发往机关	总份数	发出方式	登记日期	发出日期	封套号	归卷号

五、装封、传递

（一）装封

装封，就是根据发文登记，将公文如数装入封筒，然后封口，再加以密封发出的工作过程。装封的作用是：避免泄露（机密）内容；保护文件，避免磨损；便于携带递送。包装公文常用的方法有：信装，袋装，捆装。常见的密封方法有：印封，纸封。

（二）传递

传递是指将封装好的公文，通过一定的渠道和方式，送达收文机关的工作过程。传递文件的基本要求：一是迅速及时；二要安全保密；三要手续完备。根据文件的密级高低和缓急时限，传递的主要渠道和方式主要有以下几种。

一是机要通信传递。机要通信是各级领导机关传递机密文件的主要方式。

二是机要交通传递。我国省以上党政机关之间传递机密文件，可以通过机要交通这个渠道。

三是专职人员传递。为了保证文件的绝对安全或紧急需要，各级领导机关可采取专人递送或专人取回的办法传递文件。

四是文件交换站传递。在较为固定的城市等社区内，为了保证各机关、各单位之间传递文件迅速及时，一般都设有文件交换站，固定时间、地点和人员，专门负责文件交换工作。此外，还有电信传递和计算机网络传递。

相关知识链接

◇ **文稿撰拟的方式**

秘书撰拟文稿是一种体现集体智慧的劳动过程。其撰拟的方式主要有以下 3 种。

1. 个人撰拟。一般性文稿的撰拟，如事务性通知、业务性请示、专题性报告、答复性批复、例行性转发和批转，以及简报类、致词类和书信类文稿的撰拟，大都由某个秘书根据领导者的授意独立完成。一般性文稿的撰拟，因其内容比较简单，涉及的业务不复杂，而且文字量有限，故文稿撰拟的难度不大。这对于刚刚涉足文字工作、尚处在模仿阶段的秘书来说，是提高文字水平的极好机会，也是培养文字秘书的有效方式。

2. 集体撰拟。重要性文稿的撰拟，如大型会议文件、长期工作规划、年度工作总结和综合性工作报告，以及部门规章的撰拟，大都由某一领导者主持和多位秘书组成的写作班子共同执笔。其人员之多和时间之长，远非由秘书独自撰拟的一般性文稿所比拟。凡须集体撰拟的重要文稿，一般都要经由如下工作步骤：首先，由领导者提出文稿的主旨、内容和思路，以作为拟稿的基本依据；其次，由写作班子集体拟定写作提纲，并报请领导者审批；再次，按照写作提纲，由写作班子成员分别起草文稿的有关部分；然后，将初稿分发有关部门和单位，广泛征询修改意见；最后，将修改稿呈送领导者审批，或经由会议通过。

3. 文稿代拟。在较大的机关，由于部门分工及专业细化的原因，便形成了文稿代拟的方式。这种方式的运用，既可以弥补秘书的专业知识之不足，又可以增强文稿的专业特色。但是采用这种方式拟稿，必须是属于专业性极强的一类文稿。文稿的代拟方式，无论对于机关秘书，还是对于部门秘书，都提出了较高的素质要求。它要求秘书不仅要具备一般的写作知识，而且还要具备相当的专业知识。

◇ **校对的方法**

1. 对校法，适用于定稿上改动较多的情况。它是指将定稿置于校对者左方或上方，校样置于右方或下方，用左手指原稿上的文字，右手执笔指校样上的对应的文字。先默读定稿 3～7 个字，再审视校样对应的字词。手指随眼睛视线审视文字的移动而移动，手眼配合，交替核对原稿和校样。也可以用一个格尺代替左手指，格尺放在被校对文字下边。每核对完一行文字，左手将格尺下移一行，继续校对。

2. 折校法，适用于整洁、改动不多的文稿。它是指用左右手的大拇指、食指和中指夹住校样，并将校样折起来，将校样压在原稿上，折痕在被校对字行下面。校样上的文字与原稿上相应的文字靠紧，一边校对，一边移动校样。核对完校样上的一行文字时，用手指向前推移校样，使校样的折痕移到下一行文字下边，继续校对。

3. 读校法，适用于定稿内容浅显易懂，生僻字、专用术语名词较少的定稿，它是指两个人配合校对，一个人朗读原稿，一个人看校样并校正错误。朗读原稿，要读准字词和标点符号，另起一段、空行、特殊格式及罕用字都要解说。读原稿的速度和审视校样的速度应协调一致。

◇ **印章的制发和保管**

印章的刻制，必须严格按照国家规定办理，不论刻制哪一级单位的印章，都要有上级单位批准的正式公文，到公安部门登记，由公安部门指定刻字单位刻制，不得私自刻制公章。

印章正式颁发启用前，应备文通知有关单位。为了防止伪造，要做印记；印模除留底外，同时上报主管部门备案。如机构变动，撤销或变更改名称，印章应立即停止使用，封好后交原颁发单位予以注销。

印章的保管通常由秘书担任，保管者就是使用者。按规定，保管者不得委托他人代盖印章，不得随意带出办公室，更不得交他人拿走使用。印章存放的地方要装配牢固的锁。保管者要养成精细的工作作风和良好的职业习惯，一丝不苟，防微杜渐，不盖人情章。

◇ **万次印**

万次印是指不使用印泥的印章，又分为渗透印和原子印。渗透印章革命中摆脱手工制作过程的第一代产品，其特点是无需印台，可反复添加印墨 3～5 次，也称国产原子印。原子印是用特殊材料，采用现代排版及制版技术，将所需刻制的印章先制成印版，然后将原子墨与印版经热压固化成型，属液体压铸。原子印具有字迹清晰美观，不易变形、使用方便、永不褪色、可连续使用 3 万次以上，制作工艺先进、不易仿造和有利于保密等特点。

能力训练

一、基本训练

训练一：制作规范的各种发文工作用表，并能够根据案例情景和收文相关程序的处理要求，模拟填写发文登记单及其他表格。

建议：以 2 人为一小组，分组讨论制作各种发文阶段的表格制作，独立完成表格的填写。

训练二：根据一篇公文病文，运用规范的符号予以校对核实。

建议：教师提供一篇病文，运用 3 种不同的校核方法，进行校对修改，校对完后，请谈谈校对工作的经验体会。

训练三：运用模拟印章，在若干篇公文上训练 1 个单位及 2 个以上单位的联合发文的盖章。

建议：分组训练，依据盖印的基本要求来训练。

二、案例分析

案例 1

如此办理紧急请示

李丹是县政府的一名秘书，每天要处理大量事务，某日她收到一份紧急请示，请求县政府尽快做出书面回复，凭着多年工作的经验，李丹知道此事如何办理，于是急事急办，她撰写了一份公文，经过缮印、校对、用印后，就以机关的名义发出了。

思考题：

1）本案例中秘书李丹的做法对吗？

2）请谈谈你的看法，应该怎样做？

案例 2

拟稿要领会领导交拟意图

某办公室主任要小任秘书起草一份《某某公司情况简介》，在交代任务时，由于小任没认真记录下来，没用心判断和领会主任的意见，便按自己的想法和构思完成了初稿。主任审阅后，要他重写，小任不知所措，请教主任又怕丢面子，只好自己冥思苦想，结果一份简报小任足足写了五遍，仍不符合主任的意图。最后，小任自作主张将第五稿送交文印室打印，并直接送交主管经理。

思考题：

1）小任秘书的做法是否符合公文形成的过程？

2）试从公文形成过程及要求来分析小任的做法？

案例 3

审核是公文形成的"把关"环节

某公司行政总经理交给秘书高伟一个任务，让她起草一份"公司产品展销会安全工作意见"，并于两日内发出。高伟接受任务后，遵循草拟文件的要求，很快撰写好了文件。为争取时间，她立即将文稿交给经理签发。经理一看，文件格式不符合标准，内容还有些遗漏，文中还有个别错误字，非常不满意，要求重写。

思考题：

1）秘书高伟的问题出在哪里？

2）秘书应如何做才是规范的？

分析提示：没有进行语言稿的审核，文稿草拟以后要经过审核环节，审核文件的格式、文字表述是否正确等方面。

案例 4

5 万为何变成 35 万

某地信访局编印的《信访情况》（内部刊物），摘要刊载了一封人民来信。该信反映某机械厂在举办庆祝"五一"国际劳动节的活动中，铺张浪费，共花费 5 万元，建议上级派人查处。编辑核稿时，改为"花费了 5 万元"，打印时却被打成"花费 35 万元"。由于校对马虎，未能发现、更正。刊物发行后，引起了地区领导高度重视，责令机械厂停产整顿。事后调查，该单位庆祝"五一"劳动节属实，但却并非花了 35 万元，而是 5 万元。

此报道引起了机械厂干部、职工对写信人和《信访情况》编印单位的严重不满。为了澄清事实，编刊单位不得不在另一期简报上作了更正。

思考题：

1）导致这一后果，主要问题出在哪几个环节上？

2）由于文书人员的失误，给单位和政府工作造成了重大损失，这个案例说明文书人员该怎样牢固地树立责任意识？

三、能力拓展训练

训练一：印章使用登记程序实践。

方法与过程：

1）结合具体情况设定：班级社会调查（或设定其他有关情况）盖公章。专业人员现场操作。

2）观摩印章管理专业人员的操作程序。

3）填写印章使用登记表、熟悉登记表的具体内容。

4）注意印章加盖时的技术要求。

建议：通过对用印的实践训练、操作，掌握印章使用与管理的基本要求与方法。

训练二：岗位实践。

1）角色：初级秘书一人，中级秘书一人，办公室领导一人，公司领导一人。

2）说明：①先由公司领导发出拟稿指令，发文内容由教师确定；②按照发文程序进行；③在模拟办公室进行。

建议：以上训练，可以分组进行，暂时没有任务的学生可在旁边观察评价。学生要熟悉发文程序。

学习评估

作为将来的文书工作人员或办公室人员，你通过上面的训练，你有什么收获和感想？反思自己在训练过程中的表现，是否进一步地认识到公文形成的过程及要求，是否加强了岗位意识，提高了专业能力？填写能力评价表（在符合的下面画"√"），如表 5-10 所示。

表 5-10　能力评价表

学习目标		评价项目	小组评价			教师评价		
			好	较好	一般	好	较好	一般
专业知识	应知应会	发文处理的内容						
	理解和掌握	发文处理各个环节及要求						
专业能力	1. 发文处理工作相互衔接的程序	发文处理工作的阶段性和程序化						
		发文处理工作的内容及注意事项						
	2. 发文处理工作的要求	发文处理各环节的技能操作						
	3. 发文处理各环节的操作	做一名合格的办公室文员						

完成任务后的反思：＿＿＿＿＿＿＿＿＿＿＿＿＿＿＿＿＿＿＿＿＿

小故事

字斟句酌　准确无误

　　1950 年 2 月 14 日，毛泽东和斯大林在莫斯科的克里姆林宫签订了《中苏友好同盟互助条约》。条约的文本是前苏联方面草拟的，后来通过并公布的条约虽无原则上的变动，但在文字上作了很多修改。

　　这一工作是周恩来总理直接领导和亲自动手进行的。他把草稿交给代表团和大使馆的同志们，让大家对条约草案逐条、逐句、逐字进行研究、斟酌、修改。他说，这个条约不仅要在今天看行不行，还要在以后看行不行，要经得起时间的考验和后人的检查。原条约中有一段说："缔约国一主一旦受到第三国的侵略，另一方得以援助。"周总理觉得语气不够肯定，没有表明条约应有的作用。经过再三推敲，将"得以援助"改为"即尽全力给予援助"。这样一改，语义明确了，准确地表明缔约国双方共同反对第三国侵略的坚定立场。这几个字的改动，就讨论甚至争论了很长时间，才获通过。

名人名言

　　子曰："为命，裨谌草创之，世叔讨论之，行人子羽修饰之，东里子产润之。"

—— 孔子

　　（注释：这段话的大意是说，周代后期郑国的外交文书，由大夫裨谌起草，经大夫世叔研究评改，外交官公孙子羽修饰，最后由大夫子产润色加工而成。）

任务四

文书管理

任务目标

1）了解文书管理的系列工作。
2）理解文书管理每个环节的内容和要求。
3）通过文书管理实践训练，掌握管理流程及各个环节的操作技能。

任务描述

为了提高归档案卷的质量，档案室安排有多年档案管理经验的老李对秘书初萌的立卷归档工作进行指导。老李告诉初萌，做好立卷归档工作，要认真进行文件材料的收集，既要全面收集反映各项工作的文件材料，又要重点收集重大活动、重大项目形成的文件材料；既要收集纸质文件材料，又要注意收集照片、录音、录像以及电子文件等特殊、新型载体的文件材料，确保文件材料的齐全完整。纸张破损的，要进行裱糊；对用圆珠笔、铅笔、纯蓝墨水笔和打印机色带等不耐久字迹书写或打印的文件材料，必须进行复制或做必要的技术处理，以保证文件可长久保存。初萌按照立卷归档的要求和老李的指导意见，将收集的文件组成案卷。最后，老李对案卷的质量进行了检查验收，评价初萌的案卷质量达到要求。

任务分析

文书管理是对已经办理完毕的文书进行管理的过程。它是公文处理中的一个重要的阶段。案例中初萌按照立卷归档的要求和老李的指导意见，将收集的文件组成案卷。最后，老李对案卷的质量进行了检查验收，评价初萌的案卷质量达到要求。从老李指导初萌组卷的过程可以看出，立卷归档有严格的工作程序和方法。秘书要遵循归档制度的要求，对单位工作中形成的、处理完毕的、具有保存价值的文件，经立卷归档移交给档案部门。

相关知识

一、文书管理

文书管理是指对办理完毕的文书进行管理的过程。这里的办理完毕的文书是指完成了收文或发文处理程序，已经发出或承办完毕的公务文书。其具体内容包括：立卷归档、清退、销毁以及暂存处理等。对办理完毕的文书进行妥善处置，是文书工作中不可忽视的程序，通过安排办理完毕的文书的处理，使文书工作善始善终，有助于充分发挥公务文书的全部功能和效用，避免失密泄密，防止无用信息对各项工作活动的干扰。

二、文书立卷归档

（一）立卷

1. 文书立卷的定义

文书立卷是整理与保存公务文书的一种方法。即将办理完毕、具有查考、保存价值的公务文书按其在形成过程中的有机联系组成案卷，以便于保管、检索和利用。案卷的确切定义应该是，有关某一问题或某项工作活动的系统的、有密切联系的文件组合体，它是文书档案的基本保管单位。具体而言有以下 4 个方面需注意。

1）办理完毕的文件——是指在文书处理程序上已经办理完毕，而在实际工作中的贯彻执行不一定都完成，有的可能还要长期执行。

2）有查考保存价值的文件——指记载工作实践经验和历史活动的事实，具有备作查证、参考的重要作用的文件。

3）按照文件在形成过程中的联系和一定规律组卷——要使案卷成为某一问题或某一项工作活动的系统的、有密切联系的文件组合体，而不是任意拼凑起来的、杂乱无章的一堆文件。

4）文书档案的基本保管单位——文书档案是以案卷为基本单位进行保管的，而不是以单份文件为单位来保管。

2. 做好文书立卷工作的意义

一是保持文件之间的历史联系，便于查找利用；二是保证文件的完整与安全，使其便于保管；三是为档案工作奠定基础。

3. 文书立卷范围

凡是在本机关工作活动中所形成的，已经办理完毕，具有查考价值的会议文件、上级机关文件、本机关文件、下级机关文件、声像材料等均需立卷。

4. 不需要立卷的文件材料

重份文件，未成文的草稿和一般性文件的历次修改稿，事务性，临时性的没有查考价值的文件材料，与本机关主管业务无关的文件，各机关之间一般来往发文的信封。

5. 文书立卷的基本要求

1）反映机关文书之间内在的历史的联系。首先，要反映出文书之间在政策上的联系；其次，要反映机关之间、机关部门之间的联系；最后，要反映机关工作活动各个阶段、各个环节之间的联系。

2）齐全、完整、系统地收集和管理文书材料。

3）既便于文书处理部门的暂存和利用，又便于档案室的保管。

4）实事求是地收集、鉴定和整理文书材料。

6. 文书立卷的基本方法

1）按文件特征立卷。它是指将具有共同特点和密切联系的文件组合在一起立卷；将具有不同特点的文件分开立卷。文件的这种特征是从文体结构中概括出来的，它包括：问题特征、作者特征、名称特征、时间特征、通讯者特征和地区特征等。

2）灵活运用立卷特征。在运用文件的六个特征进行立卷时，一定要从整体出发，不要把六个特征一个一个地割裂或孤立起来。在实际的工作中，孤立地采用某一个特征立卷的情况是很少的，而同时采用六个特征立成一个案卷的情况也是不切实际的。一般情况是采用两三个或三四个特征结合进行立卷。总之，要结合本机关的具体情况，灵活运用六个特征立卷。即作者、问题、名称特征结合立卷；作者、问题特征结合立卷；作者、时间、名称特征结合立卷；作者、时间、问题、名称特征相结合立卷。

3）选择最适合本机关特点的立卷方法。可根据本机关文件形成的实际情况，选择恰当的立卷方法。对立卷特征的选择是有条件的，立卷方法的作用，必须服从于立卷的原则和目的。

（二）归档

归档是与立卷密切关联的一个概念，即将办理完毕的公务文书整理立卷移交给档案部门保存的过程。

归档工作是机关文书部门将办理完毕、有保存价值的公文整理立卷后、逐年移交给机关档案室集中保管的过程。

机关在工作活动中形成和使用的公文，凡反映本机关工作活动、具有查考价值的，均属于归档范围。文书立卷的范围，也就是文件的归档范围。凡反映本机关主要职能活动和基本历史面貌、针对本机关主管业务并需贯彻执行、可供本单位查考的文件，都应立卷归档，反之则不立卷归档。根据国家档案局颁发的《机关档案工作业务建设规范》的规定，机关的一般公文案卷，应在次年六月底以前向档案室归档完毕。

归档必须做到以下几点要求。

1）必须按照立卷归档范围，将具有保存价值的文件材料收集齐全，不庞杂，不遗漏短缺。

2）文件材料必须经过科学系统的整理，按照文件之间的历史联系和保存价值，统一立卷。

3）立成的案卷必须进行编目和技术加工。

4）归档的案卷必须编制移交目录。

（三）清退

清退，是指根据有关规定和要求，将部分办理完毕文书经过清理，定期或不定期地退还原发文机关或由其指定的专门部门的活动。

清退范围：上级组织下发的绝密文件；在公文草拟、审批过程中形成的，仅供在一定时间、一定范围、一定级别的单位内使用并要求予以退还的未定稿、讨论稿、送审稿或征求意见稿；未经本人审阅的领导人的内部讲稿；上级组织或本单位制发的供内部传阅并要求退还的文书资料；规定回收的会议文件；其他由发文机关明文规定限期清退的公文。

清退的原则：一是守时，无论是定期清退，还不定期清退，都应在要求的时间内完成，并按规定向主管部门报告有关情况；二是齐全，即要求清退的文书一份不少，件件完整无损。

清退程序：填写一式二份的文件清退清单如表5-11所示，逐件核对、清点、退还，同时在收文登记簿上注明清退日期和清退编号，由收文一方开具清退凭证，清退方保留备日后查考。

表5-11　文件清退清单

清退单位：

制发单位	文号	份数	密级	备注

清退人（签字）　　　　　　　　　　　　　　　　收文人（签字）

（四）销毁

销毁，指按照有关规定，对失去留存价值或留存条件的公文做毁灭性处置的活动。销毁工作的意义在于防止失密，避免过时无用信息的干扰，减少文书管理活动的工作量，提高工作效率。文件销毁清单如表5-12所示。

表5-12　文件销毁清单

年　　月　　日

顺序号	成文单位	字号	文件标题	年代	份数	销毁理由	备注

销毁范围：包括所有办理完毕、业务清理鉴定确认不具备留存价值或留存条件的文件材料。

销毁方式：应根据待销文件的数量及机关工作条件分别采用焚烧、粉碎、送指定造纸厂化成纸浆等方式。

销毁中应注意的问题：区别不同的审批权限并遵行销毁程序，落实销毁制度。

（五）暂存

暂存，指将既不应立卷归档或清退，又不宜销毁的办理完毕的文书暂存办公部门，以供日常查考和日后重新判定其价值的活动。其意义在于方便日常工作中的查考，减轻档案部门的工作负担，慎重对待公文的价值鉴定，维护档案的完整与安全。

相关知识链接

◇　**文书立卷工作组织的三个问题**

立卷工作的组织有几个问题要解决：一是立卷环节的选择；二是确定具体立卷人；三是立卷的分工。

（1）正确选择立卷环节

所谓选择立卷环节，就是选择立卷的地点，亦即确定本机关的立卷工作到底放在哪一级机构来进行。一般来说，立卷环节的选择应与文书工作的组织形式相适应，把立卷地点放在最能掌握文件的形成和处理情况的地方。立卷环节与文书工作的组织形式也要相适应。

（2）明确立卷人

由文书处理部门的工作人员来立卷，是指由这些机构内担任文件的内收发、运转、催办等工作的人员来负责立卷。另外，有些部门由于工作的特殊性，也可以采用先由承办人员初步立卷的办法。

（3）文书立卷分工

有两种情况需要考虑文书立卷的分工：第一，是当一个机关将内部各组织机构形成的文件材料分开按部门立卷，由于某些文件需要经几个部门传阅处理，或部门产生有业务相互交错的文件，需要划清文件的归属时，便需考虑机关内各人事部门间的立卷分工；第二，当同一地区，同一级别的各机关需向同一档案馆移交永久保存的档案时，为了避免同一文件过多重复进馆，便需考虑同一级机关之间的立卷分工。

◇ **文书立卷的几种新方法**

（一）"三分一调"的立卷法

1. "三分一调"立卷方法的基本内容是："三分"就是将机关在一年内形成的文件进行"三个分开"，一是分开组织机构（或不同业务工作）；二是分开级别；三是分开保管期限。这三个分开的前两分的顺序哪个在前、哪个在后，各机关可以根据实际情况灵活运用。所谓"一调"，就是对分开的各"堆"文件进行审定调整，经过审定，可定卷的，予以定卷，需要经过调整才能定卷的，就要加以调整。

2. "三分一调"立卷方法的运用。第一步，分开组织机构或不同业务工作；第二步，分开级别；第三步，分保管期限；第四步，审定调整案卷。

3. "三分一调"立卷方法的主要优点。这种立卷方法不仅贯彻了保持文件之间历史联系的立卷原则，照顾文件材料的不同保管价值，便于保管利用，而且简单明了，客观标准明确，比较容易理解和掌握。同时也符合文件形成的规律，容易同平时立卷结构结合起来，从而提高立卷工作效率，节省人力和时间。

（二）"四分四注意"立卷方法

1. "四分四注意"立卷方法的基本内容是：分年度，注意文件内容的针对时间；分级别，注意上下级之间文件的联系；分问题，注意问题的联系，结合运用文件的作者、名称、时间、地区和通讯者特征；分保管价值，注意保持问题的完整性。

2. "四分四注意"立卷方法的具体运用。"四分四注意"立卷方法，在具体运用中应视为一个有机的整体，每一"分"和对应的每一"注意"，表现为这个整体中的一个要素。立卷者既要把握住每一"分"与对应的每一"注意"之间的紧密联系，充分发挥这个立卷方法中每一要素的作用；又要把握住"四分四注意"整体之间的联系，以发挥要素与要素之间的作用。

3. "四分四注意"立卷方法的优越性。采用这种方法组成的案卷，符合文件材料形成的自然规律，能保持文件材料之间的历史联系；突出了以本单位的文件材料所形成的档案为重点，主次分明，有利于做好重点档案的保管工作；自然地保持了文件同档案在价值问题上的一致性，使立卷时判定文件的保管价值同立卷后划分案卷保管期限有机地结合起来，给保管期限的划分工作奠定了基础，为鉴定档案创造了条件；"四分四注意"立卷方法，通俗易懂，便于普及和运用。

（三）立"小卷"

1. 立"小卷"是针对以往立"大卷"相比较而言的。这是一些文书档案部门从实际工作需要出发，总结立卷工作的经验而采用的一种新的立卷方法。"小卷"就是采用软卷皮装订的薄卷。这是与以往普遍立的每页数在100以上、200左右的大卷相比较而言的。这里说的小卷，不受页数的约束，凡是一个问题、一次会议、一项工作、一起案件、一种活动形成的文件材料，都可以各自单独组成一卷，文件多时也可以组成数卷。立小卷能够很好地保持文件之间的历史联系，也便于保管和利用。

2. 立小卷的好处：第一，便于组卷，解决了立卷难的问题；第二，立小卷便于查找利用；第三，便于保密；第四，有利于档案的鉴定工作，便于今后对以卷为单位进行鉴定。

（四）按文件编号立卷

按文件编号立卷，是按文件分年度编号的先后顺序进行立卷。具体地讲，就是将本机关的文件，按编号的形式与字号不同分开，再按照每种文件的编号先后顺序进行组卷。这种方法，比较适合于对口的上级机关的来文和中小型机关本身形成的文件。机关本身的文件，也可以采用这种方法进行立卷。对没有编文件号而需要立卷的文件，也可以先按级别分开，然后再按发文时间的先后进行立卷。

◇ 文书立卷的步骤

文书立卷的步骤是指将一个机关在一定时间内的若干文件按照立卷的方法和要求立成案卷，并达到便于管理、查找利用的一系列工作程序，因此，也可以叫做立卷的程序。立卷的步骤，是按照立卷工作的先后次序进行的，不能先后颠倒。

第一步：将处理完毕的文件集中在一起；

第二步：拟分类大纲或立卷类目；

第三步：按照立卷类目（分类表）和立卷归档范围将文件一一归入到相应的类别；

第四步，在进行第三步工作的同时，将不需立卷归档的文件剔除另放一处，妥善保管；

第五步，再次分卷；

第六步，对夹入卷夹的各个文件集合体，在小纸条上拟出一个能够比较确切反映卷内文件内容及其特点的标题，即案卷标题。

第七步，卷内文件排列；

第八步，编页码；

第九步，填写卷内文件目标和备考表；

第十步，拆除文件上的金属物；

第十一步：确定保管期限；

第十二步，案卷排列；

第十三步，编案卷号；

第十四步，填写案卷封面和卷脊。

第十五步，填写（编制、登记）案卷目录。

能力训练

一、基本训练

训练一：从你所在市的市政府网和教育网上下载 30 份公文材料，根据文件的特征分类，立卷归档。相关表格如表 5-13～表 5-15 所示。

表 5-13 卷内目录表

顺序号	作者	发文号	标题	文件日期	所在账号	备注

表 5-14 卷内备考表

本卷情况说明：
立卷人： 检查人： 立卷时间：

表 5-15 案卷封面

	全宗号	
	目录号	
	案卷号	

机 关 名 称

组织机构或类别名称

案卷标题

自 年 月 日起 至 年 月 日 止

卷内共 页 保管期限

建议：首先可分组，尽可能多地收集文件，汇总所收材料，然后再填写表格。可按如下步骤归档整理：调整立卷、拟写案卷标题、卷内文件的排列编号、填写卷内目录与备考表、填写案卷封皮与装订。在分组讨论的过程中，组长要做好记录工作。

训练二：以班级为单位，到学校档案室借出若干案卷，根据案卷的特征填写如下"案卷目录"，如表 5-16 所示。

表 5-16　案卷目录

顺序号	案卷标题	起止日期	张数	保管期限	备注

建议：拟写案卷目录表。这项工作最好在文秘档案模拟室进行，设立组长，清点所借档案，按时归还档案。

二、案例分析

案例 1

如何立卷组档

A 市人民政府的秘书小丁，在平时的立卷归档工作中，经常会碰到这样一些办理完毕的文件：本机关的请示与上级机关的批复，下级机关的请示与本机关的批复，本机关和相关单位针对某一事宜的函和复函，若干次大型会议之后形成的文件……如何才能保持文件之间的联系？

思考题：

小丁应当按哪些方法对这些文件进行立卷组档？

案例 2

"过时"文件的处理

刘某，某机关文书处处长。在平时的交往中，刘某得到了一位女港商的垂青，在刘某看来这是一件正常不过的事情，丝毫没有意识到艳遇后面所隐藏的一桩骗局。一天，刘某违反规定将女港商带到办公室，将刘某办公桌上放着本该由秘书及时归档的文件，全部装进了随身携带着的小包。事发后，刘某自然受到了法律的严惩。看守所里，刘某懊悔地对前去采访的记者说："谁会想到她会对那些'过时'的文件感兴趣呢？"

思考题：

1）刘某错在哪里？

2）应该如何正确的处理文件？

案例 3

误销档案的教训

某机关秘书王×，在临时负责本局办公室工作期间，为了给新购进的复印纸腾出存放地点，在既未请求局领导，又未亲自查看的情况下，擅自批准工作人员将1957～1969 年期间形成的档案从柜中搬出，装入麻袋堆放在机要室，后因办公室调整又转放到油印室。此后，在长达半年多的时间里，王×既没有安排档案管理人员去整理、保管这部分档案，又没过问这批档案的下落，使得最终被人误认为是油印室无用的废纸予以销毁。事发后，王×作了深刻检查，并被行政警告处分。

思考题：

1）王秘书的做法对吗？销毁文件的档案的要遵循哪些程序？

2）从这起误销档案事件中，应当吸取哪些教训？

三、能力拓展训练

训练一：到学校办公室收集本学期的各种文件，对其进行分类和确定保管期限。

建议：先进行分类，然后对这些文件的保存价值进行区分，并讨论确定这些文件的保管期限。

训练二：到当地档案馆（局）参观整理归档和案盒档案，学习填写案盒事项。

建议：分组参加学习，事后写出学习体会。

训练三：2008年2月，方天公司新来了文员小张，办公室主任让她整理2007年形成的文档资料。

1）方天公司2007年2月份的经理会议记录。

2）方天公司2008年销售计划。

3）××市工商局关于2007年年检工作的通知。

4）方天公司致香港凯福公司关于合作事宜的函。

5）方天公司2007年4月份的经理会议记录。

6）××市物价局关于物价检查的通知。

7）香港凯福公司关于合作事宜给方天公司的复函。

8）方天公司2007年6月份的经理会议记录。

9）方天公司与香港凯福公司的会议纪要。

10）方天公司2007年8月份的经理会议记录。

11）××市税务局关于税务自查的通知。

12）方天公司2007年销售工作总结。

实训要求：

1）按传统方法整理，对以上文件分别组合成3～4个案卷，并拟制案卷标题。

2）按现代方法整理，以上文件该有多少"件"，并制作一份《归档文件目录》

建议：本项目可选择学校模拟档案室、办公室或教室等场所进行，可以独立完成，也可以分组操作。

学习评估

作为将来的文书工作人员或办公室人员，通过上面的训练，你有什么收获和感想？

反思自己在训练过程中的表现，是否进一步地认识到文书管理工作的内容和程序，加强岗位意识，提高文书管理环节的操作技能。填写能力评价表（在符合的下面画"√"），如表5-17所示。

表5-17 能力评价表

学习目标		评价项目	小组评价			教师评价		
			好	较好	一般	好	较好	一般
专业知识	应知应会	文书管理的内容						
	理解和掌握	文书管理的环节、要求						
专业能力	1. 文书管理工作相互衔接的程序 2. 文书管理工作各环节的技能 3. 文档工作人员的职责	文书管理工作的阶段性和程序化						
		文书管理工作的日常管理						
		文书管理各环节的技能操作						
		做好办公室文档人员的工作						

完成任务后的反思：_____

小故事

一位档案员对文书部门提出的意见

多年的档案业务指导工作，使我深感要搞好档案工作，特别是档案室工作，非抓好文书工作不可。当前，文书工作中存在的问题，归纳起来有以下几个方面：

第一，一些文书（秘书）人员缺乏基本的文书知识，起草文件文种混乱，密级划分不准，格式不统一，用纸不规范，如用劣质材料书写重要文件等，致使形成的文件质量不高。

第二，一些文书人员对自己的职责范围不明确，如收发文件不登记，传阅、借阅文件不签字，办理文件不催办等，导致文件账目不清，运转迟缓，丢失现象严重，收集不齐全。

第三，一些文书人员和办公室领导人员，不了解文书处理工作的组织和程序，文件运转工作混乱，杂乱无章，不仅耽误时间，贻误工作，也造成了归档文件的混乱和重复。

第四，一些文书人员缺乏文书立卷的基本知识，立卷归档的案卷质量不高，保管期限划分不准。

第六章 信息管理

今天，我开始新的生活。

今天，我爬出满是失败创伤的老茧。

今天，我重新来到这个世界上，我出生在葡萄园中，园内的葡萄任人享用。

今天，我要从最高最密的藤上摘下智慧的果实，这葡萄藤是几代前的智者种下的。

今天，我要品尝葡萄的美味，还要吞下每一粒成功的种子，让新生命在我心中萌芽。我选择的道路充满机遇，也有辛酸与绝望。失败的同伴数不胜数，叠在一起，比金字塔还高。

然而，我不会像他们一样失败，因为我手中持有航海图，可以领我越过汹涌的大海，抵达梦想的彼岸。

失败不再是我奋斗的代价。它和痛苦都将从我的生命中消失。我不再像过去一样坦然接受它们。

我要在智慧的引领下，走出失败的阴影，步入富足、健康、快乐的乐园，这些都超出了我以往的梦想。我要是能长生不老，就可以学到一切，但我不能永生，所以，在有限的人生里，我必须学会忍耐的艺术，因为大自然的行为一向是从容不迫的。造物主创造树中之王橄榄树需要一百年的时间，而洋葱经过短短的九个星期就会枯老。我不留恋从前那种洋葱式的生活，我要成为万树之王——橄榄树，成为现实生活中最伟大的推销员。怎么可能？我既没有渊博的知识，又没有丰富的经验，况且，我曾一度跌入愚昧与自怜的深渊。但只有原则是持久的，而我现在正是拥有了这些原则。这些可以指引我走向成功的原则全写在这几张羊皮卷里。它教我如何避免失败，而不只是获得成功，因为成功更是一种精神状态。人们对于成功的定义，见仁见智，而失败却往往只有一种解释：失败就是一个人没能达到他的人生目标，不论这些目标是什么。

事实上，决定成败的重要因素之一是习惯。好习惯是开启成功的钥匙，坏习惯则是一扇向失败敞开的门。因此，我首先要做的是养成良好的习惯，全心全意去实践。小时候，我常会感情用事，长大成人了，我要用良好的习惯代替一时的冲动。我的自由意志屈服于多年养成的恶习，它们威胁着我的前途。我的行为受到品味、情感、偏见、欲望、爱、恐惧、环境和习惯的影响，其中最厉害的就是习惯。因此，如果我必须受习惯支配的话，那就让我受好习惯的支配。那些坏习惯必须戒除，我要在新的田地里播种好的种子。我要养成良好的习惯，全心全意去实践。这不是轻而易举的事情，要怎样才能做到呢？靠这些羊皮卷就能做到。因为每一卷里都写着一个原则，可以摒除一项坏习惯，换取一个好习惯，使人进步，走向成功。这也是自然法则之一，只有一种习惯才能抑制另一种习惯。

所以，为了走好我选择的道路，我必须养成的第一个习惯是：每张羊皮卷用三十天的时间阅读，然后再进入下一卷。清晨即起，默默诵读；午饭之后，再次默读；夜晚睡前，高声朗读。第二天的情形完全一样。这样重复三十天后，就可以打开下一卷了。每一卷都依照同样的方法读上三十天，久而久之，它们就成为一种习惯了。这些习惯有什么好处呢？这里隐含着人类成功的秘诀。当我每天重复这些话的时候，它们成了我精神活动的一部分，更重要的是，它们渗入我的心灵。那是个神秘的世界，永不静止，创造梦境，在不知不觉中影响我的行为。当这些羊皮卷上的文字，被我奇妙的心灵完全吸收之后，我每天都会充满活力地醒来。我从来没有这样精力充沛过。我更有活力，更有热情，要向世界挑战的欲望克服了一切恐惧与不安。在这个充满争斗和悲伤的世界里，我竟然比以前更快活。

最后，我会发现自己有了应付一切情况的办法。不久，这些办法就能运用自如。因为，任何方法，只要多练习，就会变得简单易行。经过多次重复，一种看似复杂的行为就变得轻而易举，施行起来，就会有无限的乐趣，有了乐趣，出于人之天性，我就更乐意常去实践。

于是，一种好的习惯便诞生了，习惯成为自然。既是一种好的习惯，也就是我的意愿。今天，我开始新的生活。我郑重地发誓，绝不让任何事情妨碍我新生命的成长。在阅读这些羊皮卷的时候，我绝不浪费一天的时间，因为时光一去不返，失去的日子是无法弥补的。我也绝不打破每天阅读的习惯。事实上，每天在这些新习惯上花费少许时间，相对于可能获得的快乐与成功而言，只是微不足道的代价。当我阅读羊皮卷中的字句时，绝不能因为文字的精炼而忽视内容的深沉。一瓶葡萄美酒需要千百颗果子酿制而成，果皮和渣子抛给小鸟。葡萄的智慧代代相传，有些被过滤，有些被淘汰，随风飘逝。只有纯正的真理才是永恒的。它们就精炼在我要阅读的文字中。我要依照指示，绝不浪费，种下成功的种子。今天，我的老茧化为尘埃。我在人群中昂首阔步，不会有人认出我来，因为我不再是过去的自己，我已拥有新的生命。

（选编自《羊皮卷》之一）

思想决定行为，行为决定习惯，习惯决定命运。我们性格的表现，也就是我们的思维习惯和行为习惯，正是这两种习惯决定了我们的命运。成功其实是很简单的。重复的行为就能形成习惯，良好的习惯就能通向成功，所以，成功也就是反复地去做简单的事情。从今天开始，就培养自己的良好习惯吧，你将会走向成功，拥抱幸福。

当今社会已进入信息时代，信息作为社会经济发展的重要资源之一，其作用已越来越被人们所重视。社会各级各类组织领导的决策，知识财富的创新都愈来愈依靠信息的收集与整合。秘书部门处于信息联络的集散地，通过沟通信息、整合信息，为领导决策提供可靠的依据。因此，信息工作已成为现代秘书工作的重要内容之一。

任务一

了解掌握秘书信息工作的基本知识

任务目标

1）了解信息的含义和秘书信息的重要性。
2）能准确把握秘书信息的特性，判断信息的真伪和重要程度。
3）有效增强秘书在从事信息工作时的信息敏感性。

任务描述

当今时代，信息已成为社会经济发展的三大支柱之一。在管理活动中，领导机关和领导者要作出正确的决策，就要依靠全面、准确、及时的信息。但领导者仅仅依靠自己亲手获得的信息，显然是远远不够的，必须依靠秘书部门提供大量有用的信息作为决策的依据，因此，信息工作已成为秘书的一项十分重要的工作。

任务分析

信息工作是现代秘书工作的重要内容之一。只有掌握了信息工作的基本知识，才能全面、准确、及时地了解信息，并用正确的方法去收集信息、整理信息以及传递和保存信息等，从而真正做好信息工作。

相关知识

一、信息的含义与特征

（一）信息的含义

现代意义上的信息一词是 20 世纪 80 年代初期，由于人类进入了大规模信息流的时代，国外信息学与信息论的兴起传入，才开始引起重视。目前，信息一词已经在各个领域，包括领导工作与秘书工作中被广泛应用，信息工作也成为秘书部门的一项经常的、重要的工作，提供信息是秘书部门的重要职能。在现代社会中，信息就是效率、就是质量、就是生命。

信息是客观世界中各种事物运动状态的最新反映，是客观事物之间的相互联系、相互作用的直接或间接的表征，也是经过传递再现客观事物的状态，它对人们认识世界、改造世界具有价值意义。

根据信息的定义，可以看出，信息的来源和范围极其广泛，一切事物都能生成信息，如自然信息、社会信息。本文所讲的信息是指人们掌握或接收的，能够再现客观事物状态和促进经济社会不断发展的信息。

秘书部门的信息工作不再仅仅限于编写、传送简报，而是含有全面管理领导机关的信息工作，包括收集、加工、传输、存储、反馈、开发增值等内容。这一发展，解决了以往领导人了解外部情况主要靠内参的薄弱环节，成为了领导人了解外部情况的主渠道，对于领导人正确决策，减少失误，发挥了基础性的参谋助手作用。

（二）秘书信息的特征

秘书信息除具有客观性、再生性、共享性、无限性、开发性、传储性等信息的一般特征外，还具有自身的特征。

1）针对性。信息作为一种资源，具有使用价值，即实用性。但同一条信息，对于不同的对象，会有不同的使用价值。有些信息对一个对象可能毫无用处，但对另外一个对象就是价值连城。因此，秘书信息工作必须有信息的针对性，才能保证秘书信息的质量。秘书信息针对性主要在于结合本部门、本单位业务，即信息的专业性；围绕领导工作中心，按照领导指示和意图进行；针对突出问题、专题问题开展信息工作。

2）时效性。信息的作用和价值会随着时间的推移而发生改变，这就要求秘书信息要有及时性和适时性。所谓及时性就是强调信息要保持新鲜度，排除迟到的或陈旧的信息；所谓适时性就是讲究提供信息要选择最佳时机，因为在一定时限内，人们对某种信息的需求最为迫切，这时信息的吸收率也最大，而在这之前，即使是有用的信息也往往得不到重视，在这之后，有用的信息则会变成无用的信息。

3）综合性。信息的综合并不是多种信息的堆砌拼凑，而是将多种有用的信息融合成一个有机整体，秘书只有提供这种有价值的综合信息，才能更好地为领导决策、拟订计划、制定措施。

4）经常性。在秘书的各项常规工作中，无论是文书工作、督办查办、信访调研等都需要经常注意信息的收集、整理和传递。

相关知识链接：信息的分类

从不同的角度，信息可以分为以下几类。

1. 按照信息源的性质分类

按照信息源的性质，信息可分为自然信息与社会信息两类。自然信息是指自然界无目的地、无意识地自发产生的，按照自然界自身的规律运动和变化着的，自发地传播的各种信息。社会信息是指人们有意识地发送和传播的，具有目的性的各种信息，如政治信息、经济信息、科技信息等。自然信息经过摄取、制作和传播，就可以转化为有目的的社会信息。如气象站摄取的天气变化的信息可以预防自然灾害。

2. 按照信息的表现形式分类

按照信息的表现形式，信息可分为语言信息（如领导的口头指示、电话等）、文字信息（如各类文件、报刊、书籍等）、数据信息（如各类报表、单据等）、图像信息（如图片、照片、视频等）。

3. 按照信息来源的方向分类

按照信息来源的方向，信息可分为横向信息、纵向信息、外部信息和内部信息。横向信息，它来自同级组织；纵向信息，它来自本单位的上级或下级单位；外部信息，它来自外单位；内部信息，指本组织系统内的信息。

4. 按照信息的稳定性分类

按照信息的稳定性，信息可分为静态信息和动态信息。静态信息，即固定的信息，如历史上的统计数据；动态信息，即不固定信息，如股票价格。

5. 按照信息存在或作用时间分类

按照信息存在或作用时间，信息可分为长时信息和短时信息。长时信息，即它形成于过去，目前正处于相对稳定状态，不会轻易改变或消失，并能对人们的行动产生持久的影响，如某地的风俗和饮食习惯；短时信息，它是处于一种时效性极强的信息，如果在一定的时间内没有被人们及时认识，就再也无法实现其价值，如市场信息等。

6. 按照信息对决策所起的作用和意义分类

（1）有用信息，是指对决策有价值、有意义的信息。

（2）虚假信息，是指无真实性、捏造、无中生有的信息，如果采用，对决策危害重大。

（3）歪曲信息，是指在实事的基础上，放大或缩小，但又不是太离谱，具有迷惑性，大多是为迎合领导心意的信息，因此，其危害性也很大。

（4）片面信息，是指真实但不全面的信息。一般认为只要真实，就有参考价值，但是，这种信息一旦采用，决策如有偏差，将会使全面工作陷入被动或造成不必要的损失。

（5）垃圾信息，是指毫无价值、毫无意义的信息。在电子邮箱中经常会收到垃圾邮件，唯一的办法，就是直接删除。

7. 按照秘书信息工作通常习惯分类

（1）综合信息，是指由若干或全体结合在一起的信息。

（2）专题信息，特指针对某人、某事、某物的信息。

（3）固定信息，是指相对稳定和变化不大的信息。

（4）流动信息，是指经常处于变动状态的信息。

（5）基本信息，是指能反映日常工作中基本情况的信息。

（6）派生信息，是指经过认得主观因素引发的信息。

（7）客观信息，是指由外部引进而滋生的信息。

（8）特殊信息，是指超出常规事件而由突发事件所反映的信息。

二、信息工作的基本要求

1. 真实准确

信息工作要准确无误，真实可靠。准确、真实是信息的生命，是信息的全部意义所在。在整个信息工作的过程中，秘书都要以高度的责任感，坚持实事求是的原则收集信息，要把主观倾向性与客观真实性相统一。如果信息失误，必然会给组织、单位或领导工作造成损失。因此，准确应是秘书收集信息的灵魂。

2. 迅速及时

信息的收集、处理、传递和反馈要及时迅速，讲究实效。信息的时效性决定了信息在实践中价值的高低。许多信息，都是得时而贵，失时而废，特别是经济信息，因此，秘书在处理信息的各个程序中，要有强烈地时间观念，快速及时处理各项信息，使信息能够保值增值。

3. 全面系统

信息的收集和处理要注意广泛性，要真实地反映事物各方面的情况，同时，信息的全面还在于收集处理的信息能形成系统，给领导参考时既能掌握事物的全貌，也能了解各方面相互独立的系统信息。

4. 切合适用

信息的收集和处理要有目的性和针对性。秘书信息工作必须注意研究不同行业、地区和组织层次，不同层次的领导者和服务对象对信息的需求，同时，也要考虑到任何领导者每个时期的工作都有其中心，都有其关注的"热点"和"难点"，因此，秘书人员提供信息要围绕领导工作的中心，使信息投向上有针对性，区别对待，做到切合适用。

三、秘书信息工作的作用

秘书部门的信息工作，主要是根据上级或领导的要求，了解情况、掌握动态、发现问题，然后进行筛选、整理、分析，为领导决策提供信息资料的依据。

1. 信息是秘书工作的基础

秘书的日常工作必须以信息为基础。起草文件的过程实际上是收集信息和加工信息的过程；办好各种公务，不仅要靠领会领导意图、发挥个人学识，还必须要有所参考和借鉴；在秘书工作中要做好调研、协调、督办、信访等工作都离不开信息的支持。因此，信息是秘书工作的基础。

2. 信息是辅助领导决策的依据

领导的主要职能是决策，而信息是进行科学决策的基础和依据。不论是决策前期的预测，还是决策中的选择决策方案，以及决策后对原决策进行的评估、控制和调整，掌握反馈情况，都是信息的处理工作，因此，决策的过程其实也是一个信息的处理过程，没有信息，任何决策都将是无源之水、无本之木。

3. 信息是秘书工作创新发展的先导

现代社会是信息社会，信息已成为所有部门、单位乃至个人必须要掌握的内容，信息可以转化为财富和生产力，信息的采集、分析处理、情报编制等工作将专门化，这就要求现代秘书要进一步提高对信息的整合程度和力度，使整合的信息成为组织战略发展的重要资源，这也是秘书工作创新所在。同时，信息工作的不断加强，将使秘书改变以往那种按部就班、机械常规的工作作风，将使其以信息为轴心，不断改革和创新办公的方式和方法，提高办公效率。

相关知识链接：信息采用率问题

这是衡量秘书信息工作成效的重要指标。为提高信息采用率，在信息工作中要从以下方面考虑。

1. 突出亮点信息。所谓亮点，就是在本地本单位全局中的闪光点，容易引起关注及起主导作用的信息。

2. 突出问题类信息。对于既与中心工作密切相关，又超前于中心工作的社会关注性问题、突发问题、关系到人们切身利益的问题，各级领导都比较重视，因此，采用的可能性比较大，信息的价值也极易得到体现。

3. 突出事件"第一"发生的信息。所谓事件第一发生信息是指在某一行业、某一地区乃至全国范围内首次发生的信息。它是新生事物，因此具有较强的生命力。

4. 突出事物"全部"发生的信息。所谓事物"全部"发生的信息是指一个行业、一个地区乃至全国范围内上级主管部门下达给下级的各项任务，如生产任务、工程建设等全部完成的信息。此类信息也是各级领导十分关注的信息，往往会给领导一个对事物的全貌的认识。此类信息被采用的可能性也很大。

能力训练

一、基本训练

训练一：结合社会现实，谈谈你对信息的认识。

建议：从你的所见所感出发，可以谈谈信息发展变化的历史沿革、信息的重要性或信息的一般特征，也可以谈谈信息伦理、信息法规或者信息的发展趋势。

训练二：区分秘书信息与普通信息的不同，并总结出秘书信息的特征。

建议：请你先将自己想到的秘书信息与普通信息的区别之处列举在练习本上，然后与同学进行讨论或辩论，讨论或辩论中将你认为正确的地方记录下来，最后对原来认识到的区别之处进行修改，总结出秘书信息的特征。

训练三：结合所学知识，你认为秘书信息在秘书工作中能够发挥哪些作用？

建议：不必拘泥于课本知识，以自己的方式为秘书信息制作出一份功效说明书。

训练四：如果你是一名公司总经理的秘书，你将如何开展本公司的信息工作。

建议：几名同学分为一组，你参与到其中一组，每组中一人以秘书身份作答，其他同学以总经理身份作为评委，对秘书的信息工作计划和安排打分，组中各位同学交替进行，最后评选出优胜者与其他组的同学竞赛，最后评选出最佳信息秘书。

二、案例分析

案例 1

秘书小方已经来公司上班三个月了，她性格外向，积极乐观，说话俏皮幽默，并且多才多艺，很受大家喜爱。但她一直忙于文字和事务工作，当公司经理找她询问公司各部门最近的工作情况时，她却一问三不知，无从谈起。

思考题：

1）你认为小方工作上存在什么样的失误？

2）你认为小方在将来的工作中应该怎样改进自己？

案例 2

现代秘书工作的新特点之一，就是力求工作手段现代化。在计算机日益普及的高科技的今天，电子技术传递信息、存储信息正在逐渐成为主流。信息处理在实现电子化管理的基础上，逐步实现了计算机处理信息网络化，它将大大加强信息的传递和利用速度。所以，这在客观上便对秘书工作人员提出了这样的要求：必须掌握现代办公操作技能，特别是现代化的信息传递手段，否则，将无法适应高科技、现代化的新形势要求，无法适应市场经济发展的需要，无法做一名称职的现代秘书工作者。

思考题：

1）电子信息技术的出现改变了世界，你认为它同时对秘书信息工作带来了哪些改变？

2）在利用计算机和国际互联网从事秘书信息工作方面，你有哪些优势和劣势？在将来的学习、工作中你将如何提高自己这方面的能力？

案例 3

在现实工作中，一方面，领导需要秘书"解围"，使领导从琐事中解放出来，解决信息"多"的问题；另一方面，领导又急需秘书提供与决策问题直接相关的高质量的"对路信息"，能以最快捷的方式提供服务,解决信息"少"的问题。因此，秘书必须在两难处境之中巧妙地发挥自己的职能。要解决这样的处境，秘书不但要学会运用收集、处理、利用及其反馈信息的知识，更重要的还要学会发挥组织的作用，要有宏观的思考、统筹能力和信息管理的能力。随着领导信息需求的变化，秘书素质的培养将进入一个新的层次，秘书知识与能力结构将发生很大的变化，秘书的信息服务也将从指导思想上、服务方式上以及途径、方法的选择上实现其根本的转变。

一、从被动性服务向主动性服务转变。随着办公自动化的日益普及，机器越来越多地代替了原来需由秘书完成的琐碎的工作，秘书智商性的服务将成为秘书职业的主要内涵。信息社会领导决策需求的主要是秘书的"智力投资"。认识到时代需求的这种变化，是秘书人员排解被动性服务羁绊的突破口。秘书是领导活动不断发展中的产物。秘书人员作为管理人员中的特殊的一个群体，它的一个显著职能就是为领导工作服务。因此，秘书信息服务的主动性首先表现在要主动认识领导活动的全过程，了解领导环境、领导体制、领导行为、领导风格，把握领导工作的规律。其次，表现在秘书人员主动熟悉计划、组织、指挥、协调与控制等管理职能，从更广阔的领域、更深的层面上理解如何在办文、办会、机关管理事务中提供优质信息服务。这种转变，涉及指导思想和观念的转变。

二、从盲目性向目标性转变。信息社会，信息既是财富，又是"杀手"。秘书提供信息的目的是辅助领导者决策。盲目的提供信息，不仅不容易引起领导的重视，不被领导采纳，而且还增加了领导者的负担，转移了领导者的注意力。从管理效率的高度来看，这非但不是在进行信息服务，而是在制造"信息垃圾"，造成人力、物力、财力以及时间上的浪费。造成盲目性信息服务的一个重要原因，是秘书缺乏对领导决策信息需求的全面分析。领导决策信息需求分析，是秘书信息服务的起点。秘书既要从宏观上了解本年代、本行业领导决策需求变化的总趋势，又要从微观上掌握本单位领导决策需求的特点。我们总是讲要为领导提供"对路信息"，能否"对路"，这就需要秘书做到：其一，争取从领导那里准确得到信息需求，或由领导授意，或由秘书主动与领导沟通，了解领导"决策的问题是什么？""现在遇到什么困难？""需要了解哪方面的信息？"等。其二，主动从办会、办文、对上级与下级信息的综合中，揣摩领导应决策的项目以及决策棘手之处，把握领导的信息需求范围、深度及其特点。其三，密切注视环境的变化，了解社会以及本部门的发展趋势，预测哪些问题将成为以后领导决策的主要问题以及解决该问题所需要的信息支持。秘书不仅本人、本部门需要掌握领导决策的信息需求，还应用各种形式，在领导许可的前提下，将此信息传递到各个内部或相关的外部信息机构，使其能针对领导的需求，有效地进行信息供给。如果秘书能在领导决策的"需"与"求"之间筑起这样的一座桥梁，就从根本上减少了信息干扰，增加了信息服务的效能，起到了对领导工作的辅助作用。

三、从单一性向综合性转变。首先，秘书人员要会做综合信息的工作，有能力把握单个信息在整体信息中的地位和作用，当更多的信息通过各个系统，被逐渐汇集之后，要能从这些大量的信息中准确判断哪些是重要的；哪些是紧急的；哪些虽然是紧急的但并不是重要的等，以决定选择与其相适应的向领导传递的方式。其次，秘书人员应充当各信息系统之间的枢纽，并有效地加强各个系统之间的联系，发挥网络效应。协调各系统的工作，将是现代秘书信息服务中一项重要的工作内容。秘书必须对本单位以及社会各信息系统有一个整体上的把握。一旦明确了领导决策所需要的信息，就能敏锐地反映出该信息应由哪个系统运作更快捷；各个系统可以从哪些不同的角度快速索取信息；它们各自能承担的任务是什么等。这时，秘书既可以建议领导统一安排，又可以经授权由秘书部门或秘书本人来承担信息管理的统筹工作。这种有效地运用组织、利用秘书职位的特点，做好信息协调的工作方式，避免了领导急于"需要的信息上不来"，而各信息系统又抱怨"领导需要什么信息搞不清"相互脱节的现象，使每次对领导决策的信息服务，进入一个良性的循环。

四、从缓慢性向快捷性转变。快捷性包含两层含义：一是要讲究信息服务的时效性，要"快"；二是要力求选择最短的搜索和利用信息的途径，要找"捷"径。秘书人员要做到快捷的信息服务，可从以下两个方面努力。第一，了解信息检索的快速发展，准确地选择信息渠道。秘书人员在平时的办文、办会中要注意本人或本部门信息检索的建立，不为查找信息占据不必要的时间。另外，秘书要对本单位、国内乃至国外的信息检索、信息渠道、信息机构有基本的了解，以便在领导决策需要某项信息的时候，快捷地搜集和利用信息。第二，要了解本系统或社会信息系统的便利服务。信息社会，信息机构蓬勃发展，信息服务越来越好，服务的优惠也越来越多，秘书人员要学会利用这些现成的条件，解决本单位因设备不足引起的信息服务效率低下等问题，并在信息服务中体现"多头操作"、"快出结果"，以适应领导决策千头万绪的要求。

五、从常规性向创新性转变。秘书的创新性信息服务表现在：首先，秘书人员应关注层出不穷的新技术、新设备，及早地了解其用途，为快捷、周到的信息服务提前做好知识上和技术上的准备。其次，秘书人员在掌握专业理论的基础上，应广泛地涉猎现代管理各个学科的知识，对信息管理程序、方法、手段提出新的建议，促其革新，对领导决策的问题能提供新的角度、新的思维、新的方案，辅助决策。最后，秘书应在信息服务的规律上勇于做出创新性的探索。时代的发展，决定了领导决策需求的变化，也决定了秘书信息服务的变化。信息服务的这种动态的发展，使秘书素质的提高迫在眉睫。信息时代需要智能型的信息服务，只有复合型秘书人才，才能适应社会的需求。

思考题：

1）文种的"五个转变"给你带来了哪些启示？

2）就了解的情况来说，你认为目前社会上的秘书信息工作还存在哪些不足之处？

3）你如果从事秘书信息工作能够做到以上哪几点？不足之处将如何改进？

三、能力拓展训练

训练一：秘书在日常工作中，信息工作十分繁杂，信息量很大，非常容易出现不准确的信息，你如何避免不准确信息的出现和传播。

建议：一是从养成良好的工作习惯做起，做事认真仔细，做到自己经手的信息不出现错误和遗漏；二是根据信息的可信度等级对信息进行对比、分析，确定正确的信息；三是发现错误要立即纠正，尽最大可能挽回损失，切勿掩盖真实信息，造成较大破坏或损失。

训练二：秘书部门的信息工作，最基本的任务是按照领导的要求，了解情况、掌握动态、发现问题，秘书常常被淹没在瞬息万变的信息"海洋"里苦苦挣扎，你认为如何摆脱秘书在信息工作中的被动局面？

建议：把握工作大局，有条理、有目标、有计划、分步骤地去开展工作。

训练三：通过对秘书基本知识的学习，你如何制订下一步的学习计划？

建议：从下一步的学习内容出发，制订出包含信息收集、信息整理、信息传递、信息储存等方面的学习计划，并包含实践练习。

学习评估

通过对秘书信息基本知识的学习和上述能力的训练，你有哪些收获和感想？反思自己在学习和训练过程中的表现，进一步地认识自我、提高技能。填写能力评价表（在符合的下面画"√"），如表6-1所示。

表6-1　能力评价表

学习目标	评价项目	小组评价			教师评价		
		好	较好	一般	好	较好	一般
专业能力	1. 能根据实际情况判断信息的真伪和重要程度						
	2. 能够按照信息工作的要求熟练从事信息工作						
	3. 在开展信息工作的过程中，能注重细节，多方面思考问题						
知识目标	1. 了解信息的含义和秘书信息的重要性						
	2. 掌握秘书信息工作的特性						
通用能力	组织能力						
	沟通能力						
	解决问题能力						
	自我管理能力						
	创新能力						
学习态度	认真学习						
	团结合作						

完成任务后的反思：＿＿＿＿＿＿＿＿＿＿＿＿＿＿＿＿＿＿＿＿＿＿＿＿

名人名言

我有一个简单而又强烈的信念。将您的公司和您的竞争对手区别开来的最有意义的方法，以及使您的公司领先于众多公司的最好方法，就是利用信息来干最好的工作。

——比尔·盖茨

任务二

信息的收集

任务目标

1）明确秘书信息收集的内容。
2）掌握秘书信息收集的渠道。
3）能够灵活应用各种方法收集信息。

任务描述

作为一名秘书，要做好信息工作，首先要做的是信息收集。日常工作和生活中，各种各样、纷繁芜杂的信息充斥在我们周围，有的与我们研究、决策的主题有关，有的则无关。因此，我们要把与我们研究、决策主题有关的信息进行挑选、汇总，即进行信息收集工作。

任务分析

信息收集是信息工作的基础。要做好信息收集，就要对欲收集信息的内容、范畴有准确、全面的了解，并掌握信息收集的各种方法和渠道，能够灵活应用各种方法，多渠道、全方位地收集信息。

相关知识

信息的收集是信息收集者为满足使用者的需要，根据一定的目的，通过不同的方式收集、获取信息的过程。信息收集是信息工作的第一步，也是信息整理的基础和前提。

一、信息收集的内容

由于秘书信息工作是服务于领导决策和全部指挥管理工作的，因此，秘书收集信息内容广泛，主要包括以下几个方面。

1）现行资料信息。各种相关的政策法规信息、本行业、本系统的主管上级和有关部门的命令、指示、规定、计划等。这是组织决策、规划的法律、政策依据。

2）历史资料信息。为保持工作的连续性，秘书要对以往施行的法令、政策、决议、规定等进行系统的积累。同时，本组织或本系统、本地区的编史修志、大事记等也属于历史资料信息。

3）组织内部系统信息。本单位以及下属单位的实际情况，包括静态信息，即各类基础材料、统计数据等；动态信息，即变动的新情况、新问题、新经验等。

4）组织外部系统信息。包括平行的单位情况，这具有比较意义；从宏观层面来看，掌握其他系统组织的信息，有利于树立全局意识。

5）社会信息。包括社会动态、时尚习俗、群众情绪、自然灾害等。

6）科技信息。科技发展日新月异，一项重大科技成果有时也可以引起一场技术革命和管理革命，可以成倍地提高生产效率。作为组织领导应该密切关注。

7）市场信息。对于市场的经营管理者来说，市场信息是至关重要的，只有掌握自身所需的市场信息，才能在激烈的市场竞争中立于不败之地；同时也要记得，市场形势瞬息万变，掌握可靠的市场信息后，要果断决策并付诸行动，否则就会错失良机。

二、信息收集的渠道

1）文书渠道。文书是信息的重要载体，大量的信息通过文书的形式进行传递。秘书人员可利用所处的岗位和条件，在办文过程中，获取有价值的信息。

2）网络渠道。随着计算机互联网的建立和飞速发展，各级各类组织利用纵横交错的网络系统获取信息将是信息收集的新途径，秘书人员应充分发挥网络优势，做好网络信息工作。

3）书刊渠道。秘书人员利用书籍、报纸、杂志等可以及时了解情况，摘录适用信息。

4）会议渠道。会议是有组织的聚众活动，是广泛交流信息的重要方式。

5）调研渠道。调查研究是秘书部门的一项重要工作。通过调研，秘书不但可以获得大量的原始信息，还可以挖掘潜在的信息和深层次的信息。

6）信访渠道。秘书在办理商务来信、接待商务来访的过程中，要善于体察，从中发现重要信息，及时向领导反映。

7）档案渠道。秘书可以从档案中获取有价值的历史信息。

8）委托渠道。秘书可以通过有偿的方式让专业部门代为收集信息。

三、信息收集的方法

1）观察法。观察法是指通过现场的观察来收集公关信息的方法。这种方法大多是在观察对象没有任何觉察的情况下进行的，因此较为真实。但是观察法的缺点是只能了解被观察对象的行为活动，而不能看出被观察对象的内心世界，显得不够深入。

2）询问法。询问法是指信息收集者通过提问请对方作答来获取信息。按其所采用的方式和手段，可分为面谈询访、书信询访、电话询访、视频询访等。一般来说，收集简单的时间性强的信息，以电话询访为好；收集涉及面广、深度要求较高的信息则以面谈询访为好；涉及不便当面交谈的内容和信息，则以书面询访为宜。

3）问卷法。问卷法是指由收集者向被收集对象提供问卷并请其回答问卷中的问题而收集公关信息的一种方法。这种方法的优点是可以节省时间、财力和人力；具有较好的匿名性；所得的信息资源便于定量处理和分析；可以避免信息收集者的主观偏见。其缺点是回收率难以保证；被调查者必须具有一定的文化水平。

4）量表法。量表法是指运用测量量表来收集公关信息的一种方法。

5）购买法。购买法是指花费一定的费用或代价，通过购买有关信息载体而收集公关信息的方法。

6）检索法。检索法是指利用信息资料检索工具从现成的信息资料中检查有关信息资料的方法。检索法根据检索工具不同，可分为手工检索和计算机检索两类。通过这些检索工具，有的可以从中查找到有关所需的具体信息，有的可以从中检索到获取有关信息的线索，从而进一步查找到具体信息。在检索过程中，检索者可以将存入系统的各种信息与检索提问按一定的规则进行"匹配查找"，以检索到自己所需的信息或获得信息的线索。

7）交换法。交换法也叫信息资源共享，是指组织的公关信息部门以拥有的资料、样品等与有关合作单位进行相应的信息或物质交换，从交换得来的资料、样品等信息载体中获取所需信息的一种方法。近些年来，有不少党政机关和企事业单位，都相继设立了专门的信息机构，如省委办公厅信息处、市政府办公厅信息科、公司企业内设的秘书信息中心等部门，以此为基础形成了纵横交错的信息网络系统，这些部门部分的信息交换或共享，既加快了信息传输的速度，也减少了在信息收集过程中人力、物力和财力的重复消耗。

8）代办法。通过委托的渠道，找专门的信息收集或情报机构为本单位、本部门代为收集所需信息的一种方法。

能力训练

一、基本训练

训练一：通过网络渠道，搜索有关文秘招聘的信息。

建议：结合自身的特点和能力，选取三个适合自己的单位进行比较分析，比较分析的基础是通过各种渠道了解这三家单位的业务范围、经营规模、人才队伍、发展前景等，选取一家你最中意的单位，这对于你将来走上好的工作岗位或许会有很大帮助。

训练二：查阅自己的考试成绩记录，获取自己的成绩信息。

建议：看看自己的成绩记录如何，是让你感到自豪还是羞愧？重要的是，不要对过去的事情斤斤计较，而是从现在开始，努力完善自己，你一定会成功。

训练三：通过问卷法或询问法对班级内的同学每月或每周的上网时间、上网次数、消费金额、短信发送数量等情况进行调研。

建议：根据自己的兴趣选择调研内容，并根据调研内容合理选用信息收集的方法，根据调研情况，客观公正地记录结果，对结果进行认真分析，并对出现的反常情况提出自己的合理化建议。

二、案例分析

案例

某市一家工厂，由于老产品没有市场竞争力，造成产品积压，资金亏欠，工厂濒临倒闭。2008 年年初，这家工厂的生产科长听说一种新产品有发展前途，就提出转产该产品的建议。为此，厂长专门召开了办公会议，对转产问题作初步讨论。可是会上却引来与会者的一连串提问：新产品经过可行性论证没有？市场预测是怎么说的？是否属于专利产品？投产后几年能扭亏为盈？面对这一连串问号，生产科长一时无语，会议决定暂缓转产。

厂长办公室秘书小林，虽然只有中专文化程度，但却有股钻劲儿，在征得厂长的同意后，根据《市场信息报》的信息，向某大学技术开发公司发去了电子邮件，请求给予技术咨询，并汇去 1000 元作为咨询费。该公司接到邮件后，即安排一名技术人员，加班加点，为工厂查阅了国内外有关资料和专利，并复制成册寄到该厂，生产科长如获至宝，在厂长办公会上，向与会人员详细汇报了该产品的性能和发展前景，并提供了某大学技术开发公司查阅的有关资料。会议经过讨论，同意转产。转产新产品后，该厂以年创收逾千万的利润，引起了省内同行的注意。秘书小林也受到了厂长的表扬。

思考题：

1）小林通过什么渠道获取了所需的信息？

2）本案中，小林的哪些做法值得学习？

3）信息是一种重要的资源。作为秘书人员要做好信息工作，平时就应随时关注市场信息，养成收集信息的工作习惯。像小林那样，善于开发信息资源，才能在关键时刻，正确运用有价值的信息，为领导的决策服务。你将如何养成良好的收集信息的习惯？

三、能力拓展训练

训练一：选取某一国家或地区，通过报刊书籍查阅、互联网搜索等方式，收集有关时尚风尚、饮食习惯、文化特质等社会信息。

建议：社会文化氛围是市场经济消费的影响和制约因素，注意社会信息下隐藏的经济消费信息。

训练二：召开一次班级专题会议，收集同学们对某一问题的态度、意见、观点等信息。

建议：以班级为单位，召开关于是否开展某项活动的班级讨论会，根据会场情况，记录大家赞成或反对的情况，并记录大家支持或反对的理由。最后，整理出一份有关的信息报告。

训练三：做好信息收集工作是从事秘书信息工作的第一步，如何提高信息意识，增强信息收集的积极性和创造性，养成良好的信息工作习惯对整个秘书信息工作至关重要。你如何提高自身的信息意识？

建议：加强对所收集信息的利用和开发，是提高信息意识的关键，只有使收集到的信息发挥作用和潜能，才能激发自身收集信息的主动性和创造性。

学习评估

通过对信息收集知识的学习和上述能力的训练，你有哪些收获和感想？反思自己在学习和训练过程中的表现，进一步地丰富知识、提高技能。填写能力评价表（在符合的下面画"√"），如表 6-2 所示。

表 6-2　能力评价表

学习目标	评价项目	小组评价			教师评价		
		好	较好	一般	好	较好	一般
专业能力	1. 收集的信息内容要准确、全面						
	2. 能够利用各种渠道、全方位地收集所需的信息						
	3. 具有较强的信息收集意识，能够灵活应用各种方法收集所需的信息						
知识目标	1. 明确秘书信息收集的内容						
	2. 掌握信息收集的方法和渠道						
通用能力	组织能力						
	沟通能力						
	解决问题能力						
	自我管理能力						
	创新能力						
职业态度	主动服务、周到细致						
	自我形象良好						

完成任务后的反思：＿＿＿＿＿＿＿＿＿＿＿＿＿＿＿＿＿＿＿＿＿＿＿＿＿

您怎样收集、管理和使用信息将决定您的输赢。竞争者多了，关于他们和市场的信息也更多了，而市场现在是全球性的。胜者将会是这样的人，他们开发了世界一流的数字神经系统，因此信息会通畅地在他们的公司里流通，让员工最大限度地、持续地获取信息。

——比尔·盖茨

小阿尔弗雷德·P. 斯洛恩曾经管理过通用汽车公司，他认识到，如果一家企业不从其内部员工那里收集信息，集思广益，它就不可能制订出宏观的战略计划和进行正确的商业投机。

——比尔·盖茨

任务三

信息的整理

任务目标

1）掌握信息筛选的要求和原则。
2）能够对筛选出的信息进行有效加工。
3）能够对加工过的信息进行正确编写。

任务描述

安妮在一家著名外企公司当秘书。最近，公司针对客户进行了有关本公司产品，服务意见与建议的调研，现公司领导要求安妮对已收集到的调研信息进行整理，并撰写一份调研报告。安妮如何对已收集到的大量繁杂信息进行整理呢？

任务分析

收集到的信息往往内容繁杂、真伪难辨，所以要对收集到的大量原始信息进行筛选、分类、校核、编写等加工处理，使其变成可以利用的信息。首先，要筛选出准确的、有价值的信息，并对其进行细致的分类，然后进行综合分析，并进行合理的加工、编排，最后对加工过的信息进行编写。

相关知识

信息的整理是对收集到的大量原始信息，在数量上加以浓缩，在质量上加以提高，在形式上给予表现，使之便于传递、利用和存储的过程。信息的整理是整个信息工作的核心。

一、信息的筛选

筛选是对内容的初步鉴别，其目的是让领导用最少的时间获得最大量的优质信息。

1）剔除无用信息和不当信息。指从四面八方得到的大量而繁杂的信息中，剔除虚假信息、失效信息和无效信息，从中挑选出有价值的信息。如各种文件中蕴含着大量的信息，但由于时代的推移和社会的变化，更由于文件本身有一定的时间性，使一些文件在使用一段时间后失效，故秘书人员应先弄清楚文件是否失效，再决定是否引用。

2）挑选有价值的信息。有价值的信息包括全局性信息，主要反映上级或近期工作的指导思想和中心工作等重大信息；突发信息，指已经发生或即将发生的，并且关系到本组织的安全和利益的情况；方向性信息，指组织建设和发展中带有方向性的新情况、新经验、新问题；反馈信息，指决策实施过程中的落实情况；预测信息，指能预见未来变化趋势的超前信息。

相关知识链接：信息筛选的六项原则

权威性原则，是指信源具有权威性，例如，权威学者、权威学术期刊、政府官方网站。

多重信道可重复性原则，指多重信道传输着相同的信息，例如，不同学科多位权威学者各自独立测试，获得同样的信息，就具有多重信度。

时效性原则，是指信息发布的时间效度，如权威信源针对同一问题，最近发布的信息比以往所发布的信息信度更高。

逻辑性原则，是指从已知事实出发，利用比较与分类、分析与综合、抽象与概括、归纳与演绎等逻辑方法，得出合理的结论。

实证性原则，是指一切结论都要由现场查勘或科学实验来提供确凿的证据。

代表性原则，是指有些个体不具有某一特征，不代表所有的其他个体不具有这一特征。

这六项原则，在信息筛选时，有些必须具备，有些可不同时具备。

二、信息加工

信息加工就是对筛选出来的信息进行提炼，使其具有较高的质量。信息加工能力是秘书人员必备的能力，也是区别事务型与开拓型秘书的主要界限。

1）充实内容，就是对零碎、肤浅、杂乱而有用的信息，弄清楚它的性质、范围、意义和发展趋势，充实、丰富它的内容，使之成为完整、深刻和系统的信息。

2）综合分析，就是对获得的信息，从总体上进行系统的归纳、分类，作定性、定量分析和判断，通过综合分析，往往能发现带有规律性的变化和倾向性的问题，对领导掌握全局情况、预测未来有重要参考价值。

3）提出意见，就是在综合分析的基础上，提出相应的处理意见，以供领导参考。

但要注意，信息无论如何加工都不能浓缩、整理得过度，使人无法认识事物的真相。因为隐藏或歪曲事物真相的信息是没有价值的。

三、信息编写

信息编写就是用书面的形式对信息进行有序化处理，是信息整理的最后步骤，又是信息传递的前提，它对信息的质量和使用价值起着关键作用。

1）转换法，即将原始信息资料中的不易理解的数据，通过找到具有可比性且通俗易懂的转换对象，转换成容易理解的数字，这样编写的信息形象、给人印象深刻。

2）对比法，即用比较的方法强烈地反映出事物变化的特征。其可以分为：纵向比较，就是将某一事物自身发展变化的今昔对比；横向比较，就是某一事物的某一阶段发展状况与同类事物同阶段状况进行比较。

3）图表法，即将原始信息资料中的数据制成图表，使人一目了然，便于利用和传递。

在信息编写中还要注意根据不同需要者的不同要求有所变化，同时，编写后，要把好文印关，要形成文字审定制度，文字不能有差错，否则信息工作将前功尽弃。

相关知识链接：信息标题的编制技巧

信息标题是信息的"眼睛"，好的信息标题是思想性和艺术性的高度统一，看后使人耳目一新，引发读者进一步阅读的兴趣。编制好的信息标题是秘书信息工作水平的直接体现。

1. 信息标题的基本要求

拟好的信息标题具备以下情况之一的，便可称为好标题。即一是能概括全文、紧扣主题；二是能繁言简出、一目了然；三是能寓意深刻、通俗易懂；四是能定性、定量准确，用字、用词准确。

2. 信息标题的编制技巧

一是突出精粹，选取信息中最新鲜的内容、最具特色的精粹部分作为标题，能显示出信息的精神或风采；

二是新颖别致，即要克服平淡化、普通化。用结论性的观点或用生动形象的比喻，这样才能制作出感动人、吸引人的标题，增强信息的可读性；

三是巧用数字，因为数字有很强的触动力、概括力、说服力，能启发人思考问题，产生很好的阅读效果。

能力训练

一、基本训练

训练：将自己筛选出的信息根据信息的内容运用正确的编写方法对信息进行编写。

建议：编写信息时将有关内容进行转换、比较，使抽象的文字转化为直观的图表、对比图、数据等，增强信息的可读性。

二、案例分析

案例 1

信息筛选案例：世界濒临灭绝的生物物种的数量

新华网 2002.3.21 报道"世界濒临灭绝的生物物种类有 4 万多种"；人民教育出版社网 2002.12.30 报道"世界濒临灭绝的生物种类有 1.1 万种"。

上网收集的部分信息，如表 6-3 所示。

表 6-3　上网收集的部分信息

信源	信息	信道	信度
科学家统计	全世界有 9400 多种动植物正濒临灭绝	http://www.oursci.org/ency/geo/008.htm 世纪发现 2000.06	信息可靠
植物学家	全世界生存受威胁的植物物种占所有植物种类的比率可能高达 47%，远高于先前估计的 13%	http://cn.tech.yahoo.com/031230/33/1y9pf.html《科技日报》2003.12.30	信息可靠
美密苏里植物园研究员彼得	数字偏差的主要原因是没将厄瓜多尔等很多热带国家的濒危植物物种算在内	《科学》杂志 2002．11	信息可靠
世界自然保护基金会	如把濒危程度分为九级，目前全世界约 12250 种动物濒临灭绝，且都处于最危险的三级以上	《科技日报》2003.12.30	信息可靠
世界自然保护联盟	世界自然保护联盟 IUCN 公布官方年度世界濒危物种有 12000 个	http://news.chinesewings.com/cgi-bin/site/admin.cgi?job=viewnews&newsid=20031118190768853&tpe=knews2003.11.18	信息可靠

对表中信息进行判断筛选：

1. 世界自然保护基金会和世界自然保护联盟都提出了濒危动物有 12 000 多种，意味着濒危动植物的物种应远大于这个数据，所以人民教育出版社网 2002.12.30 报道"世界濒临灭绝的生物物种类有 1.1 万种"不可信。

案例 1

2. 美密苏里植物园研究员彼得阐述了数据产生偏差的原因，同时根据植物学家提供的信息，新华网 2002.3.21 报道"世界濒临灭绝的生物物种类有 4 万种"可信。

案例 2

因为要拓展非洲市场，亚洲某鞋子制造厂委派两位销售人员到非洲考察。甲在非洲呆了几天，举目所见都是赤脚的非洲人。他颇为颓丧，原因是没有人穿鞋，意味着没有市场。于是他便向总公司汇报说这里的人们不穿鞋子，鞋子无从销售，同时订购机票回国。而乙到了非洲视察之后，发现大家都没有穿鞋子，觉得市场潜能非常可观。他连夜致电总公司，说这里的人们没有鞋子可穿，催促加速生产，以应付未来的巨大需求。

甲、乙两人同样是考察非洲市场，却得到两种截然不同的讯息。乙以乐观的心境看到希望，在第一时间催促加速生产，以供应非洲市场。然而，业绩却一败涂地！

原因何在？

原来，非洲人世代以来都是赤脚的，他们没有穿鞋子的习惯，也不懂得穿鞋，鞋子无法激起他们的热情；再加上长期赤脚的原因，脚趾左右张开，一般中国或亚洲设计的鞋子，都不符合他们的需求。乙对市场知其一而不知其二，最终还是一事无成，有人形容其有热情，没水平。于是，非洲卖鞋子的个案出现了第三个版本。这个最新版本着重于调查研究和强劲的执行力，并考虑到消费者的需求和生活习惯。为了使鞋子能够在非洲畅销热卖，丙进行深入的研发，掌握非洲人的脚型，量脚订制，让他们穿起鞋来感到舒适。

另外，丙也非常重视行销策略，并执行到位。他选择非洲人的重要节庆，在入潮汹涌的广场上竖立一个大塑像，用一块布将塑像掩盖着，以保持神秘感。等到节庆开幕的那一天，丙邀请非洲名士主持揭幕礼。当司仪高喊：三、二、一，人群中顿时爆发"哗"的惊叹。非洲人看到自己敬佩的领袖穿着奇特鞋子，还有穿着美丽鞋子翩翩起舞的舞蹈呈献。于是，穿鞋子变成了一种时髦，大家有样学样，千万双鞋子很快便被抢购一空。

以上案例虽属虚构，但对我们却有一定的启发。甲悲观消极，缺乏市场洞察力，被表面现象所蒙蔽，结果入宝山却空手而归。乙乐观进取，阳光心态让他看到别人所看不到的情况，做出独特的判断，看准庞大市场，主动创造机会，捷足先登，无奈没有掌握市场策略，结果功亏一篑。丙吸取他人的经验，在调研和执行力方面下足工夫，结果生意兴隆，财源滚滚。

思考题：

1）在从事信息工作时，树立正确的观念、保持良好的心态至关重要，请结合本案例说明其在信息工作中的积极作用。

2）开动脑筋想一想，除了上述的办法，还有哪些方法能够促使当地的居民愿意穿鞋子？

3）这个案例中丙给了我们哪些启示？

案例 3

小张是刚从大学毕业分配来的某厂办公室秘书，虽然他早就听人说过信息是资源，是财富，但究竟它的价值有多大，对领导决策起多大作用，总感到说不清。在一次领导办公会议上，办公室卢主任让小张作记录，他这才对信息工作有了切身的理解。

会上，管设备的副厂长提出技术改造方案，以提高企业的竞争力，要求把刚刚收回的一大笔资金，重点投放到购买机械设备上。管财务、管生产的副厂长都表示支持。而当厂长正要拍板决断时，卢主任却说他想向各位领导汇报一个新情况，供领导们参考。领导们的目光一起转向了他。

"我先说几条信息请领导们参考：第一，我国粮食进入市场后，粮价上调的趋势十分明显；第二，国际上几个主要粮食进口量大的国家今年均遭自然灾害，国际性粮食歉收趋势已定；第三，供应我厂工业粮食原料产量区今年都遭到严重的水灾；第四，今年又是乡镇企业发展很快的一年，这些乡镇企业不少是利用其资源优势从事投资少、见效快的食品和酿酒业，都将以粮食为原料。根据以上情况，我预计，近期粮价必上涨，而且上涨幅度较大，每千克可能上涨 0.2～0.5 元；我厂每年工业原料用粮 10 万吨，按每千克原料用粮上涨 0.3 元计算，每吨将上涨 300 元，10 吨就是 3000 元，全年就是 3 千万！因此，我建议当务之急是在粮食涨价前购进原料，这样可以降低成本，提高竞争力，获得可观的经济效益。然后再把获得的盈利投入技术改造；由于经济实力增强了，我们进行技术改造的起点可以更高些，最好能达到国际先进水平。这样，就为我们的产品参与国际市场竞争打下了坚实的基础……"

卢主任的发言结束后，会场一片寂静。领导们有的拿出计算器仔细地算着；有的掏出钢笔，在本子上写着；还有的在沉思……

过了一会儿，厂长的发言打破了寂静："卢主任提出了一个值得我们深思的问题。我同意他对粮食价格变化所作的分析和预测。摆在我们面前的问题，是先搞基本建设和技术改造，还是先购进即将涨价的原料，取得经济效益后再以更大的投入进行高起点的技术改造。请大家对这两个方案再议一议。"

大家七嘴八舌讨论起来，会议气氛十分活跃。经过反复比较、分析、论证，厂领导最后一致同意采纳卢主任的建议：先购进粮食原料，再进行技术改造。

后来的事实证明，卢主任的预测是完全正确的，他的方案使企业获得了巨大的利润，整整多赚了一个亿！

小张敬佩地对卢主任说："看来信息是金钱的说法一点不假！您是怎样获得这些信息的呢？"

案例 3

卢主任说："信息变化极快，信息工作无止境。这次我们虽然从大量信息中淘出了一些金沙，但不知还有多少金矿等待我们去开掘、去淘洗、去利用。稍一马虎，它就会从你眼皮底下溜走。淘金，把小张引入了对信息工作的深层思索。

思考题：

1）卢主任对所收集的信息作了怎样的处理，得出了粮食价格走向？

2）在从事信息工作中，卢主任的哪些做法值得我们学习？

3）本案例中，信息工作对你有哪些启发？

三、能力拓展训练

训练一：将收集到的我国网民数量的信息加以筛选，找出我国最新的网民人数的准确数据。

建议：根据时效性、权威性对收集到的信息加以筛选，找出正确的、有价值的信息。

训练二：收集有关某种蔬菜、水果在产量、销量、市场需求、加工利用、天气影响等方面的信息，筛选出较为可靠的信息，将各条、各类信息加以综合分析，得出这一蔬菜或水果产品的价格走势，再根据现实情况检验你的预判是否正确。

建议：这是一个对极为重要的信息处理能力的检验，当然，你可以根据自己的实际情况选择其他商品，但要综合各方面的信息进行分析判断，如果你的预判正确，总结出成功经验；如果预判错误，查看哪个环节出现了偏差，总结出失败的教训。总之，无论成功失败，你都会有所收获。

学习评估

通过对信息处理知识的学习和上述能力的训练，你有哪些收获和感想？反思自己在学习和训练过程中的表现，进一步地丰富知识、提高技能。填写能力评价表（在符合的下面画"√"），如表6-4所示。

表6-4　能力评价表

学习目标	评价项目	小组评价			教师评价		
		好	较好	一般	好	较好	一般
专业能力	1. 能够筛选出准确的、有价值的信息，并对其进行分类						
	2. 根据信息内容对信息进行有效编写						
	3. 能够胜任信息处理工作						
知识目标	1. 掌握信息筛选的要求和原则						
	2. 掌握信息加工和信息编写的方法和要求						
通用能力	组织能力						
	沟通能力						
	解决问题能力						
	自我管理能力						

续表

学习目标	评价项目	小组评价			教师评价		
		好	较好	一般	好	较好	一般
通用能力	创新能力						
职业态度	主动服务、周到细致						
	自我形象良好						

完成任务后的反思：＿＿＿＿＿＿＿＿＿＿＿＿＿＿＿＿＿＿＿＿＿＿

名人名言

信息技术到目前为止只产生数据而不产生信息——更不用说产生各种各样的新问题和各种各样的战略。高层经理们之所以没有使用新技术，是因为它没有提供经理们为自己的任务所需要的信息。

——彼得·德鲁克

科学就是整理事实，以便从中得出普遍的规律或结论。

——达尔文

任务四

信息的传递

任务目标

1）了解信息传递的价值和意义。
2）掌握各种信息传递方式。
3）能够根据实际工作需要做好信息传递工作。

任务描述

信息传递是指借助一定的载体，通过一定的渠道，将经过加工整理的信息传递给需要者。经过收集、整理后的信息只有经过传递才能实现其使用价值。

任务分析

传递是信息工作的衔接手段，它使信息的收集、整理成为有效劳动。要做好信息传递工作，就要掌握各种信息传递方式，能够根据实际工作情况采用口头传递、书面传递、电讯传递等适当的方式开展信息传递工作，要把握好信息传递的具体要求和各个具体环节，能够迅速、及时、保密地传递信息。

相关知识

信息的传递是指把加工整理后的信息，通过各种传播途径提供给接受者和使用者。传递是信息工作的衔接手段，它使信息的收集、整理成为有效劳动。一般而言，信息传递的速度越快、范围越广，信息的共享的意义就越大，信息就越有价值。

一、信息传递的要求

1）迅速。要尽量简化周转层次、审批手续，争取运用直达的、先进的通信手段，以提高信息的时效性。

2）准确。指信息在传递过程中不能失真。这就要求信息传递本身具有客观可靠性，不受传递者主观随意性的影响。因此，要减少传递层次，开辟多种传递渠道，是保证信息准确性的重要措施。

3）保密。现代化的传递手段往往增加了信息保密难度，因此，重要的机密信息，应通过机密的通道传递，并尽量缩小传递范围。

相关知识链接：负面信息的上报工作艺术

负面信息，也是常说的"忧"信息。对于秘书人员，报送信息时不仅要报喜，更要报忧。若知忧不报，只会造成负面情况的蔓延，给工作带来重大损失，是秘书信息工作的严重错误。在实际工作中，虽然"忧"信息是决策的补充和修正的重要依据，但是，作为领导，多数情况下还是乐于看到、听到正面信息，负面信息相对要难以接受或采纳。这样，秘书制作的负面信息能否让领导接受，的确是需要一定的工作方法和艺术。因此，在处理报送负面信息时，秘书人员要做到既能实事求是地把负面信息反映给领导，又能让领导易于接受，并按照实际情况，调整决策方案或措施，以免造成决策失误。

1. 报"忧"信息的基本原则

评判"忧"信息质量的高低，主要看对领导是否有用，是否对领导决策有参考价值，因此，报忧信息要有针对性，提高"忧"信息的对接率。

一是要如实。在编报过程中，必须剔除那些不真实、不可靠的内容，对"忧"信息应始终坚持做到不漏报、不误报；既不以偏概全或事无巨细，也不夸大渲染或大事化小，要一针见血，言简意赅地剖析问题。

二是要紧贴。领导对"忧"信息的需求主要集中在政策性、普遍性和全局性的问题上，因此，要时刻关注领导的决策动态，收集和挖掘领导的注重点，寻找出与领导思路贴近的"忧"信息，使领导及时得到想知道、应该知道和必须知道的重要情况。

三是要适度。"忧"信息不能无原则地扩散，更不能为了"报忧"而报忧。必须要把握适度的原则，选择带有重大影响的"忧"信息上报，使领导能够从宏观的角度上去看问题，既解决问题，又不致负面信息过多，淹没了重大情况，分散了领导的精力。

四是要快速。信息的价值在于它的时效性，特别是"忧"信息的时效性更强，因此，一旦发现信息苗头，就要立即跟踪采访、编写打印、核对签发，保持信息的新鲜度，以免信息成为"明日黄花"。

2. 负面信息上报的工作艺术

一是突发性事件迅速报。在上报突发性事件过程中，往往出现唯恐谈多了、报早了的情况，总想本地区的事件先本地区解决，当难以解决时再报。回避、掩饰负面信息有害而无益。毫不犹豫地迅速上报"忧"信息，才能够争取时间，争取工作主动权。

二是动态性问题连续报。在实际工作中常常当领导急着对突发性问题或发生重大事件的情况作进一步了解时，却看不到事件的后续情况。这必然会影响到领导对情况的全面了解，以及做出有效决策。

二、信息传递的方式

1）口头传递。是将信息变成语言传递信息的接受者，它具有简单、直接、快速的特点，是秘书人员在单位内部传递信息的常用方式之一。

2）书面传递。是将信息变成文字、符号、图像传递给信息接受者。它是传统的信息传递方式，即使实现了办公自动化，仍然有一部分信息要靠书面传递。它的特点是避免信息变性失真，可以进行远距离的多次传递，而且便于利用和储存。

3）电讯传递。它是先进的信息传递方式，目前已有电话、电报、传真、通信卫星、计算机互联网等多种方式。由于各个单位的规模和秘书人员素质不同，通信设备的配备和使用程度有着较大的差距。

能力训练

一、基本训练

训练一：开展一个关于信息传递的讨论会，就信息传递的要求等问题展开讨论，阐述各个要求对于信息传递的作用和意义。

建议：班级全体同学或分组讨论均可，明确信息传递各要求对于圆满完成信息传递的积极意义。

训练二：收集或编写一条信息，要求有三个以上的要点，传递者通过各种信息传递方式进行传递，接收到者将收到的信息要点进行记录，对比信息传递前后的内容，看是否发生信息传递失真等情况。

建议：根据信息的内容和实际情况确定信息的传递方式，在实际训练过程中，看什么样的信息依据什么样的传递方式进行传递较为保真、保密。

训练三：通过各种途径收集有关信息传递过程中的保密措施和技术方面相关知识，并相互学习和交流。

建议：重视信息保密工作，保密措施和保密技术的有机结合才能更加有效地保证信息的保密。

二、案例分析

案例 1

总部设在美国东部的 Cover 公司是一大型机器制造商，该公司在美国西部西雅图一家饭店安排了一个会议。Cover 公司的会议策划人通知饭店的会议服务经理，大批的与会者将在星期天下午 4 时入店登记。以下是该会议服务经理发给饭店前台和餐厅的通知：

致：前台接待部

周日 Cover 公司的主要入店登记日，在下午 4 时左右将是客人入住的高峰，600名会议代表将乘两个航班抵达，交通会十分拥挤。请您在前台安排好人员，以处理超员情况。

致：餐饮部

因大批客人入住，请在下午以前安排好服务人员。Cover 公司在周日晚间无餐饮活动安排，因此各餐厅届时会爆满。

依照以上通知，饭店对超负荷的情况做了精心安排。在西雅图时间周日 1 时——东部时间下午 4 时左右，600 名会议代表抵达饭店，然而急于入店的会议代表面对的却是长长的等候队伍和为数不多的服务人员，任何人都忽略了东、西海岸的时差。更加糟糕的是，会议代表入店的时间正是通常办理退房手续的时间，而 Cover 公司按计划将在饭店的大堂向大家演示它的产品，当时的情况可想而知。

应该指责谁呢?会议策划人怒不可遏地说："我们给了你们一个这么大的生意，你们却这么快就搞砸了。"承办饭店反驳说："我们已为其做了精心的准备，我们也不想把时间搞错，你告诉我们下午 4 时，我们便按 4 时做的准备。"

思考题：

1）上述案例中的失误主要是由于双方会前检查和联络工作没有做好，导致承办方的形象受损，这在短时间内是很难弥补的。你认为这则案例中的信息传递违反了哪一最基本的要求，这种失误产生的原因是什么，如何加以避免？

2）通信设施匮乏、员工缺乏训练、表现冷漠、无视细节并对要求持粗暴态度等都会导致信息传递的失真或失误，你认为在信息工作中如何化被动为主动，积极开展工作？

案例 2

大明公司要召开 2003 年度总结大会，作为大会工作人员的杨兰主要负责会议文件材料工作。会前杨兰进行会议筹备有关信息的收集，为会议议题的确定及大会会议材料的形成做好准备。年度大会的工作报告非常重要，包括一定时期的工作总结、体会或者经验，对目前情况的分析和下一步工作的思路、要求及具体措施等内容。为此，杨兰有针对性地、广泛收集一段时间以来各方面工作的进展情况。会议期间杨兰认真做好会议记录，力求会议记录准确、完整，忠实发言人的原意，并进行会议发言录音和录像。为了使会议信息尽快传递给与会者，她及时编写会议简报、使会议达到良好的效果。会后杨兰认真编写会议纪要，作为与会代表贯彻执行的依据，推动会议精神的贯彻落实，她还收集齐会议期间所有文件材料，及时整理有关会议文件，为会议文件的归档打下基础。杨兰大会期间的表现赢得了大家的一致好评。

思考题：

1）杨兰的信息工作十分出色，主要表现在哪几个方面？

2）你认为，作为秘书人员，除懂得怎样从事信息工作之外，勤奋、务实、严谨、热情等情商因素还具有哪些积极作用？

案例 3

喜讯后面的悲剧

总经理一天三次电话询问办公室信息秘书小王，了解南方市场的销售情况。小王一连打了好几次长途电话，总公司南方办事处主任都不在家，得不到答复。总经理要外出办事，临出门还叮嘱小王及时了解南方市场的情况，只要南方销售形势好，便可调整下一季度的生产任务，使企业再上一个台阶。

小王中午也没有休息，终于打通了长途电话，接电话的正好是南方办事处吴主任。

"吴主任吗？我是总公司办公室王秘书。总经理急需了解你们的销售情况。"

"我们的销售形势大好啊！我正忙着与港商洽谈十万套西服的出口合同呢！面料和样式与上次一样。"

"那太好了！能成功吗？"小王问。

"估计问题不大！意向书已经草签，今天下午 4 时进一步洽谈细节，然后签订合同。"吴主任说。

"那我下午 4 时 30 分等您的准确消息。"

"4 时 30 分我还有个应酬。我让办事处小李给你回个电话。"

小王刚放下电话，总经理的秘书小刘又打来电话询问南方的销售情况。

"吴主任说，南方形势大好，正在与港商洽谈十万套西服的出口合同。"小王兴高采烈地说。

"成功的把握大吗?"小刘问。

"吴主任说，今天下午 4 时正式签约。面料和样式与上次一样"。

"那就是说，只有签约的手续了?"小刘又问。

"是的。"小王肯定地说，"我接到签约回电后马上告诉你"。

小刘接电话后，在总经理写字桌的记事本上写道：办公室小王接到南方办事处吴主任电话，与港商洽谈出口十万套西服合同，面料和样式与上次一样。今天下午 4 时正式签约。3 月 25 日小刘记录。

下午 5 时 20 分，总经理回到办公室，急忙翻阅记事簿，看了小刘的记录后非常高兴。他拨通电话，要求采购员按上次要求购进面料，通知设计部门做好准备，维修部门抓紧维护设备，生产部门准备另外招收一批熟练技工……时间就是金钱，总经理抢在时间前面调兵遣将，一直忙到晚上 7 时 30 分还没有吃饭。

下午 4 时 30 分，办公室小王一连接到北方办事处、西北办事处的两个长途电话，一直打到下午 5 时 30 分。刚放下电话，上海的男朋友又打来长途，商量结婚物资采购和蜜月旅行路线，一直谈了两个多钟头，柔情蜜意中连吃饭的事也给忘了。直到男朋友挂断电话，小王这才想起南方办事处的重要电话还未接到。这时已快晚上 8 时了，她一拨通南方办事处的电话，小李开头一句就吼道："怎么搞的?我拨了几个钟头电话，总是占线，你的电话拨不通，总经理的电话也拨不通。"

"合同签了吗?"小王来不及解释，打断小李的话问道。

"签个屁!生意让深圳一家公司抢去了。人家更有优势，吴主任气得高血压病也犯了，住院去了。"

小王赶快拨总经理的办公室电话。总经理办公室无人接，小刘也下班了。她又把电话打到总经理家里，家里说他没回来。最后，好不容易在大富酒楼里找到了总经理。

"什么?谈判失败?"总经理一听，手里的酒杯也落地了。他知道高档面料已经购进，现在只有压在仓库里……

重大的经济损失不可避免，总经理、吴主任、小王、小刘、小李像害了一场大病。公司的前途，个人的去留，使他们忐忑不安……

思考题：

1）案例中的人分别犯了哪些错误，他们正确的做法应该怎样做?

2）这个案例给秘书在传递和处理信息时提供了哪些借鉴?

案例 4

一天，销售部的员工小王在接待一位客户。客户情绪激动地向她反映公司产品的问题，并且要求一定要马上给予答复，合理解决问题。小王正忙于该事的有关情况的落实和处理。忽然，办公室的电话铃响了，是赵秘书来的电话，说有一个会议通知要告诉她。小王很有礼貌地说："我现在正处理一件急事，一会儿再给你回电话好吗？"赵秘书说："还是现在就跟你说了吧。麻烦你通知一下销售部李经理下周一上午 9 时 30 分在二楼会议室召开销售会议。"但周一上午 9 时 30 分时，没有见到李经理的身影。赵秘书赶紧给小王打电话询问情况，原来那天小王接完电话后又忙着处理客户的事情，把会议通知的事全给忘了。

案例分析：从这件事情中我们可以看出，当别人正在紧张、全神贯注地处理紧急事情的时候，不宜采用口头传递信息的方式，这样容易造成接受信息的人在匆忙中没有完全弄清楚具体的信息内容，甚至遗忘信息内容。为了确保信息传递的效果，口头传递信息后应尽量在适当的时候核实信息的接收情况，避免信息无法传递到位的情况发生。特别是对于一些重要信息的传递，可在及时进行口头传递之后，再传递一份书面信息。

三、能力拓展训练

训练一：某信息投资公司在信息传递过程中，多次发生信息失真、时间拖延以及传递失密等问题，为此，公司委托办公室主任专门召开了由各部门办公室负责人参加的关于信息传递制度的专题会议，你认为这位办公室主任在会议中会提出哪些要求与建议？

建议：按照信息传递迅速、及时、保密的要求，改进公司信息传递工作。

训练二：假如你是某保险公司办公室秘书，当中国人民银行关于降低存款利率的信息发布后，公司领导决定利用这个时机使各分公司扩大业务，你从信息工作的角度应该做哪些工作？

建议：按照信息传递的要求迅速、及时、保密地将信息传递到各分公司。

学习评估

通过对信息传递知识的学习和上述能力的训练，你有哪些收获和感想？反思自己在学习和训练过程中的表现，进一步地丰富知识、提高技能。填写能力评价表（在符合的下面画"√"），如表 6-5 所示。

表6-5 能力评价表

学习目标	评价项目	小组评价			教师评价		
		好	较好	一般	好	较好	一般
专业能力	1. 信息传递做到迅速、及时、保密						
	2. 熟练运用各种形式对信息进行准确无误、保密无失的传递						
	3. 能够转换各种信息传递方式进行信息传递						
知识目标	1. 掌握信息传递的价值和意义						
	2. 掌握信息传递的要求和方式						
通用能力	组织能力						
	沟通能力						
	解决问题能力						
	自我管理能力						
	创新能力						
职业态度	态度认真 爱岗敬业						

完成任务后的反思： _____

名人名言

信息流是您的公司的生命线，因为它使您能从您的雇员那里得到最多的回报，从您的客户那里获取更多的信息。

——比尔·盖茨

任务五

信息的储存

任务目标

1）根据信息内容，判断信息有无存储的价值。

2）掌握存储信息的科学分类方法。

3）能够利用各种存储介质存储信息。

4）信息存储工作要做到快捷、高效、安全。

任务描述

已收集、整理过的信息如果不能及时储存，那么，再利用时将会耗费大量资金、人力、物力来重新查找、翻检，甚至重新收集、整理。因此，不管是已利用过，还是尚未利用的信息，只要有继续使用的价值或可能有使用价值的，都要存储起来，以备将来使用。信息存储能够不断丰富信息资源，提供检索服务，有利于信息资料的管理和充分利用，也有利于节约人力物力，避免重复劳动。

任务分析

信息存储是信息管理工作中必不可少的一部分。在信息工作中，要能够根据信息内容科学地判断信息有无存储价值，然后对有价值的信息进行科学分类，并运用适当的存储方法对信息进行快捷、高效、安全的存储。

相关知识

秘书、秘书部门把已利用过和尚未利用、有继续使用价值或可能有使用价值的信息作为资料入库储存起来。信息储存可以是传统的案卷存储，也可以是计算机存储。需要提醒的是，计算机在储存重要信息时，要在另外的计算机上进行备份，如果存储信息的计算机系统发生故障或硬盘损毁，可以利用其他计算机中的备份信息，避免出现重要信息丢失的情况发生。但无论怎样储存，均应符合便于查找、提取和利用，利于机要信息的保密，要对信息材料进行专门管理等要求。

一、储存有价值的信息

秘书要严格筛选出具有现实价值和潜在价值的信息，不是任何信息都要储存。

二、储存信息要科学分类

将信息科学合理地分类，有利于立卷、归档、检索。信息分类可按工作习惯；载体（分文书和电磁载体信息）；形成的时态（当前信息、历史信息）；层次（初级和高级信息）；内容（政治、经济、军事、科技、文化信息）；范围（如内容、外部信息、国内、国家信息）等进行分类。

三、储存信息要系统完整

秘书部门存储的各类信息要系统、全面、成套，相互之间有机联系，能完整反映出一定时期某项工作的历史全貌。同时，各项信息所反映的内容要完整无缺，表述要清楚明白，力争反映一件事情的全过程。

四、储存信息要便于检索

文书存储要按照文书立卷的方法分类编目；以音像制品储存的信息也应合理、标目、编号。

相关知识链接：信息的检索

信息的检索就是从储存的大量信息材料中，查找所需要的信息的过程。检索过程的实质，就是对检索工具的利用，因此，要做好储存的信息的编目与索引工作。

编目，就是在根据信息的某一特征（如专题、时间、来源等）进行科学分类的基础上编制目录。为了使信息材料在某一类中有固定的位置，还要给它们编号排序。秘书部门的信息编目，与档案文件的案卷编目基本一致。

索引，就是把信息材料的某些项目摘记下来，各条下面标注储存页码，按照一定的次序依次排列，作为查阅信息材料的工具。传统的索引有两种：一是篇目索引，摘记项目包括题目、作者、来源等；二是内容索引，摘记项目包括简要的事件、人物、时间、地点等。

信息检索要符合三个方面的要求：①尽量缩短完成检索过程的时间；②查找需要的信息要全面，避免漏检；③检索出的信息要合乎目的需要，尽量避免出现不相关信息。

在信息检索方式上，随着电子计算机的应用，信息的检索变得方便快捷，如果再辅以专门的检索软件系统，信息检索工作将更加快速、高效。利用计算机进行信息的储存和自动检索，首先是将信息存入计算机硬盘，需要时可由计算机代为查找所需信息材料，并随时显示检索结果。所谓电子计算机信息情报检索，就是信息材料的收集、储存和检索所需情报的技术，计算机情报检索系统是实现上述技术的工具。

能力训练

一、基本训练

训练一：将一份文件通过计算机、硬盘、邮箱、网盘等方式进行存储，防止文件的丢失。

建议：养成良好的文件储存习惯，重要文件要有备份，防止文件丢失。

训练二：将一批信息文件进行分类储存。

建议：依据信息储存的原则将信息进行分类储存。

训练三：购买或者免费下载加密文件对重要文件进行加密存储，了解文件加密储存方面的知识。

建议：多掌握计算机知识，计算机在信息储存与信息保密工作中发挥着极为重要的作用。

二、案例分析

案例 1

2008 年 1 月 27 日，"艳照门"事件开始惊现于网络，并迅速在几天内爆发，引起了这起对中国娱乐圈影响深远，轰动亚洲的新闻。其中涉及诸多香港当红女星，其影响力至今仍然存在。

究其发生的原因，该事件男主角的笔记本电脑因为故障原因送修，不慎信息泄露，造成了这起娱乐圈最大的丑闻。

"艳照门"事件引起了当今社会对计算机内部信息安全的重视。在当今竞争激烈的社会中，企业内部机密资料重要性不言而喻，机密和相关技术资料能够往往决定企业的竞争力乃至决定企业的命运。试想一下，己方的重要信息资料通过内部泄密途径流失而被竞争对手或无关人员得到，后果将会怎样？

思考题：

1）你通过"艳照门"事件所引发的对计算机内部信息危机有哪些思考？

2）一般的信息泄密方法有哪些？如何防范？

案例 2

现代商业社会中对信息的保密要求越来越多，这些信息包括企业的发展战略、工艺流程、投标书的报价项目、市场策略等，它们有的存放于企业的保险柜，有的存储于企业的计算机硬盘，有的则掌握在企业内部的少数关键人物手中。市场经济下刺激了人才的频繁流动，这使得企业对于掌握了企业商业秘密人才的流动相当头疼，于是企业一般都与员工签订"竞业限制条款"。2008 年颁布的《劳动合同法》也明确规定了"竞业限制"，明确了企业和员工之间的权责关系。

但是，也有部分企业违背公平原则，片面强调离职员工的竞业限制义务，而声称"工资福利待遇中已经包含竞业限制补偿金"，拒绝对限制就业的员工在离职后支付补偿金。对此，离职员工应该勇于维护自己的利益，要求企业支付补偿金。

2005 年 3 月，A 公司与李某建立劳动关系，聘任其担任公司开发部经理。公司与李某签订了一份《保密和竞业限制协议》，协议约定李某应当保守公司商业秘密，且在劳动合同解除后的两年内不得到有竞争关系的其他公司任职，如果李某违约，应当承担违约责任，向公司支付违约金 60 000 元。根据李某的工资表，李某的月工资为：基本工资 5000 元、保密工资 500 元、加班工资 800 元和绩效工资 2000 元。

同年11月，李某与A公司解除劳动合同，次年3月李某入职一家与A公司开发同类产品的公司。于是，A公司申请劳动仲裁，认为公司每月向李某支付了保密费500元，其应当承担竞业限制义务，要求其支付违约金60000元，并在两年内不能到有竞争关系的单位任职。

经过审理，仲裁庭认为：A公司与李某的《保密和竞业限制协议》上，没有公司需支付竞业限制补偿金的约定，公司虽每月支付李某保密费500元，但该费用是保密费而非竞业限制补偿金，因此双方的竞业限制协议不具有法律效力，驳回申诉人的仲裁请求。

国际惯例是，用人单位对禁止劳动者同业竞争的年补偿费，不应低于离职前一年各种形式工资收入的一定百分比；而限制的行业、地域范围越广，限制的期限越长，经济补偿金就应越高。

我国《劳动法》第二十三条第二款的规定，竞业限制的经济补偿在竞业限制期限内由用人单位按月给予劳动者。一旦用人单位停止支付补偿，劳动者即不受竞业限制条款约束；从另一角度看，《劳动合同法》只是规定了竞业限制不得超过两年，只要用人单位认为没有必要再对劳动者做竞业限制，也可以即时停止支付经济补偿金。

思考题：

上述案例对你有何启示？

学习评估

通过对信息储存知识的学习和上述能力的训练，你有哪些收获和感想？反思自己在学习和训练过程中的表现，进一步地丰富知识、提高技能。填写能力评价表（在符合的下面画"√"），如表6-6所示。

表6-6　能力评价表

学习目标	评价项目	小组评价			教师评价		
		好	较好	一般	好	较好	一般
专业能力	1. 能够根据信息的实际情况，对存储的信息进行科学分类						
	2. 掌握丰富的计算机知识，运用计算机对信息进行储存和检索						
	3. 树立信息安全意识，信息存储工作做到快捷、高效、安全						
知识目标	1. 掌握对信息进行科学的分类方法						
	2. 掌握存储信息的基本要求						
通用能力	组织能力						
	沟通能力						
	解决问题能力						
	自我管理能力						
	创新能力						
职业态度	主动服务、周到细致						
	自我形象良好						

完成任务后的反思：_____

名人名言

对存储的重视程度，是信息化成熟度的重要标志。

——张瑾

积土成山，风雨兴焉；积水成渊，蛟龙生焉。

——荀子

第七章 调查研究

　　据研究表明，科学的早餐应该包括谷类、肉类、蛋类、奶类及蔬菜水果。营养中，摄取三类以上才算是比较健康的早餐，长期单一的早餐或是不吃早餐会造成低血糖，影响学习和工作的效率，经常不进早餐，还会诱发胃炎、胆结石等疾病，青少年不注重吃早餐会影响生长发育。许多营养不良的学生并非日常饮食摄入量不足造成的，而是家长缺乏营养知识，使学生膳食营养结构不平衡造成的。最突出的问题是不吃早餐、乱吃零食、膳食结构不合理。部分学生不能每天吃早餐，或是早餐品种单一，影响了学生食欲。有些家长仅重视高蛋白食物的摄入，而忽视碳水化合物的摄入，造成早餐能量摄入偏低。低能量的早餐不仅不能满足学生一上午紧张的学习和活动需要，而且还会直接影响学生上第三、四节课的效率，长期下去，必将影响青少年的健康成长。为此，学校决定对学生早餐情况进行调查，并出具调查报告。

任务一

准备调查研究

任务目标

1）掌握调查研究的基本步骤。
2）能够制订调查研究方案。
3）学会运用调查研究的方法。

任务描述

　　调查研究的准备阶段是整个调查研究工作的起点和重要环节。只有充分准备、周密考虑、全面筹划，才能保证调研活动的顺利进行。反之，就有可能使调查研究陷入盲目、被动的局面，从而无法完成预定的目的。

任务分析

准备阶段包括四个方面的工作：确定项目；初步研究；设计调查方案；人员准备。

相关知识

一、确定项目

又称选择调查课题。调查课题，就是调查的目的或要解决的社会问题。项目选择的质量如何，决定着调研能否取得相应的成效。

（1）调查课题的分类

按照调查目的来区分，调查课题可分为理论性课题和应用性课题。

按照调查的深度来区分，调查课题可分为描述性课题、解释性课题和预测性课题。

（2）课题确定

根据信息确定调查研究课题；

根据领导意图确定调查研究课题；

根据工作需要确定调查研究课题；

根据员工反映确定调查研究课题。

秘书的调研课题一般都是由领导确定，秘书应根据领导意图，分析研究，明确调研的目的和任务，秘书还要善于思考和观察，了解领导活动的需要，主动发现问题，提出调研课题。

（3）正确选题的基本原则

正确选择调查课题，一般来说，应遵循以下几个基本原则。

1）需要性原则，即根据社会发展的客观需要选择调查课题。

2）科学性原则，即在科学理论的指导下选择调查课题。

3）创造性原则，即按照新颖、独特和先进的要求选择调查课题。

4）可行性原则，即根据调查主体和客体的现实条件选择调查课题。

上述四条原则是互相区别又互相联系的。需要性原则指明了调查的根本方向，科学性原则体现了调查的内在要求，创造性原则反映了调查的本质特征，可行性原则说明了调查的现实条件。只有全面、综合地运用这四条原则，才能正确地选择调查课题。

相关知识链接

调查研究的含义：

调查研究是指人们在社会实践中，对客观的实际情况进行了解和分析研究，以认识其本质和发展规律的一种自觉的行动。

调查研究工作有三个构成要素：

1）调查研究的主体。由谁进行调研。

2）调查研究的课题。为什么进行调研，一是认识问题的需要；二是决策的需要。

3）调查研究的对象。即调查谁。

秘书调查研究的特点：

（1）很强的针对性

秘书工作服从领导、围绕中心、把握全局、服务决策。任何工作都有其特殊性，所以调查研究也有其特殊性，针对不同性质的问题进行内容、方法上有所区别的调查研究，才能达到调查研究的目的。

（2）内容和方法的多样性

内容——有政治、经济、科技、文化、群众生活等，不同的内容，其调查的方法不同；

方法——有跟工人、农民、知识分子、干部、私营企业家，以及国外有关人士等调查，不同的对象，其调查方式方法也各不相同。

（3）一定的突发性、临时性

秘书工作往往会碰到在计划之外的事情，这些工作带有突发性、临时性的性质，需要在短时间内拿出解决问题的方案，因此，需要快速组织人员深入实地调查研究，了解情况并提出解决问题的相应措施，故秘书调查研究的工作又具有突击性的性质。

（4）严格的科学性

调查研究的任务是探求客观事物的本质和规律，也就是要对事物进行全面的、完整的、辩证的、内在联系的、符合客观实际的认识，从而达到有效地指导人们的实践，并通过实践加以检验和印证。

调查研究在秘书工作中的地位和作用：

1）调查研究是秘书和秘书部门的重要职责。

2）调查研究是秘书和秘书部门做好各项工作的基础。

3）调查研究是秘书和秘书部门辅助领导科学决策的首要前提。

4）调查研究是秘书获得信息的重要途径。

5）调查研究是锻炼、提高秘书工作能力的必由之路。

二、收集资料，初步研究

在开展调查之前注意研究已有的资料，研究的内容包括以下几个方面。

1）有关被调查对象的理论、政策。

2）有关被调查对象的业务知识。

3）有关被调查对象的历史资料。

相关知识链接：调查研究的内容

秘书调查研究的内容是多方面的，不同行业岗位的秘书，调查研究的内容也有所不同。一般情况下，秘书的调查研究内容大体分为以下 5 类。

1. 政策性调研

了解调查对象对有关法律、法规、制度等的制定贯彻情况，了解法律、法规贯彻落实情况，为领导和有关部门政策的贯彻、实施和落实提供重要的依据和反馈信息。

2. 基本情况调研

通过对各企业、单位的基本情况的调查，了解情况，以减少工作的被动性，增强工作的主动性。

3. 市场调研

了解掌握重大的经济活动状况、经济发展趋势；了解企业发展状况和趋势；了解组织投资前景、市场地位等；了解企业一定时期的经济情况以及企业生产、销售、技术水平等情况，为有关部门分析经济状况情况提供信息。

4. 专业性调研

对自然资源、社会生活以及人文状况的了解分析；对有关事故、事件的调查；对先进人物、先进集体事迹的调查。

5. 舆论热点调研

是针对基层所关心的舆论热点以及带有倾向性、显露"苗头"问题的调查，为领导提供"以小见大"的启示性信息。

三、制订方案、拟订提纲

在明确了上述要素后，为实施调查应该制订比较完整的计划，调研计划一般包括调研的主题、目的、内容与要求；调查的对象、范围、方法；调查的步骤与时间安排；调查的人员与安排；经费和物质保障等。为保证调查的顺利进行，在调查计划的基础上，列出详细的调查提纲，具体内容包括：①调查的目的和要求；②调查的对象和范围；③调查的时间和步骤；④调查的形式和方法；⑤调查的组织和分工；⑥调查的手段、工具和经费。

调研计划要制订得既严密周全，又切实可行。从整个调研工作看，调查是研究的基础；从调查这个环节看，计划是实施调查的基础。所以必须重视调研计划的质量。

相关知识链接：调查研究的形式

1. 从调查研究对象范围的选择上划分

（1）普遍调查

普遍调查又称全面调查。是对被调查总体的每一成员、每一对象进行调查了解，以得出结论的办法，如人口普查等。它的首要特点是获得的资料非常全面、系统，结论具有很高的概括性和普遍性，但所需的时间、人力和财力较大。普查通常采用制发表格、组织填写、进行统计的方法。

（2）典型调查

典型调查是从众多的调查对象中，有意识地选择若干具有代表性的典型单位作为样本，进行深入、周密、系统的调查研究，从而得出一般性的结论，用以概括说明总体事务的一般规律和特点。

典型调查的实施步骤为：首先，从调查总体中选择典型单位。这是典型调查的关键。其次，对所选取的典型进行实际调查，采集信息。

典型调查的优点是调查的范围小，机动灵活、具体深入，节省人力、物力和财力；其不足是在实际操作中选择具有代表性的典型样本比较困难，而且易受人为因素干扰。

（3）抽样调查

抽样调查是一种非全面调查，是按照随机的原则，从调查总体中选出部分样本进行调查，以部分推断全体的一种调查方法。抽样调查主要有：随机抽样调查、整群抽样调查和定额抽样调查。

抽样调查是一种普遍调查和典型调查相结合的方法。其优点是：按照随机原则抽取样本，调查结果比较客观，运用数学方法计算出来的结论，便于对调查总体进行定量分析，对总体的推断比较准确。但抽样调查不太适合于作定性分析，不能像典型调查那样更深入地研究问题。当调查对象不明确时，不能进行抽样调查。

2. 从调查研究内容上划分

（1）专题型调查研究

专题型调查研究是相对于综合型调查研究而言的，是针对某一问题，特别是当前迫切需要了解和解决的问题而进行的。如关于中学生使用手机问题的调查等。

（2）综合型调查研究

综合型调查研究是指在一定范围内，一定时间内，对所要调查的对象的基本情况进行全面的、综合性的调查研究。这种调查研究的目的在于通过对全面情况的掌握和分析，找出主要问题，制订全面的、有利于全局发展的总体方案。

相关知识链接：常用的调查研究方法

（1）访谈法

访谈法又分为个别访谈法和集体访谈法。个别访谈法是根据调查需要，选择单一调查对象进行采访、问询，了解情况。个别访谈的关键是选准访谈对象并拟好访谈提纲，要选好访谈地点并注意谈话的态度和语气。

集体访谈法是根据调查需要，选择若干调查对象，组织目的明确的聚会、会谈。开会的关键：一是要组织充分，使会议紧凑切题；二是对象要选择恰当、准确，参加座谈的都能畅所欲言，毫无顾忌，真实可信。

（2）开调查会

开调查会也叫座谈调查，是通过会议的形式有针对性地对某一问题进行调查研究。其优点是调查对象集中，可以相互启发、补充、比较、分析，简便易行，相对节省时间和精力。但人多嘴杂，人云亦云，影响调查信息的有效性。

开好调查会，需要调查者做好充分准备，并具有较高的主持和控制会议的能力。首先，要选好调查对象，人数一般为三五人到七八人为宜。其次，要明确话题，创设平等、舒畅的氛围。最后，要做好记录，对重要材料反复核实。

（3）问卷调查

问卷调查是一种用卷面形式提出问题，由被调查者进行填写回答的调查方法。问卷通常有两种类型：封闭式问卷和开放式问卷。封闭式问卷是让被调查人按问卷上所列出的几种答案中进行选择，作出判断。其优点是回收快捷方便，便于统计；缺点是对被调查者有一定限制，无法调查一些复杂情况。开放式问卷是先提出问题，由被调查者自行答卷，没有任何限制。其优点是便于被调查人自由发挥，详述己见，获得的资料丰富具体，信息量大；缺点是统计整理工作量大，不易进行数字统计和定量分析。

问卷调查的关键是设计问卷，包括三个部分：一是被调查者姓名（有些是匿名）、性别单位、职业、年龄等个人情况；二是调查题目、具体内容；三是制作问卷的人员及单位名称。制作问卷应力求简明扼要，避免模棱两可，对结果要作科学分析。

（4）统计调查

统计调查是运用统计原理和方法收集数据资料，并进行数量分析，找出某些现象发展的规律、趋势。它的优势是能使调查数据化、精确化。统计调查主要用于需要从统计数据上了解发展变化的事项。如物价指数的变化，人均支出的变化，电视、电影的收视率等。

（5）现场观察

现场观察是通过直接观察现场情况，获取直观认识的一种调查方式。其优点是所获得的材料是在自然状态下的信息，具有很高的效度，方式灵活、弹性大，可以随时修正调查的目标和设计。缺点是得到的资料基本上都是定性资料，数量少，无法概括总体，调查者和被调查者密不可分，会相互影响，调查周期一般都比较长。

（6）文献档案资料调查法

文献档案资料调查法是查询翻阅现成的档案资料和有关信息，了解掌握调查对象的背景和现实情况，实质是直接采用高层次信息，指导和保证调查工作的进行，注意文献调查所得只能作为调查先导，不能作为结论。

四、组织人员，适当培训

目的和对象确定之后，要根据调查研究内容和要求，组建一支能顺利完成调查任务的队伍，是准备阶段的一项重要任务，为此就必须认真做好调查人员的选择和培训工作。

要组建一支良好的调查队伍，必须认真选择调查人员，并重视调查人员的整体结构。

要对全体调查人员进行必要的培训。培训调查人员的具体内容，取决于调查课题的实际需要。调查的课题不同，培训的具体内容也应有所不同。一般地说，培训调查人员应该包括的内容有：思想教育、知识准备、方法训练。培训通常采用集中讲授、阅读讨论、示范模拟等方法。

在正确选择和培训调查人员的基础上，还必须按照精干、健全、效率的原则把调查人员组织起来，并对他们进行正确的使用。只有对调查人员进行合理组织和正确使用，才能充分发挥每一个调查人员的作用，才能真正形成一支良好的调查队伍。

能力训练

一、基本训练

训练一：查阅文献资料开展调查研究，学会利用所得文献资料进行综合分析的方法。

建议：1）确定若干专题，根据专题要求确定材料大致方向，大量收集相关信息。

2）运用归纳、演绎、分析、综合等方法进行研究。

3）利用学校与所在城市图书馆、阅览室、档案室进行查阅。

训练二：根据同学们的学习和生活的实际，讨论确定贴近学生生活的几个调查主题，并收集相关资料。

建议：1）主题的确定要具有实际意义,体现需要、科学、创造、可行的原则。

2）可以以小组为单位开展讨论。

3）对具有实际意义的主题可设计调查方案，开展调查。

训练三：某市需定期了解城镇居民的收入和消费的情况，你建议应采用何种调查方式、方法？如果你想研究该市城镇居民的收入和消费总量和结构的变动趋势，你认为可通过哪些渠道获得其历史数据？

二、案例分析

案例 1

常德卷烟厂的成功之路

常德卷烟厂始建于 1951 年，从一个手工作坊式的小企业发展成为目前的大型一级企业。然而到 20 世纪 90 年代中期，该厂的产品品牌还是没有什么特色和优势，严重制约了该厂的发展。当时，国内烟草行业品牌竞争风起云涌，知名的产品品牌较多，为此，公司准备实施名牌战略。首先委托专业性的市场调查机构对常烟的品牌知晓度、卷烟的香型、口感、产品包装、广告宣传、质量、成本、价格以及购买者的类型、行为、嗜好等诸多要素进行了广泛的市场调查研究。根据市场调查的结果，找准了市场定位和消费者的需求空间，把目标市场锁定在高档卷烟市场上，回避中低档产品的激烈竞争。从而作出了实施名牌经营战略的决策，并制定了长期规划，在品牌产品的研制、生产及营销中实施优势资源的整合，先后从英国、德国、美国请来烟草专家和配方大师进行沟通交流，为提升产品质量集中了国内外优选方案，长期选购津巴布韦、巴西、加拿大等优质烟叶，使用国际名牌配料和辅料，形成和突出品牌特有的口味设计。并引进国外先进设备，与本企业集团自行开发的设备配套，组建了制丝、卷接包等工艺的封闭车间，保证了产品的独特质量要求，并加大产品广告宣传的力度，创新企业的营销体系，重视客户关系管理等。到 20 世纪 90 年代后期，该厂先后推出了"芙蓉王"、"精品芙蓉"、"芙蓉后"、"金芙蓉"等系列产品，并不断进行改进。其中"芙蓉王"以较强的科技底气和王者风范，深得广大消费者的广泛青睐，在大浪淘沙的品牌竞争中站稳了名牌精品的地位，诞生成长的短短几年时间，创造了名牌营销的成功奇迹。

进入 21 世纪以来，常德卷烟厂按照做优品牌、做实管理、做大规模的目标，及时调整发展战略、管理模式，确定了加强技术储备与研发，推进人才队伍建设，完善产品品牌结构，推动企业联合重组，全力打造企业核心竞争力的发展思路，企业连续 3 年增速达到 20%以上，主要经营指标三年跨了三大步，2003 年全年完成经营总收入（含税）102.45 亿元，完成经营总利润 10.3 亿元，实现税费 50.02 亿元，完成卷烟出口创汇 480 万美元，其中多种经营产业实现收入（含税）10.09 亿元、税利 2 亿元、利润 1.3 亿元。2003 年，主要效益指标再创历史新高，企业经济势力更加走强，并已跻身中国纳税企业十强。

思考题：

常德卷烟厂名牌营销战略的成功对你有何启示？

案例 2

香港学友社在杨利伟结束访问香港行程当日，以电话抽样的方式，对 404 名 11～25 岁的青少年进行了调查。调查结果显示，中国首位航天员杨利伟访问香港提升了香港青少年的国家观念和民族意识。调查表明，41.3%的青少年因为中国有了首位航天员而更加热爱祖国，66.8%的青少年因此感到自豪。调查还发现，70%的青少年认为杨利伟的爱国精神值得学习。调查结果说明国家的强大和在尖端科技领域的成就，可以激发起更多香港青少年的爱国心及国家认同感，杨利伟更是青年人学习的好榜样。

思考题：

此案例的调研课题是什么？围绕课题是怎样设置问题的？除了电话抽样外，还有其他什么调查方式可以选择？

案例 3

日本卡西欧公司，自公司成立起便一直以产品的新、优取胜而闻名世界，其新、优主要得力于市场调查。卡西欧公司的市场调查主要是销售调查卡，其卡只有明信片一般大小，但考虑周密，设计细致，调查栏目中各类内容应有尽有。第一栏是对购买者的调查，其中包括性别、年龄、职业、分类十分细致。第二栏是对使用者的调查，使用者是购买者本人、家庭成员，还是其他人。每一类人员中，又分年龄、性别等。第三栏是购买方法的调查，是个人购买、团体购买、还是赠送。第四栏是调查如何知道该产品的，是看见商店橱窗布置、报纸杂志广告、电视台广告，还是朋友告知、看见他人使用等。第五栏是调查为什么选中了该产品，所拟答案有：操作方便、音色优美、功能齐全、价格便宜、商店的介绍、朋友的推荐、孩子的要求等。第六栏是调查使用后的感受，是非常满意，一般满意，普通，还是不满意，另外几栏还分别对机器的性能、购买者所拥有的乐器、学习乐器的方法和时间、所喜爱的音乐、希望有哪些功能等方面作了详尽地设计。为企业提高产品质量、改进经营策略，开拓新的市场提供了可靠依据。

思考题：

日本卡西欧公司市场调查的课题是什么？调查内容的界定有何特点？

三、能力拓展训练

训练一：根据项目"学生早餐情况的调查"，确定调查主题，拟订调查方案，制定调查问卷。

训练二：近年来，城市范围不断扩大，部分工薪族购买省力轻便的代步工具的需求越来越旺，各城市注重城市环境，对燃油车停止上牌，逐步淘汰。外加交通管理部门将电动自行车列为非机动车，使其享受与自行车相同的上牌、管理待遇。市民购买使用电动自行车如同购买自行车一样方便，无须行驶证、驾驶证，无须每年验车。这样的市场需求是电动自行车快速发展的关键动力。但各路诸侯分割市场，市场竞争日趋激烈。飞鸽自行车有限公司决定对 B 市的电动自行车市场进行一次调查。秘书安妮该怎样做好调查前的准备工作呢？

思考题：根据以上内容，拟订调查方案，制定调查问卷。

学习评估

即将成为办公室工作人员的你，通过上面的训练，你有什么收获和感想？反思自己在训练过程中的表现，是否进一步地提高了就业技能和专业能力？填写能力评价表（在符合的下面画"√"），如表 7-1 所示。

表7-1 能力评价表

学习目标	评价项目	小组评价			教师评价		
		好	较好	一般	好	较好	一般
专业能力	1. 调查课题选择具有实际意义						
	2. 调查方案制订切实可行						
	3. 调查方式、方法选择恰当						
专业知识	1. 调查准备工作是否到位						
	2. 调查人员安排是否得当						
学习态度	认真努力						
	团结合作						

完成任务后的反思：＿＿＿＿＿＿＿＿＿＿＿＿＿＿＿＿＿＿＿＿＿

名人名言

调查就像"十月怀胎"，解决问题就像"一朝分娩"。调查就是解决问题。

——毛泽东

任务二

开展调查活动

任务目标

1）明确调查研究过程的中心任务。
2）掌握调查的技巧。
3）了解调查阶段的程序。

任务描述

这是调查研究过程中最重要的阶段，调查结论是否正确，在很大程度上取决于这个阶段的工作情况。

任务分析

在进行实际调查过程中要熟悉调查问卷，根据调查内容了解有关知识，联系确定调查对象，检查调查所需的物品，学会运用调查的技巧。

相关知识

一、调查阶段的程序

1. 联系确认调查对象

与被调查者和与调查对象有关的人员取得并建立联系；确认调查对象与调查方式的选择是否准确；必要时要向对方详细说明调查内容、目的、时间、步骤和方式，商量互相配合的方法。

2. 实施调查

在具体实施中，一要注意点面结合；二要科学安排穿插调查时间，力争节省开支。调查中有一个从面到点、再从点到面的过程。在时间安排上，点、面可以有先后，也可以由大家分工同时进行。在调查范围上，点（如个别访问、个例调查等）也可以和面（如发放问卷、召开座谈会等）结合，交叉进行。

3. 阶段性小结并复查验证调查结果

阶段性小结可以随时保存调查人员在调查中产生的感觉、感受和体会，也可以通过进一步的分析思考，复查验证前期的调查情况，以保证调查结果的真实、有意义。

相关知识链接

调查要按照调查计划和客观实际情况进行，其要求包括以下 3 个方面。

1）全面。了解调查对象的全貌、全过程。既了解正面意见，又了解反面意见；既了解成绩和经验，又了解缺点和教训；既看结果，又看原因。

2）新颖。秘书要有敏锐的观察力、感受力和判断力，深入挖掘和探索具有时代精神的新材料、新情况。

3）可靠。调查获取的材料是真实确凿的，其时间、地点、人物、原因、结果清楚、准确。

二、收集信息资料

调查研究过程的中心任务是收集信息资料，主要包括以下 3 个方面。

1. 收集调查材料

调查信息资料收集多少、质量的好坏，可以反映调查的深度，决定调查的效果。因此在收集资料的时候要有目的、有范围地进行。

2. 记录调查材料

调查时必须做好记录，记录的方式可以是笔录、录音或录像等。

3. 整理调查材料

对收集来的材料必须及时进行整理，即用科学的方法，对调查来的材料，分门别类的加以归纳、分类和汇总，使之成为系统的、清晰的、能够说明问题的资料。整理一般分为四个步骤：评定，对每个研究对象的原始资料进行归类、评定和评分；登记和统计，先把评定结果编制成逐人登记表，一个样本一张，在这张表上每人一行，登记研究对象的各项调查结果，再统计各项的平均数、标准差或人数百分比等统计量并记入登记表的下部；编制统计图表，把几个样本的统计结果合到一张统计表上，使调查结果集中而且能够使人一目了然；统计检验，调查所得的某些结果，有时还需要进行显著性检验，以对调查结果的可靠性作出判断。

相关知识链接

材料汇总的第一步就是对调查材料进行鉴别，鉴别可以从以下 3 个方面入手。

1）鉴别材料的真伪。

2）鉴别材料的可靠程度。

3）鉴别材料的完整性、可比性、及时性。

能力训练

一、基本训练

训练一：请在学校图书馆或地方图书馆查找已经登记的秘书类书籍，要求：

建议：

1）通过索引卡片查找。

2）以作业的形式记录查找的结果（书名、出版社、作者、图书编号等）；详细地记录查找的全过程，并标注索引卡片中的诸要素。

训练二：请通过互联网查找以下信息：

1）国际秘书节的具体日期是哪一天？

2）我国秘书职业资格鉴定工作的有关信息。

建议：

1）以作业的形式记录查找的全过程和查找的结果（其中对秘书职业资格鉴定工作的信息只记录标题即可）。

2）尽量尝试多种方式，如变换主题词、变换搜索工具等。

二、案例分析

案例1

电话调查是一种出现较早的调查方式，研究资料表明，国际上第一次使用电话进行调查是在1927年。民意测验学家盖洛普在1929年采用入户访问的方法，进行一项有关广播收视率的调查，与此同时，他又用电话调查作了一次测验。测验的结果表明，两类调查方法所得的调查结果几乎一致。究其原因，尽管当时美国的电话普及率很低（31%），但是，高达81%的拥有收音机的家庭拥有电话。

然而，1936年《文学文摘》所做的一项民意电话调查严重影响了电话调查的声誉。当时，《文学文摘》作为全美销售量最大的杂志，组织了一项邮寄调查以预测美国总统大选的结果。他们以电话簿和汽车登记证为抽样框架，而与此同时，盖洛普采用入户访问做了同样主题的调查。最后的结果显示，盖洛普比较正确，而《文学文摘》错了。

思考题：

分析案例中提及的两次电话调查成功与失败的原因。

案例2

在20世纪80年代早期，尽管可口可乐仍然是饮料市场的领导者，但其市场份额正被"百事"慢慢占领。多年来，"百事"成功地发起"百事挑战"。到1985年，虽然可口可乐仍在整体市场中领先，但是在超市中"百事"却领先2%。可口可乐公司为了保住市场份额不得不采取行动，而解决之道就是改变可口可乐的味道。

可口可乐公司开始其在历史上最大的新产品调研活动，它花了两年的时间和400万美元来进行调查，以确定新配方。它进行了大约200 000次口感测试——仅最终配方就进行了30 000次。在无商标测试中，60%的消费者认为新配方比原来的好，52%的人认为新可乐比百事好。调查表明新可乐一定会赢，所以公司自信地推出了这一产品。

起初，由于铺天盖地的广告以及促销，新可乐销路还不错。但后来销量很快下降，每天可口可乐公司都会收到来自愤怒的消费者的成袋信件和1500多个电话。一个叫做"旧可乐饮用者"的组织发起各种抗议活动，分发T恤衫，并威胁要集体起诉，除非可口可乐公司恢复旧配方。仅三个月后，可口可乐公司重新提供旧可乐，并将其旧可乐称为"经典可乐"，与"新可乐"一起在货架上销售。到了1985年底，"经典可乐"的销量大大超过了"新可乐"，比例为2∶1。在1990年，公司重新包装了"新可乐"，并将其作为一个延伸品牌，以"可乐Ⅱ"的新名称重新推向市场，现在，"经典可乐"占据了美国饮料市场的20%以上，而"可乐Ⅱ"只占据了微不足道的 0.1%。

以上，我们可以发现可口可乐公司将其营销调研问题限定的太窄了。调查只限于口味，而没有考虑使用新可乐取代旧可乐时消费者的感觉如何。它没有考虑无形资产——可口可乐的名称、历史、包装、文化遗产以及产品形象。对于许多人来说，可口可乐与棒球、热狗、苹果一起成为美国的习俗，它代表了美国社会中最根本的东西。对于许多消费者来说，可口可乐的象征意义比它的口味更重要。如果调查的范围更广一些，是应该能发现这些强烈情感的。

思考题：

1）可口可乐调研给了我们哪些启示？

2）结合案例分析市场调研的具体内容包括哪些？

案例 3

爱索尔公司制造出一种新型防晒溶液，其质量特点是在强烈日晒的情况下，可以减少晒伤。该公司的开发部用了 2 年时间解决了制造该产品的技术问题。

该产品准备在 4 月份开始向全国市场投放。而有些董事认为，过去虽然做过市场调查，但毕竟经过了 2 年研究与开发，市场条件会发生新的变化，因此有必要重新进行调查分析。

市场营销经理们却认为应立即向市场投放。理由是新产品是一种优质产品，市场会热烈欢迎的。如果延期投放，将错过今年夏季最好的推销季节。

思考题：

1）你认为该公司应进一步调查市场，还是立即向市场投放？

2）如果决定进一步调查市场，需要收集哪些资料？

3）新产品开发的 2 年期间，该公司是否应不断监视市场情况？

三、能力拓展训练

训练：以小组为单位，在完成"青少年早餐情况调查方案和调查问卷"的基础上，组织开展青少年早餐情况的调查。

建议：在调查前，要选定调查样本，注意调查问卷的发放和回收。

在进行调查过程中，要注意礼貌用语及仪容仪表。

学习评估

即将成为办公室工作人员的你，通过上面的训练，你有什么收获和感想？反思自己在训练过程中的表现，是否进一步地提高了就业技能和专业能力？填写能力评价表（在符合的下面画"√"），如表 7-2 所示。

表7-2　能力评价表

学习目标	评价项目	小组评价			教师评价		
		好	较好	一般	好	较好	一般
专业能力	1. 调查对象选定是否合理						
	2. 调查资料收集是否完整						
	3. 调查时间是否合理						
专业知识	1. 调查用语是否得体						
	2. 调查方式是否合理						
职业态度	主动服务、周到细致						
	自我形象良好						

完成任务后的反思：＿＿＿＿＿＿＿＿＿＿＿＿＿＿＿＿＿＿＿＿＿＿＿

名人名言

要解决问题，还须作系统的周密的调查工作和研究工作，这就是分析的过程。提出问题即矛盾的所在。

——毛泽东

求学的三个条件是：多观察、多吃苦、多研究。

——加菲劳

任务三

分 析 研 究

任务目标

1）正确把握分析研究的内容。

2）能够运用分析研究的基本方法进行分析、研究。

任务描述

分析研究是调查的深化发展，是调查研究工作的重要环节，是我们对调查所获得的大量情况资料信息进行分析、归纳、概括或联系、比较、推断，从中找出问题的实质和规律，找出对调查对象的分析结果。在研究中要及时追踪感受，获取信息。

任务分析

分析研究的过程是一个"去粗取精、去伪存真、由此及彼、由表及里"的分析综合过程。从材料的汇总开始，经过不断地比较、分析和探索，形成新的观点和方案，产生认识上的深化和升华。

相关知识

一、分析研究阶段的工作内容

分析研究阶段主要包括以下 3 个工作环节。

1）对调查材料的鉴别、取舍，去伪存真，分析材料的可靠性和准确性。

2）分类整理，将初级信息通过技术手段转化为高层次信息。

3）利用科学准确的研究方法，对已了解的信息进行全面、系统的分析，预测其变化趋势，提出应对的策略和方法。

相关知识链接：调查与研究的关系

调查是指运用各种科学的方法和手段，对客观世界进行了解、考察、查核、统计来获取并掌握确凿的材料和情况的一种感性认识活动。

研究是指对已了解的情况和已掌握的材料运用辩证唯物主义和历史唯物主义的立场、观点和方法进行科学的比较、分析、综合和概括，以求得认识客观事物的本质及其发展规律的一种理性认识活动。

调查研究作为秘书的工作内容之一，是指秘书为领导决策和指导工作提供真实信息和准确依据的工作。调查研究作为工作过程，是两个既相互联系又相互区别的工作环节：调查是研究的基础和前提；研究是调查的深化和发展。

二、分析研究阶段的主要内容

分析研究阶段的主要内容有以下 3 个方面。

（1）鉴别研究

鉴别研究是对材料的全面性、新颖性、可靠性等进行认真审核，去伪存真、去粗取精，对缺损材料及时补充完整。

（2）分类研究

分类研究是将所获材料按问题的性质进行摘要、分类，分析寻找事务的内在联系和规律。分类是调查是否获得认识成果的重要一步，也是形成调查报告的一个思路上的准备。

（3）综合研究

综合研究是围绕调查目的，运用归纳、演绎、对比、分析、综合等方法，把经过分类的各种材料联系起来，进行"由此及彼、由表及里"的概括、抽象和思索，从而得出正确的结论。综合研究是调查报告起草前的最后一个环节，它比调查过程中的研究更系统、更接近调查的实质。

相关知识链接：分析研究的过程和要求

a. 高屋建瓴。

b. 客观把握。

c. 注重创新。

d. 判断风险。

三、研究的方法

（1）归纳法

归纳法就是将多件同类个别事物归在一起，从中概括出共同属性或特征，用以加深认识的研究方法。归纳法是建立在直接经验的反复基础上，有一定的可靠性，但其中的某一方面具有反例的可能，会产生"以偏概全"的差错。

（2）综合法

综合法就是将众多零散事物组合串联成为一个整体的研究方法。采用综合法的目的是把个体统一为整体，把片面概括为全面，以达到对事物整体本质的认识。

（3）统计法

统计法就是运用统计数据来描绘事物状况和变化，以得到规律性认识的研究方法。统计法是一种定量研究的方法，通过定量分析可以使问题的陈述变得清晰、简洁，使问题的分析变得准确深刻。

（4）比较法

比较法就是把两个以上的事物放在一起进行比较，从而更深刻认识各自特征的研究方法。这是一种初级的、最基本的逻辑思维方法，可以区分不同的事物，找出它们的共同点和相异点，但由于比较往往只涉及某一方面或某几个方面，因此，不能全面地认识事物，无法解释事物产生的原因。

（5）演绎法

演绎法就是从一般理论或普遍法则出发，依据这一理论推导出一些具体的结论，然后将它们应用于具体的现象和事物的研究方法。最常用的演绎法是演绎三段论，即由大前提、小前提推导出结论。其基本形式为

所有 M 都是 P

所有 S 都是 M

所以，所有 S 都是 P

能力训练

一、基本训练

训练：参照网络资料，制作一份杭州市家庭生活水平发展状况图标。

建议：可进行改革开放前后的比较，近 5 年或 10 年的比较。比较的项目：家庭收入；住房面积；消费支出等。

二、案例分析

案例 1

北京市超市业态度顾客满意度研究

超市是都市百姓经常要打交道的流通渠道，对超市是否满意将会影响到每一个居民的生活幸福感。有鉴于此，迪纳市场研究院在 2005 年初针对北京市城八区的大中型超市进行了一次满意度调查，以了解整个北京市居民对超市这一零售业态的满意程度。本次调查在北京市共采集有效样本 615 个，调查通过电话访谈完成。分析框架采用迪纳市场研究院专门开发的超市满意度测量结构方程模型，并采用 PLS 算法计算得到满意度、忠诚度和影响满意度的各要素的用户评价分值，以及这些要素对满意度影响的大小。调查涉及的超市主要有家乐福、美廉美、京客隆、物美、超市发、华普、北京华联等。本次调查分析的主要结论包括：大中型超市整体顾客满意度得分与中国用户满意指数（CCSI）生活服务类中其他服务的平均得分相比较高；对大中型超市满意度影响最大的是经营的商品；顾客满意度对顾客忠诚度影响很大，顾客满意度提高 1 分，顾客忠诚度将提高 0.930 分；为了改善顾客满意度，从结构变量层次看，超市首先要关注促销，其次需要关注超市形象和超市政策；从操作层面看，在影响超市消费者满意度的 37 个具体要素中，需要重点提升的满意度驱动要素包括重视资源回收和环保、灵活调整收银台、积分优惠卡等。同时，报告还对不同细分人群、主要超市的顾客满意度状况进行了分析。本次调查为超市如何改进服务质量、提高顾客满意度提供了数据支持和理论依据。

思考题：

材料中调查的目的、内容、对象、范围、方法、手段、调查结论分别是什么？

案例 2

广西河池地区通过统计报表得知，目前有 642 个机关单位与农场联办林果场 678 个，机关单位投资 2548.5 万元，开发面积 7.36 万亩，年总产值达 4015 万元，解决就业人数 586 人，证实单位与农场联办提高经济效益这条路是切实可行的。

思考题：

材料中采用了什么方法对收集的资料进行了分析？

三、能力拓展训练

训练：对收集的"青少年早餐情况调查问卷"进行分析、研究。

建议：选择恰当的分析方法和统计方法，能够体现调查的实际情况。

学习评估

即将成为办公室工作人员的你，通过上面的训练，有什么收获和感想？反思自己在训练过程中的表现，是否进一步地提高了就业技能和专业能力？填写能力评价表（在符合的下面画"√"），如表7-3所示。

表7-3　能力评价表

学习目标	评价项目	小组评价			教师评价		
		好	较好	一般	好	较好	一般
专业能力	1. 调查分析的方法是否合理						
	2. 调查资料选用是否恰当						
	3. 数据是否清楚、规范						
专业知识	1. 材料分析步骤是否到位						
	2. 掌握分析研究的基本知识						
职业态度	认真探究						
	小组合作						

完成任务后的反思：_____

名人名言

并非人人都有鼻子，也就是说，并非人人都有调查研究的本领。

——马休尔

不登高山，不知天之高也；不临深谷，不知地之厚也；不闻先王这遗言，不知学问之大也。

——荀况

任务四

撰写调研报告

任务目标

1）够根据调查的内容和范围区分不同类型的调查报告。
2）能够分析、撰写调查报告。
3）认识撰写调查报告的重要性。
4）了解调查报告的基本特点。

任务描述

撰写调研报告是秘书开展调查研究的最后一道程序，能够帮助企业了解、掌握市场的现状和趋势，增强企业在市场中的应变能力和竞争能力，从而有效地促进经营管理水平的提高。

任务分析

调查报告是对某项工作、某个事件、某个问题，经过深入细致地调查后，将调查中收集到的材料加以系统整理，分析研究，以书面形式向组织和领导汇报调查情况，为决策提供依据。

相关知识

一、调查报告的特点

写实性。调查报告是在占有大量现实和历史资料的基础上，用叙述性的语言实事求是地反映某一客观事物。充分了解实情和全面掌握真实可靠的素材是写好调查报告的基础。

针对性。调查报告一般有比较明确的意向，相关的调查取证都是针对和围绕某一综合性或是专题性问题展开的。所以，调查报告反映的问题集中而有深度。

逻辑性。调查报告离不开确凿的事实，但又不是材料的机械堆砌，而是对核实无误的数据和事实进行严密的逻辑论证，探明事物发展变化的原因，预测事物发展变化的趋势，提示本质性和规律性的东西，得出科学的结论。

二、调查报告的类型

1）按内容分为基本情况调查报告、总结经验调查报告、新生事物调查报告、揭露问题调查报告、社会问题调查报告、历史事实调查报告。

2）按范围分为综合性调查报告、专题性调查报告。

三、调查报告的撰写

调查报告一般由标题和正文两部分组成。

（1）标题

灵活多样，力求概括、简明、新颖、对称。要能总括调查报告全篇内容，要用最简洁的文字说明调查报告的主题，要有新鲜感并富有吸引力和感染力。

标题可以有两种写法。一种是规范化的标题格式，即"发文主题"加"文种"，基本格式为"××关于××××的调查报告"、"关于××××的调查报告"、"××××调查"等。另一种是自由式标题，包括陈述式、提问式和正副标题结合使用三种。陈述式如《中职文秘专业毕业生就业情况调查》；提问式如《为什么大学毕业生择业倾向沿海和京津地区》；正副标题结合式，正题陈述调查报告的主要结论或提出中心问题，副题标明调查的对象、范围、问题，这实际上类似于"发文主题"加"文种"的规范格式，如《学校发展重在学科建设——××××学校学科建设实践思考》等。作为公文，最好用规范化的标题格式或自由式中正副题结合式标题。

（2）正文

正文一般分前言、主体、结尾三部分。

1）前言。也称引言、导言、绪言，主要向读者介绍调查研究的概况。有主旨直述法、情况交代法、结论前置法、提问设悬法等。就是对为什么进行调研、怎样进行调研和调研结论作些介绍。文字力求简短。

前言有几种写法：第一种是写明调查的起因或目的、时间和地点、对象或范围、经过与方法，以及人员组成等调查本身的情况，从中引出中心问题或基本结论来；第二种是写明调查对象的历史背景、大致发展经过、现实状况、主要成绩、突出问题等基本情况，进而提出中心问题或主要观点来；第三种是开门见山，直接概括出调查的结果，如肯定做法、指出问题、提示影响、说明中心内容等。前言起到画龙点睛的作用，要精练概括，直切主题。

2）主体。这是调查报告最主要的部分。主要通过典型生动的事例、具体确凿的数据、全面翔实的资料介绍调查对象，"细"述和说明事物发生、发展的过程，提示矛盾、分析原因，总结成绩、经验、教训，提出问题和解决问题的具体建议。

主体写作中要注意不同类型调查报告主体的表达顺序：一是从内容安排上看有4种，反映情况型："情况—成果—问题—建议"；昭示事件型："事件过程—事件处理—意见或建议"；介绍经验型："成果—做法—经验"或"做法—经验—成果"；揭露问题型："问题—原因—意见或建议"。二是从行文结构上看有3种，横式结构、纵式、纵横式。

3）结尾。结尾的写法也比较多，一般有归纳式、引申式、强调式、希望式4种结尾。内容可以是提出解决问题的方法、对策或下一步改进工作的建议；或总结全文的主要观点，进一步深化主题；或提出问题，引发人们的进一步思考；或展望前景，发出鼓舞。

> **相关知识链接：调查研究文章写作的程序**

不同类型的调查研究文章，有不同的结构要素。但一般来说，不论采用哪种结构要素，都要经过以下写作程序。

1）编写提纲。在动笔之前，对整篇文章作通盘考虑，明确总论点是什么，围绕总论点有几个分论点，每个分论点又有几个小论点，每个小论点又包括哪些素材。先把框架搭起来，写作就能够提纲挈领。

2）拟制标题。调查研究文章的标题，包括全文主标题、副标题，以及文内的小标题，其作用在于揭示文章的中心和特点，对读者产生吸引力。因此，要力求准确、明快、新颖、醒目，宜小不宜大、宜实不宜虚。标题的样式是多种多样的，可以用叙述式，也可以用设问式，还可以用一些修辞手法。

3）正文写作。正文一般由绪论、本论、结论三部分组成。绪论主要是说明文章关于什么问题的，为什么要研究这个问题，本文是从哪个角度研究的等。本论是论点、论据和论证的全面展开，是研究文章最长、最重要的部分，写作形式根据研究者的意图和内容决定，没有固定的模式，一般情况下可采用纵向推论、横向分论，或者两者兼用。结论要简明、准确，主要是强调论证的结果，或者是对应采取的措施的说明。

4）推敲修改。调查研究文章的写作顺序和方法，因人、因文而异。有的喜欢按自然顺序从头写起；有的则喜欢从自己最感兴趣、思考最成熟、最有创见的部分写起；有的习惯初稿粗写，一气呵成；有的则习惯初稿细写，边想边写，想好了再写。但是不管按什么顺序和方法，文章写成之后都应从观点提炼、内容表达、文字润色等方面认真推敲和修改，以保证质量。

四、调查报告的写作要求

调查报告的写作要求，要把握以下4个环节。

1）提炼报告主题。主题要鲜明，新颖；真实、准确，实事求是，不能任意拔高；

要把握时代脉搏，针对热点、难点、焦点问题，立足于解决和回答现实迫切需要解决和回答的问题。

2）精选基本素材。就是围绕主题，由表及里，去粗取精，剔除那些与主题无关的、次要的、非本质的、琐碎的材料，选取能够反映事物本质的典型材料。

3）合理谋篇布局。

4）建议切实可行。

相关知识链接

调查报告样例

××县××镇男中学生吸烟状况的问卷调查表

一、基本情况

姓名：_____（可不填）　　　　性别：_____

年龄：_____　　　　　　　　　班级：_____

所在学校：_____

填表说明：请在与自己相关的情况上进行选择

二、家庭情况

1. 请问你的家庭常住人口有：（注：在家庭成员的上面画勾）

　　A. 爷爷　　　　　　　B. 奶奶　　　　　　　C. 爸爸

　　D. 妈妈　　　　　　　E. 还有_____（请注明）

2. 家庭月收入：（在符合条件的选项上画勾）

　　A. 500元以下　　　　B. 500～1000元　　　C. 1000～2000元

　　D. 2000～3000元　　 E. 3000元以上

3. 家庭结构和关系是：（在符合条件的选项上画勾）

　　A. 父母相敬相爱　　　B. 父母经常吵架　　　C. 父母离异

　　D. 父亲或母亲已故　　E. 其他

4. 请问你的父亲是：（在符合条件的选项上画勾）

　　A. 农民

　　B. 工人或普通职员

　　C. 干部（含教师、医生、律师及政府机关的工作人员）

　　D. 商人

　　E. 以上都不是，请说明_____

5. 请问你的父亲一年中与你生活在一起的时间：（在符合条件的选项上画勾）

　　A. 少于2个月　　　　B. 3～5个月　　　　　C. 6～8个月

　　D. 8～10个月　　　　E. 11个月以上

6. 请问你的父亲：（在符合条件的选项上画勾）

    A. 不吸烟

    B. 偶尔吸烟

    C. 每天吸烟且在 10 支以下

    D. 每天吸烟且在 10~20 支

    E. 每天吸烟且在一包以上

7. 请问你的母亲是：（在符合条件的选项上画勾）

    A. 农民

    B. 工人或普通职员

    C. 干部（含教师、医生、律师及政府机关的工作人员）

    D. 商人

    E. 以上都不是，请说明＿＿＿＿＿＿＿＿＿＿＿＿

8. 请问你的母亲一年中与你生活在一起的时间：（在符合条件的选项上画勾）

    A. 少于 2 个月　　　　B. 3~5 个月　　　　C. 6~8 个月

    D. 8~10 个月　　　　E. 11 个月以上

9. 请问你的母亲：（在符合条件的选项上画勾）

    A. 不吸烟

    B. 偶尔吸烟

    C. 每天吸烟且在 10 支以下

    D. 每天吸烟且在 10~20 支

    E. 每天吸烟且在一包以上

三、学习情况

10. 你的学习成绩：（在符合条件的选项上画勾）

    A. 优秀　　　　　　　B. 良好

    C. 一般　　　　　　　D. 差生

11. 你在学习时：（在符合条件的选项上画勾）

    A. 想学且能按时独立完成作业

    B. 想学但不能独立完成作业

    C. 不想学，通过抄袭完成作业

    D. 不想学，也不做作业

12. 你的学习动机是：

    A. 为了升学　　　　　B. 获得毕业证书　　　　C. 打发时光

    D. 父母强迫上学　　　E. 没想过

13. 你的课后时间主要用于：

    A. 预习、复习所学知识　　B. 上网、打游戏机　　C. 进行体育活动

D.　结交朋友　　　　　　　E.　其他，_____（请填写）

四、吸烟情况的调查

请在14～16题后面的括号内打（√）或（×）

14.　你认为吸烟有害身体健康吗？　　　　　　　　　　　（　　　）

15.　你认为吸烟会污染环境吗？　　　　　　　　　　　　（　　　）

16.　你认为吸烟是否是一种不良行为？　　　　　　　　　（　　　）

17.　请问你：A.　一直不吸烟　　B.　曾经吸烟但现在已戒　　C.　偶尔吸烟（每天吸烟少于1支）　　D.　每日吸烟（2～5支）　　E、每天吸烟（5支以上）

注意：选A的同学答完此题结束，谢谢！其他同学请继续答题。选 B 的同学请答18题，选 CDE 的同学请从19题答起。

18.　你能成功戒烟的原因是：

　　A.　父母的教育　　　　B.　教师的教育　　　C.　其他_____

19.　你吸烟已有：

　　A.　半年以下　　　　B.　半年至一年　　　C.　1～2 年

　　D.　2～3 年　　　　　E.　3 年以上

20.　你的戒烟想法是：

　　A.　想立即戒烟　　　B.　以后再说　　　C.　无所谓　　　　D.　没有思考过

21.　你第一次吸烟的原因是：

　　A.　父母的影响　　　B.　同学朋友的影响

　　C.　成绩差　　　　　D.　失恋

　　E.　其他_____

22.　你认为吸烟的优点是：

　　A.　没有优点　　　　B.　有助于交际　　　C.　能消除烦恼　　　D.　缓解学习压力

　　E.　其他_____

××县××镇男中学生吸烟状况调查

摘　要：目前中学生的吸烟现象比较普遍，本文试以问卷调查的方法探讨了我镇中学生吸烟状况，提出全民禁烟的必要性和若干措施。

关键词：吸烟行为　　　男中学生　　　禁烟

　　吸烟对人类的危害正越来越广泛地引起人们的重视，我国在 1997 年调查中约有 2 亿青少年染上吸烟陋习，而且这种危害个人和社会的行为正有迅速上升的趋势。有资料显示发达国家青少年吸烟势头已有所遏制，而发展中国家青少年吸烟以每年 2% 的速度增长。据中央爱卫会和卫生部的调查，1985 年中学生吸烟率为 3.4%，其中男学生吸烟率为 5.3%。1997 年中学生吸烟率为 28.5%，其中男学生吸烟率为 36.4%。随着控烟运动发展，成人吸烟率有所下降，而青少年却徘徊不降且略成上升趋势。我国是拥有数亿烟民的发展中国家，青少年吸烟情况非常严重，为掌握目前我镇男中学生吸烟现状，探讨其影响因素，为预防和控制青少年吸烟提供依据，我们于××××年×月对本镇1所高级中学和2所中心初级中学的男生吸烟现状及其影响进行了调查。

1 材料与方法

1.1 对象 我县某镇高级中学和镇两所中心初级中学从初中一年级到高中三年级的男生1656名，年龄13～21周岁。

1.2 调查内容 包括一般情况，父母情况、学习情况、吸烟状况及影响吸烟行为，打算吸烟的意向，以及有关吸烟的态度等因素。

1.3 质量控制 为防止调查对象隐瞒自己吸烟的真实情况，以至于一般的自我报告方法往往失真。因此，本次调查采用无记名自填表方式。在调查前向被调查者讲明本次调查的意义和目的，并请班主任和任课教师回避，使他们能在无压力的情况下轻松的回答问题。为保证本次调查的真实性、科学性、准确性，调查前对调查员进行统一培训，由调查员向学生逐项解释后，学生集中填写，答毕收卷。

2 结果

2.1 吸烟率 平均吸烟率为29.35%，在486名吸烟者中，经常吸烟者115人，占23.66%，偶尔吸烟者371人，占76.34%。各年级男生吸烟情况见表7-4，随着年龄增长吸烟率也在增高（经过卡方检查$\chi^2=64.14>\chi^2_{0.01}$（5），$P<0.01$各个班级有显著差异）。

表7-4 各年级男生吸烟情况

年级	调查人	吸烟人数	吸烟率/%
初一	297	63	21.21
初二	238	63	26.47
初三	217	78	35.94
高一	376	78	20.74
高二	270	85	31.48
高三	258	119	46.12
总计	1656	486	29.35

2.2 问卷调查结果

（1）吸烟动机：吸烟动机见表7-5。

表7-5 吸烟动机

动 机	人数	比率/%
交友需要	237	48.76
解除烦闷	97	19.96
好奇模仿	68	13.99
增加风度	60	12.35
显示大方	15	3.08
其 他	9	1.86

（2）对吸烟的认识：在1656名调查对象中有1528名调查对象，占总人数92.3%认

为吸烟有害人体健康并会导致环境污染，影响自己和人类生存。有 1109 名调查对象，占总人数 67% 的学生识认为吸烟是一种不良行为。

（3）对戒烟看法：在 486 名的吸烟对象中有 316 名，占总人数 65% 认为立即戒烟，既有利于自己，也有利他人。112 名占总人数 23% 的人却对戒烟持无所谓态度。58 名同学占其 12% 的人表示将来或许会戒烟。

（4）吸烟动机分析：从吸烟动机上看以交友需要为多数，他们认为有助于交际。有 465 名调查对象，占总人数 28.1% 的学生认为吸烟能缓解学习紧张情绪，打发寂寞时光，消除烦恼。吸烟史不足两年占一半以上，偶尔吸烟者占 76.34%，说明大多数同学还未养成吸烟的习惯或成瘾，同时，绝大多数同学意识到吸烟有害健康，大多数吸烟者都表示可以戒烟。因此可抓住有利条件和时机，积极开展各项戒烟活动。

吸烟与成绩老师的重视程度有关，成绩好的同学很少或偶尔抽烟，成绩差的压力大加上老师不重视、不过问而变得颓废。每年级成绩在前 50 名的男学生中，共有 32 人吸烟，占 10.7%，而 50 名之外的 1356 名学生中，有 454 人吸烟，占 33.5%。

受父母影响，父母双方不赞成子女吸烟的调查对象基本上不吸烟，1170 名不吸烟者的父母中有 1090 名父母都不赞成子女吸烟，占 93.2%。父母对子女吸烟持无所谓态度或纵容者，吸烟程度比较高。486 名吸烟者有 340 名父母对吸烟持无所谓态度，占 70%。

社会经济环境的开放，社会交往日益增加，父母的言行容易让子女认为请客、喝酒、抽烟是交际的良好配方。由此耳濡目染，青少年学生也就容易染上吸烟的陋习。

大众传媒的日益推广，电影、电视乃至因特网与同学们结伴而行，同学盲目模仿，随众情况严重。

国家对未成年人的保护立法没有到位，烟草是我国税收产业重要支柱，国家对烟草广告变相的赞助不闻不问，加之烟草行业待遇好，收入高也是不可缺少的本因。

由于学生的人权问题，私立学校的出现，学校害怕生源的减少、害怕强制行为定为非法野蛮行为，侵犯公民的权益而不敢管理或管理极为不力。

3 建议

本次调查结果显示，全镇男中学生吸烟率平均为 29.35%，略低于城市男中学生的平均吸烟率 31.20%，这可能与本地经济水平有关。高年级学生吸烟率明显高于低年级，初三学生高于高一学生，说明了年龄、学习成绩、学习态度等也是影响吸烟的重要因素。从吸烟的动机上看模仿者有所增加，高于以往资料文献 10% 左右，说明大众传媒覆盖率越来越大，对社会知、信、行的影响也越来越大。

中学生正处于青春发育阶段，是长身体、长知识的关键时期，他们在此时还未建立稳定的性格，独特的气质。吸烟对其生理、心理健康都极其有害，因此积极干预，建立干预措施是当务之急。

（1）严令禁止。学校自学生进校的那一天，就必须严格禁烟、积极约束其行为，在执行时候，毫不含糊，彻底打消其侥幸心理。

（2）教育疏导。在禁止的同时加强教育疏导，使戒烟变为自觉行为，以达到长期禁烟的目的。通过图片和宣传媒体进入图像、数学教育的有机统一，图文并茂；加强理想人生观的学习，使中学生将精力集中在学习上，让他们体悟人生魅力在于内在修养；也要督促老师戒烟，减少对学生负面的影响；培养有益的文体和社会活动，充实课余时间，使他们不觉得空虚无聊。

（3）家庭参与。由于随年龄增长吸烟率上升，其父母吸烟可能是影响学生吸烟态度的一个重要因素，应该从家庭着手，劝其父母不抽烟或尽量在子女面前不抽烟。

（4）舆论宣传。开展全民戒烟运动，禁止烟草广告，提高吸烟危害的认识，影视媒体减少吸烟的镜头，公共场所张贴禁烟标志等。

（5）社会监督。禁止商业部门向青少年售烟，禁止向青少年教烟、递烟、劝烟行为的出现，保护弱势人群。

（6）法和行政干预。通过行政手段在公共场所禁烟，大力宣传有关法律法规，如《关于宣传吸烟有害与控制吸烟的通知》、《关于儿童场所积极开展不吸烟的通知》、《关于在公共场所和公共交通工具上展开不吸烟活动的通知》、《学校卫生保健法》、《中华人民共和国未成年保护法》等。

能力训练

一、基本训练

训练：根据前面章节的任务：关于学生早餐情况的调查情况分析、研究，根据调查报告的写作要求：撰写学生早餐情况的调查报告。

建议：参照有关调查报告格式要求撰写。

二、案例分析

案例

中国首份网瘾调查公布：北京孩子玩游戏上瘾全国排名第二，其中每 10 个上网的孩子中，就有两个"病态使用网络"而难以自拔……

调查显示北京孩子的网瘾比例高达 23.5%。也就是说，北京孩子当中，10 个人上网，至少有两个孩子成瘾，在全国名列第二。不少男孩喜欢玩网络游戏，女孩也容易上瘾。调查显示，尽管男孩上网成瘾的比例要比女孩高出 7 个百分点，但是女性青少年网民上瘾的比例也高达 10.04%。

这次调查将青少年上网的目的分为两类：娱乐性目的和实用性目的。数字显示，与非网瘾群体相比，网瘾群体的上网目的更倾向于娱乐性，即上瘾网民更偏重于玩网络游戏，而普通网民则更偏重于借助于网络获取信息。

目前网吧遍布大街小巷，在实践中对网吧缺乏有效地管理措施。在现实生活中如果缺少与亲人的情感交流，缺乏老师和家长有效引导，中学生会更多地把电脑网络当成一种娱乐工具。另外，当在学习上经常遭受挫折，为宣泄心中苦闷，少男少女们往往在网上寻求安慰、刺激和快乐，以宣泄平时的压抑情绪。

可见，正确引导青少年利用网络获取信息，可以在一定程度上抑制上网成瘾，而对于青少年玩网络游戏的放纵则可能促使其上网成瘾。

思考题：

分析以上材料，谈谈调查及写作调查报告具有什么作用？

三、能力拓展训练

训练一：

调查题目：社会撑起保护伞——少年儿童成长环境调查

活动目的：通过调查，了解少年儿童成长的环境，了解国家对未成年人的特殊保护，提高自我保护的意识和能力，提高收集信息、参与社会生活的能力。

步骤一：明确分工，明确任务。

全班同学分成四个小组，各组有明确的调查项目，各组选出组长负责此次活动。第一组调查当地（或者本市）的影剧院、公园、博物馆、纪念馆、文化馆等出售门票是否对中小学生优惠；第二组走访当地图书馆和少年之家，了解这里为少年儿童提供哪些教育活动，了解其设备、场所是否安全等状况；第三组调查当地图书和音像市场，了解对少年儿童有益或者有害的图书、音像制品的状况；第四组调查当地的游戏厅，看其是否有"非节假日中小学生谢绝入内"的告示，调查中小学生进游戏厅的情况。

步骤二：具体准备。

各小组商量具体办法，征得家长的支持、提供必要的条件，制定安全措施。

步骤三：

利用课余时间，分头调查。记录、汇总本组调查情况，由组长整理出向全班同学汇报的提纲。

步骤四：

各组向全班同学汇报，在此基础上全班讨论以下问题：

1）如何利用社会上对少年儿童成长有利的各种资源？

2）如何避免不利于少年儿童成长的社会不良因素的侵害？

3）国家制定法律对未成年人实行特殊的社会保护有什么意义？

步骤五：

综合全班同学的调查情况，由班委会整理出简明的调查报告，尤其要对所存在的问题提出整改建议，并将调查报告报送校长，报送当地政府有关部门。

训练二：

某手机生产厂家欲向以学生为主的消费群推出一款新手机。为了成功地向市场推出这款新型手机，委托市场调查公司进行此项目的调查工作。请将全班同学分组，组建模拟调查公司，完成以下工作：

1）制订市场调研方案，对本次调查活动作出详尽的安排。

2）进行调查准备工作，设计调查问卷。

3）培训调查人员，实施调查。

4）收集数据，进行分析研究。

5）撰写市场调查报告。

建议：以上训练以小组为单位，分别对调查对象进行调查，按照调查研究的基本要求开展调查，在对调查数据分析研究的基础上，按照调查报告拟写要求进行撰写。

学习评估

即将成为办公室工作人员的你，通过上面的训练，有什么收获和感想？反思自己在训练过程中的表现，是否进一步地提高了就业技能和专业能力？填写能力评价表（在符合的下面画"√"），如表 7-6 所示。

表 7-6　能力评价表

学习目标	评价项目	小组评价			教师评价		
		好	较好	一般	好	较好	一般
专业能力	1. 能够按照调查研究的基本过程开展调查工作						
	2. 能够根据调查材料分析、提出建设性的意见						
	3. 能够根据调查报告的基本要求撰写调查报告						
专业知识	1. 掌握调查报告的撰写方法						
	2. 理解调查报告的基本要求						
学习态度	认真思考						
	注重自我学习						
	团结合作						

完成任务后的反思：_____

名人名言

打开一切科学的钥匙毫无异议的是问号，我们大部分的伟大发现应归功于"如何"，而生活的智慧大概就在于逢事都问个"为什么"。

——巴尔扎克

第八章 保密工作

百年期盼，8 年筹办，中国 2010 年上海世博会于 4 月 30 日晚在黄浦江畔的世博园区盛大开幕。上海世博会规模之大、涉及面之广、参展主体之多，创下世博历史之最：共有 246 个国家、地区和国际组织参展，有意来华的外国领导人近百位，计划举办各种活动 2 万余场，涉及场馆 160 多个，参观人数预计达到 7000 多万人次。

上海市保密局根据中央和上海市委的要求，提前介入、深入思考、周密部署、细致工作，为上海世博会的安全举办，提供了有力的保密保障。2010 年 4 月 30 日，美轮美奂、中西交融的上海世博会开幕式徐徐拉开了帷幕，这是继北京奥运会后，我国举办的又一次世界性盛会。世博会要成功举办，安保工作是首要保障，也是难点、重点。根据中央和市委领导的重要指示精神，上海市委保密委将做好世博会保密工作列为 2010 年度工作要点，上海市保密局紧紧围绕平安世博的目标，坚持"一切服从世博，一切服务世博"，全体动员，全力以赴，化压力为动力，化难点为亮点，变挑战为机遇，努力做好保密工作，确保世博会保密工作的绝对安全、万无一失。

举世瞩目的世博会已经正式开幕，世博保密工作才刚刚开始，一定还会遇到许多困难和挑战。上海市保密局全体干部职工决心充分发扬连续作战、不怕疲劳的工作作风，不断加大工作力度，提高工作水平，全力做好保密工作，为举办一届成功、精彩、难忘的世博会作出应有的贡献。

保密工作是秘书部门的一项重要任务。秘书部门处于机关的中枢地位，参与机要事务，保管机密文件资料，组织并参加重要会议。秘书人员，接触机密机会很多，为了保护机关乃至国家利益，秘书人员和秘书部门的保密工作显得尤其必要和重要。因此，对秘书保密工作提出了非常高的要求。这项工作需要秘书树立高度警觉的保密意识、掌握保密技巧。能对不同的载体信息采用不同的保密方法。

任务一

树立保密意识

1）能全面了解秘密的范围。
2）能理解保密工作的意义。
3）能严格遵守保密工作制度和纪律。

任务描述

小畅从职业学校商务文秘专业毕业后来到宏达公司任总经理秘书。他知道保守公司和领导的秘密对维护公司利益和形象起到至关重要的作用，也是自己应该做好本职工作的重要内容之一，于是到岗前后，她有意识的开始强化自己的保密意识。

任务分析

要做一个称职的秘密守护者，必须树立保密意识。保密意识树立需要明确了解秘密的范围、理解做好保密工作的意义以及明确保密纪律。

相关知识

一、秘书秘密的范围

秘书保密的范围主要有两大类内容：一是国家秘密；二是工作秘密。

1. 国家秘密

所谓国家秘密就是关系国家的安全利益，依照法定程序确定，在一定时间内只限一定范围的人员知悉的事项。

2. 工作秘密

所谓工作秘密，就是在公务活动中产生的，不属于国家秘密而又不宜于对外公开的秘密事项。对于高级管理秘书来说，工作机密是比较常见的。

工作秘密分为两类。

（1）商业技术秘密

根据《中华人民共和国反不正当竞争法》第十条规定，商业秘密是指不为公众所知悉的，能为权利人带来经济利益，具有实用性并经权利人采取保密措施的技术信息和经营信息。它主要包括：商业工作规划、计划，重要商品的储备计划、库存数量、购销平衡数字，票据的防伪措施，财务会计报表；军用商品的库存量、供应量、调拨数量、流向；商品进出口意向、计划、报价方案，标底资料，外汇额度，疫病检验数据；特殊商品的生产配方、工艺技术诀窍、科技攻关项目和秘密获取的技术及其来源，通信保密保障等。这类秘密一旦泄露，会给企业和当事人造成一定的经济损失。

（2）属于领导层内部不宜公开或暂时不宜公开的事项

如正在酝酿而尚未确定的干部人事任免、领导人之间的意见分歧等，这类秘密一旦泄露，往往会给领导工作造成极大的被动。

就秘书工作而言，其保密的范围具体体现为以下几个方面。

1）文件保密。

2）会议保密。

3）新闻报道和出版的保密。

4）科技和涉外保密。

5）电讯设备及通信保密。

6）经济情报的保密。

7）电子计算机的保密。

二、保密工作的意义

做好保密工作的根本意义，在于保守国家秘密，维护国家的安全和利益，保障改革开放和社会主义建设事业的顺利进行。具体而言，体现在以下4个方面。

（1）保密工作关系到国家的安全与利益

一个国家的存在和安全离不开这个国家的军备和国防力量。但是，在当今世界，情报活动和间谍活动日益猖獗，维护国家的安全与利益仅仅依靠军备和国防是不够的，还必须加强对国家秘密的保守力度，才能保证国家的安全和稳定。

（2）保密工作关系到社会的稳定

安定团结的政治局面，是我国改革开放和经济建设的重要保证。而一些重大的政府决策的酝酿、形成、产生，都有保密阶段，如果保密不严，就有可能造成一个单位、地区，甚至是国家局面不稳，社会混乱。

（3）保密工作关系到经济和科技的发展

科学技术是第一生产力。一个国家、地区、企业的实力大小和地位高低，取决于其经济发展和科技进步的程度。各国、各地区为加快自身经济发展，相互之间的合作与交流日益广泛，日益频繁。但合作归合作，交流归交流，对不能让外部人员知道的秘密，仍然要重点防护。做好经济、科技方面的保密工作已经成为保密工作的重要内容。

（4）保密工作关系到领导工作的成效

秘书人员所做的工作都是围绕领导机构下达的任务来开展的。而领导机构又是秘密信息的"集散地"，秘书在办理业务时，对涉及单位利益的秘密事项，都需认真对待，严守保密制度，以防泄密，影响领导工作的成效。

三、保密纪律

保守秘密，特别是保守党和国家的秘密，是每一个公民、党员和国家工作人员的基本义务。秘书人员，特别是机要秘书人员，更要严格遵守以下规定。

1）不该说的机密，绝对不说。

2）不该问的机密，绝对不问。

3）不该看的机密，绝对不看。

4）不该记录的机密，绝对不记录。

5）不在非保密本上记录机密。

6）不在私人通信中涉及机密。

7）不在公共场所和家属、子女、亲友面前谈论机密。

8）不在不利于保密的地方存放机密文件和资料。

9）不在普通电话、电报、普通邮局传递机密事项。

10）不携带机密材料游览、参观、探亲、访友和出入公共场所。

相关知识链接

今天人类已进入一个信息化的社会，由于秘书的主要工作就是为上司处理大量的日常性工作，会在有意和无意之中知道大量的机密。这样，秘书稍有不慎，就有可能泄密。因此，关于工作方面的事，即使对于自己的家人也不要多谈，这一点应该成为秘书工作的一条铁的纪律。

在这个竞争激烈的商业社会里，一些企业和个人会不择手段地从单位收集情报。他们收集的情报包括单位的高层人事变动、领导人之间的关系、领导人的家庭情况、产品成本、营销方案、新产品研发等。秘书在日常工作中会经常看到、听到甚至直接参与处理这类机密，因此，他们往往是一些别有用心的人的重点"公关"对象。在另一方面，现在的秘书大多年轻，社会经验不足，很容易被一些人利用，所以，秘书一定要有一种职业性的警惕性。在公司的所有机密里，人事问题永远是秘中之秘。

为了严守机密，秘书应有非常丰富的知识和经验，具有高度的职业敏感，在头脑中有一把尺子，随时衡量各种信息的价值以及与各方面的利害关系。

那么，有哪些东西属于应当保密的范围？如企业上司干部的人事变动、机构调整、新产品开发等信息，由于它们关系到企业的生存与发展，所以它们的信息价值很容易判断。但是，有很多东西就不那么容易辨识。比如，上司在访问某用户时，就双方的合作提出了新的方式，对这种新的方式要不要保密呢？秘书认为这种方式在书籍杂志上作过大量的介绍，没有什么保密的价值，因此，秘书在接待另一家老客户时，无意之中把这件事说了出来。说者无意，听者有心，他提前采取了行动，占据了市场的主动，结果给自己带来了无穷的后患。类似的情况很多。由于对象和时间的不同，同一条信息的信息价值也大不相同。秘书一定要把握这种信息价值的微妙之处，既不粗枝大叶、无所顾忌，也不风声鹤唳，草木皆兵。

由于秘书身处企业的神经中枢区，在有意无意中耳闻目睹了大量机密，因此，秘书应该树立高度保密意识和养成这样一些良好的职业习惯：看完资料后要把它合起来，下班要锁好抽屉，并将钥匙妥善保管；及时用碎纸机处理各种过期资料；有些小纸条看起来不起眼，也不要轻易放过。现在各大企业都正在大力推行办公室自动化（OA），各种机密有可能在很短的时间内被盗或被销毁。

能力训练

一、案例分析

案例 1

某厂党委开会，研究科室领导班子问题。当议到刘某时，厂长表示反对意见。会议结束后，刘某好友、办公室郭秘书便连夜将会议情况告诉刘某。刘某第二天当厂长到车间时，寻衅殴打厂长，严重影响了生产。原委查清后，郭秘书被革职到车间劳动。

思考题：

1）郭秘书为何被革职?我们从这个案例中应当吸取的教训是什么?

2）如果刘某得知消息并无不满情绪，也没有殴打厂长的错误行为，那么郭秘书是否还算犯有错误?为什么?

案例 2

1981年某外商参观我国某造纸厂，详细地了解了原料种类、配比、选择和处理以及原料所用碱水浓度等，对生产的全过程进行录像，还要走了生产宣纸的原料，并以帮助化验为名装走了造纸用的井水。结果，我国具有悠久传统的宣纸生产技术秘密顷刻间被轻易窃走。

20世纪60年代，当我国大庆油田开发，我们刚刚甩掉贫油国帽子的时候，日本情报机关从《人民画报》上刊登的大庆油田照片上获得了大庆炼油能力、规模等情报。

　　梁某某是某部二连战士。1998年3月，梁某某认识了台湾国民党特务唐某某(当时梁不知唐某是特务)。从3月到9月期间唐以老乡、朋友名义请吃、请喝，向梁询问部队的有关核心机密，梁都告诉了他，还答应给唐弄几本军事科普丛书和政治教材。梁从中泄露了很多军事机密。

思考题：

1）上述案件中涉及的是哪些秘密？

2）为什么这些重要的秘密就这么被泄露了，原因是什么？

二、能力拓展训练

　　通过朋友、同学、父母、老师了解自己言行特点，将所获信息填入表 8-1。（一周完成，结合评价信息和自身实际情况，根据秘书工作保密要求，制订出完善自我言行的计划，如表 8-2 所示。）

表 8-1　"了解自我个性"任务表

社会关系	个性评价	信用评价	纪律观评价	言论评价
父母				
老师				
同学				

表 8-2　完善自我，树立保密意识计划表

保密意识与自我个性冲突（结合调查信息分析自身情况）	
完善自我目标（任务和要求）	
实现目标步骤	

　　建议：向了解自己的父母、老师、同学收集自己言行信息应结合秘书保密工作要求，有针对性地去发现自身优点与不足，收集完毕要认真反思，做好记录，并有意识去修正这些不足。

学习评估

　　即将成为办公室工作人员的你，通过上面的训练，你有什么收获和感想？反思自己在训练过程中的表现，是否进一步地提高了就业技能和专业能力？填写能力评价表（在符合的下面画"√"），如表 8-3 所示。

表 8-3　能力评价表

学习目标	评价项目	小组评价			教师评价		
		好	较好	一般	好	较好	一般
专业能力	1. 能明确秘书保密范围						
	2. 能理解保密工作意义						
	3. 能遵守保密制度和纪律						
专业知识	1. 树立了秘书工作的保密意识						
	2. 掌握了秘书保密范围和保密工作现实意义						
学习态度	认真思考						
	注重自我学习						
	团结合作						

完成任务后的反思：_____

名人名言

虽然言语的波浪永远在我们上面喧哗，而我们的深处却永远是沉默的。

——纪伯伦

我深信实事求是而不讲空话的人，一定没有许多话可说。

——爱迪生

任务二

对不同载体信息采用合适保密方法

任务目标

1）能对不同信息载体采用不同的措施。
2）能用有效方法做好文件保密工作。
3）能按照严格要求做好会议保密工作。
4）能做到内外有别，做好宣传报道保密工作。
5）能做好计算机信息保密工作。

任务描述

虽然在上岗前后小畅已经认真了解了秘书保密工作相关内容，也树立了保密意识，可他发现要做好保密工作有一定难度，平时在生活和工作中要注意的事项很多。秘书要做好保密工作不仅要加强保密观念，还要加强保密措施，为了能更好做好保密工作，小畅开始认真学习保密的措施和方法。

任务分析

由于秘书活动的性质，使秘书工作与其他工作比起来有着更鲜明的秘密性，从某种意义上来说，秘书部门、秘书人员有时就是机要部门、机要人员。因此，秘书工作与保密工作有着十分密切的关系。秘书具有知密时间早、知密内容多、知密程度高的特点。总之，特殊的身份、地位和工作条件，使秘书能够接触大量的机密，可能泄密的渠道也很多。因此，作为秘书，应把保密工作作为自己神圣的首要职责，遵纪守法，严守机密。

相关知识

一、不同载体信息的安全

信息的保密是所有员工基本的和重要的职责之一，是保证国家、组织利益的基本要求。要做到严守机密，秘书应做到不同载体信息采用合适保密方法。

从载体上分，信息的安全及保密工作通常包括：口头信息的安全及保密工作；纸面信息的安全及保密工作；电子信息的安全及保密工作。

1. 做好口头信息的安全

1）员工在岗前培训时即被告知不要在组织内部和外部谈论有关单位的保密信息，包括对其他工作人员、客户、朋友或亲属。

2）在没有确认电话对方身份和是否被授权获得信息之前，不要通过电话、手机、答录机给出保密信息。

3）只向来访者提供组织允许提供的信息，若超出范围，应向上司汇报。

4）遵照会议的要求传达会议信息。

2. 做好纸面信息的安全

纸面信息包括利用纸张、各种胶片等物质作为载体的文字、表格、图形等信息，做好纸面信息的安全，可采用下述方法。

1）接收任何保密文件、资料等都要签收并登记。

2）文件或其他纸面保密信息只发给或传阅到被授权的人员，并要签收。

3）在传递保密文件或资料时，要放在文件夹、盒中携带，以防失密或散落丢失。

4）所有保密的信息应归类在专用文件夹中，并清楚标明"机密"，保存在带锁的、防火的柜子里。

5）离开办公室时，不把机密信息和文件留在办公桌上，应锁入抽屉或柜子里，并锁好门窗。

6）用邮电发送保密信息，信封要封口，并标记"秘密或保密"。

7）为了确保安全，高密级信息可以由工作人员亲自送交收件人。

8）复印完成后应将保密原件取走，不要留在玻璃板上。

9）当传真保密信息时，须使用具有保密功能的技术设备或要求接收人等在传真机旁及时收取。

10）极为重要且不常使用的纸面信息可以制成缩微胶片，保存到银行保险柜里。

11）不再需要的保密文件要粉碎。

3. 做好电子信息的安全

1）计算的显示器应放置在他人看不到屏幕的地方，如果来访者走近，应迅速关闭页面或关小亮度，或者保存你的信息关闭显示器。

2）计算机打印保密材料要人不离机，负责保存和传递。

3）在提交电子信息之前，应向上级核对，不能给未被授权的人。

4）每一个使用者应该有自己的识别码，密码必须保密，经常更换。

5）应该使用密码来保护计算机数据，并定期更换。

6）计算机必须经常进行查毒、杀毒，并为了安全，不要安装借来的程序。

7）重要的文件要做备份，并存储在安全、加锁的地方，但要记住磁盘不能保存在过热和过冷的地方。

8）有保密信息的软盘不应该带出单位，以防止数据落到不应得到这些信息的人手上。

9）有可能计算机应安装警报系统，防止信息被盗。

二、注意事项

一个组织的保密工作是从本单位的安全和利益出发，将秘密信息控制在一定的范围和时间内，防止被泄露和利用，是其自身价值得到充分有效地实现而采取的必要手段和措施。

秘书在保密工作中需要注意以下几个方面。

1. 文件保密

秘书经常要与各种文件、资料、图表等打交道，这是秘书工作的一大特点。其秘书要有很强的保密意识，对保密文件、资料，应自觉做好接收、传递、保管方面的保密工作，并且不该看的坚决不看，不该说的坚决不说。

秘密文件在处理全过程都要注意严格保密。

1）产生。秘密文件，包括组织内部的秘密性公文和商业秘密等，在酝酿、拟稿、讨论、定稿等过程中，要注意严加保密，如确定密级和保密期限，并在规定或适当的地方作出明显的识别标志；适当控制参与人数等。

2）缮校。密件校对必须实行专人负责制，不得私自找他人代校。校对时不能大声朗读，并应选择安全的地方。

3）印刷。密件在付印前要检查是否已标明密级和保密期限，是否已规定了发放范围。印刷应指定专人负责，批量印刷应到指定的专门印刷厂，有专人监印，并严格按批准的份数印制，不得擅自多印多留。印制后，原稿及清样等必须妥善保存，衬纸、废页等应及时销毁；绝密文件应尽量减少接触人员；复印文件必须履行审批手续。

4）传递。密件应通过机要交通或派专人专程传递，减少中间环节。传递时，信封上必须标明密级并加盖密封章。传递秘密文件，必须使用保密电话和有加密装置的传真机、计算机，绝密件不得用传真机和计算机传输。

5）处理。密件收发应严格实行签收、登记制度。密件传阅应指定专人统一管理跟踪，不得随意扩大阅读范围，阅读文件应在办公室内进行。收到秘密文件后，要及时送领导阅批。

6）管理。秘密文件要由专人专管，并放在有保密保障的文件柜内或保密室、档案室内，不准随身携带，也不得将密件带回家；外出工作确需携带的，要经领导批准并采取相应的安全措施。秘密文件应定期清查，分发和借出的应按时清理回收，回收时应注意检查文件是否完整，若有丢失的，要及时予以追查处理。清理后的文件，该保存的应整理入卷归档，余下的登记造册后，经领导批准，到指定地点监督销毁。

相关知识链接

1979年，原国务院国防工办一位副主任是赴某国参观团成员，出发前他到该国驻华大使馆听取使馆人员介绍情况。与会时，他将一份有关我国驻该国外交机构年度全面工作情况和下年的工作设想以及我国对国际形势总的估计和分析，对该国工作的战略方针、斗争策略、重要意向和一些工作对象等重要秘密的资料放在文件包里带往会场，会后又粗心地把文件包丢失在大使馆内，从而泄露了国家的秘密，这是中华人民共和国成立以来发生的最严重的外事泄密事件之一。我们必须引以为鉴。秘密文件在处理全过程都要注意严格保密。

2. 会议保密

秘书经常要参加各种会议，有不少是领导层参与的会议。这些会议内容中常有不少信息需要保密，是否公开、何时公开、向谁公开都由主管领导决定，秘书不得随意扩散和泄露，要严格按照会议要求做好保密工作。

对于重要会议，秘书必须对会议进程的各个方面及相关步骤进行必要的保密安排，并会同保卫、保密部门共同制定有关的保密措施。

（1）会前主要的保密工作

1）会议地点选择。秘密会议应选择具备保密条件，如相对隐蔽的地方进行，并且不能对外公开。会议的地点必须有良好的隔音和屏蔽效果，以避免声音和信号的外泄。

2）器材管理检查。对会场的扩音、录音设备、电话机、计算机等必须先行进行仔细的保密检查，并派专人进行管理，对使用痕迹及时予以删除。会场内严禁使用无线话筒。与会人员不得携带手机等移动通信工具进入会场，否则应交工作人员统一保管。

3）人员管理。人员管理包括与会者与必要的工作人员。秘密会议要严格控制与会人员。并在会前对有关人员予以资格审查及进行严格的保密纪律教育。

4）信息管理。有关会议的信息，如会议的时间（包括开始和结束的时间）、议题、议程、日程安排，会议的出席者、列席者和工作人员，会议的具体活动、讲话、发言和反映等，在未正式公开之前，不得泄露。

（2）会中主要的保密工作

1）严格出入场检查制度。与会者必须携带证件，否则不得入场，确需入场的无证者，应先报予批准。会议期间原则上与会人员不得外出，确需外出者，必须经过批准并记录在案。

2）加强对会议文件的管理。秘密程度较高的会议，应设有保密室，配备保密柜（箱），并有专人管理文件资料等。会议文件须由主管领导审查批准后才可印发，非经允许不得摘抄，不得带走；严禁滥印乱发会议秘密文件资料。凡会议期间印发的秘密文件一律应标明密级，统一编号，登记分发，并限时收回。

领导在秘密会议上的讲话，未经批准，不得录音、录像，准许录音、录像的，磁带要同文件一样严加管理。对于其他与会议内容有关的录音、录像、摄影和通信设备等也应妥善保管。

（3）会后主要的保密工作

1）清场。会议结束后，秘书应组织有关人员立即做好清场工作。清场的重点有两个地方：会场和与会者住宿的房间。应细致检查有无遗留的文件、笔记本以及其他可能造成泄密的物品和痕迹，有关的废纸要作粉碎性处理。

2）文件清退。如数收回会议期间下发的文件。密级较高的文件，如需下发，应通过机要交通递送，不得由与会人员自行携带。借出和需保留的文件，及时归还和归档。

3）器材检查。在会议结束之后，秘书在归还有关的器材之前，一定要对其再作认真的检查，确保器材上没有会议信息痕迹的留存。

3. 宣传报道保密

宣传报道包括报纸、刊物、图书、广播、影视、展览等，它涉及的内容非常广泛，传播速度很快。对外宣传报道的内容应与中央的对外宣传方针、政策保持一致。对国家的一些秘密内容，如秘密文件、内部资料、军队编制、军事设施、部队番号、武器的试制研究等，未经批准，不得公开报道。对于如财政金融贸易数字、进出口计划和意图、引进技术设备的仿制等内部秘密，也均不得公开报道。对通过非公开渠道引进的尖端技术设备及外国专家、海外侨胞等提供的技术资料、工艺诀窍等，也不准进行公开宣传报道。凡在公共场合（如消息发布会）和公开媒体（包括计算机网站）发布、发表的信息，如有涉及国家秘密、组织秘密（包括商业秘密）的怀疑的应先交与有关的保密工作部门进行保密审查，必要时先作保密技术处理。

邀请或接受外国报刊、电台、电视台的记者进行新闻采访、录音和录像时，须先报有关部门批准。

相关知识链接

宣传报道涉及方方面面，应严格遵循"内外有别"的保密原则，如果大意忽略，就容易泄密。例如，西洋参报道泄密事件就是一个典型。1975年，鉴于我国无西洋参药源，一位爱国华侨秘密地把少量的×××种赠送给我国试种。对此，国家在有关方面都采取了严格的保密措施。可是，1982年6月，某省一家报纸却擅自发表了一位知情人写的《×××落户》的文章，其中不但介绍了华侨赠送×××种国内试种的内情，甚至还泄露了这位华侨的身份。这不但严重地影响了我国对其他资源的引进，还影响了我国的声誉，并且给那位爱国华侨的经济利益和人身安全等造成了直接的威胁。诚然，对这位爱国华侨的赤子之情应广为宣传报道，但应该报道什么，宣传什么，不应该报道什么，宣传什么，则应严格贯彻执行有关的规定和原则。

4. 计算机信息保密

做好电子信息的保密工作是秘书人员面临的一个新问题。载有机密信息的计算机上网，可能成为别人"共享"的资源；计算机"黑客"的频繁入侵，可能使你防不胜防；计算机如果被别人使用，就会无密可保；笔记本电脑一旦丢失，其中存储的大量机密信息就会泄密。因此，秘书在日常工作中应注意以下几点：

1）秘书的计算机应该独自使用，打印机密材料时要人不离机，不经本人或上司批准，别人不得使用。

2）凡是涉及重要机密内容的计算机，一律不得上网。

3）邮箱密码的设置要绝对保密，最好是设置不易被破译的"数字+字母"的密码。

4）对输入计算机内的机密信息采取隐藏措施，不要安装借来的程序。

5）安装防病毒反"黑客"的"防火墙"，并注意升级换代。

6）对装有机密信息软盘的盒子或箱子采取加锁等安全措施。

7）携带笔记本电脑外出时，务必做到包不离身。

相关知识链接：秘书保密技巧

每一个当秘书的肚子里都装着一些不能随意倒出来的"秘密"，因此，亲友、同事、老乡、上级、首长不免要从秘书嘴里掏点"信息"。对于来自这些方面的"探密"者，既不宜"无可奉告"、伤其情面，也不能如实作答、丧失原则。所以，防止密从口出，除了要有强烈的保密责任、保密意识和保密措施外，还必须讲究保密艺术。这就要求秘书人员根据对方的问话方式、时机、语言等特点，做到有问必答、答而有术。

秘书保密技巧之一——脱套法

脱套法，即摆脱套取秘密手段的一种方法。有的人探听情况，不是开门见山、直言不讳，往往是正话反说、直话曲说、指东问西、由远及近、由表及里，目的是使秘书在不知不觉中吐露实情。对付这种套取的办法多种多样，但最关键的是不能"顺杆爬"，让问者牵着鼻子走，而是要抓住"反话"、"曲话"，岔开话题，避开难题。

案例：部队转业工作开始后，有一位干部害怕转业，心里不踏实，就去找秘书。其中有这样几句对话："我打算向后转、干地方去。""怎么？部队放不下你了？""我文化水平太低，混不出啥名堂。""干地方，文化水平低也不行。""你看，我提出来，领导能让我走吗？""我看你还是先攻文化关吧，文化提高了，哪里都需要。"

在本案例中，这位干部想在部队干又不好意思明讲，就采取正话反说的办法来套取真情；而秘书一开始就没钻入"圈套"，抓住反话"想转业"的理由"文化水平低"来做文章，始终没有涉及他是否转业的实质问题，真可谓巧问妙答，脱套有方。

秘书保密技巧之二——幽默法

幽默法，是一种常见的保密艺术，运用得好，可以使谨慎、神秘的问与答在坦率、轻松、敞开、自若的气氛中进行。产生幽默感的方法有隐喻、夸张、婉曲、"曲解"、颠倒、歇后等多种，在日常生活中，要根据场合、气氛、话题、对方身份等具体情形，灵活运用，切忌生搬硬套。

案例：在一次民办教师转正中，一位县政府的秘书就用幽默法委婉地答复了老同学的询问。这位秘书初中时期的同学在乡下担任民办教师，他想，老同学在县里当秘书，问一下自己是否被批准，保准没问题，于是就写了一封信，而秘书却托人捎去了一只空玻璃瓶子。这位教师当时还没解开这个谜，思索后才恍然大悟："噢，原来是守口如瓶。"

在本案例中，秘书用幽默委婉的方法答复了老同学的询问，既做到了不伤和气，又坚持保守秘密。

秘书保密技巧之三——激将法

激将法就是利用人的某种心理特点，将自尊、自信、自强之心强烈地刺激起来，诱导其维护自己尊严的方法。采用此法要因人而异，要了解对方的性格、气质和特点。同时，气氛要和谐，语言要风趣，寓意要深刻，绝不能讥讽、嘲弄。

案例：有一位同志想弄清自己下一步的工作安排，就去找当秘书的老战友，刚进门就听到这样一句话，"噢，今天来，又要刺探点什么'情报'啊？"此话一激，这位同志的自尊心受到震撼，立刻说："你也太警觉了，我可不是为这个而来的。"

在本案例中，秘书就是用一种超前控制对方发问的激将法，刺激了对方的自尊心，让对方隐瞒了前来的真正目的，打消"刺探"的念头。这一方法，一般用在亲朋、故旧、关系甚密的人中间较为合适。另外，激将法不仅可以用在发问之前，也可用在谈话之中，应把握时机，恰到好处。

能力训练

一、案例分析

案例 1

错过的电话

一天，宏声公司的秘书小杨接到一个电话，是要找市场部的祁经理的，祁经理不在公司。小杨不假思索地就回答对方："对不起，祁经理不在公司，正在忙着准备 28 号的新产品发布会。"

几天后，宏声公司的竞争对手捷祥公司在 27 号召开了同一类型的新产品发布会，抢占了市场。

案例 2

神秘的客人

安泰公司秘书小江正在按照讨论修改后的文稿修改公司的投标书，这时来了三位外单位的未预约客人，小江放下手头的工作，忙着接待、询问、联络和端茶倒水，待将客人安排妥当后才回来接着操作。

然而，几天后开标，安泰公司奇怪地发现竞争对手的标书都比自己的价格低，而且都只低 1～2 个百分点。

案例 3

文秘人员应警钟长鸣

刘某，某机关文书处处长。在平时的交往中，刘某得到了一位女港商的垂青，在刘某看来这是一件再正常不过的事情，丝毫没有意识到艳遇后面所隐藏的一桩骗局。一天，刘某违反规定让女港商将自己办公桌上放着本该叫秘书及时归档的文件全部装进了她随身携带着的小包里。事发后，刘某自然受到了法律的严惩。

思考题：

1）思考上述案例各属于什么信息载体泄密，它的危害是什么？

2）当上述案例的情况发生时，你会采取什么措施做好信息的保密？

二、能力拓展训练

工作情境：小畅从职业学校商务文秘专业毕业后来到宏达公司任总经理秘书已经做了好几个月了，通过几个月学习已经树立了保密意识和掌握了做好保密工作有效方法及措施。公司新近研制开发了一种新材料，拟请国内一些专家来公司就该新材料举办一个鉴定会。办公室主任想看看小畅工作表现，决定让小畅来筹备并列席此次会议，要求做好此次会议保密工作。

1）分组交流，说出做好此次会议保密工作的措施或方法，至少 5 条。各组归纳后全班交流。

2）对此次会议中形成文件进行整理和打印，并且制定出做好此次文秘保密的措施。各组讨论交流归纳后全班交流。

3）会后对此次会议内容如何向新闻媒介作出回应，小组讨论如何做好新闻报道保密工作。

建议一：该情境可以将全班分成三个小组，每一小组完成一个任务（文件保密、会议保密、新闻报道保密），小组通过讨论形成方案后做成 PPT 进行交流，补充。组与组之间可以相互补充，提建议。

建议二：任务二可以按照文件保密要求和计算机信息保密要求结合，让学生演示打印保密文件，做好计算机保密工作，把打印好文件交给领导这一过程。

建议三：任务三可以通过角色扮演形式，一人担任秘书，一人担任领导，一人担任记者。情境模拟此次会议访问，秘书巧妙接待记者，要求做到既宣传了此次活动又做好了保密工作。

能力评价

即将成为办公室工作人员的你，通过上面的训练，你有什么收获和感想？反思自己在训练过程中的表现，是否进一步地提高了就业技能和专业能力？填写能力评价表（在符合的下面画"√"），如表 8-4～表 8-6 所示。

表 8-4　能力评价表（一）

学习目标	评价项目	小组评价			教师评价		
		好	好较	一般	好	好较	一般
专业能力	1.能做好会前保密工作						
	2.能做好会中保密工作						
	3.能做好会后清退工作						
专业知识	1.会前准备是否工作充分，考虑周全						
	2.会中文件管理能否分清保密范围						
	3.会后清场与清退文件是否考虑周全						
学习态度	认真努力						
	团结合作						

完成任务后的反思：_____

表8-5　能力评价表（二）

学习目标	评价项目	小组评价			教师评价		
		好	较好	一般	好	较好	一般
专业能力	1．计算机显示屏放置在他人看不到屏幕的地方						
	2．打印保密文件人不离机						
	3．保密材料初稿，不给未授权人看						
	4．给保密文件，设置密码，同时备份，做好磁盘的保护						
	5．对保密文件做好签收、登记工作						
	6．复印应将保密原件拿走						
	7．原稿及清样等必须妥善保存，衬纸、废页等应及时销毁						
	8．在传递保密文件要放在文件夹中携带，防止散落 9．所有保密信息保存在带锁的、防火的柜子里						
学习态度	认真努力						
	团结合作						

完成任务后的反思：_____

表8-6　能力评价表（三）

学习目标	评价项目	小组评价			教师评价		
		好	较好	一般	好	较好	一般
专业能力	1．划清保密范围，使有关领导、工作人员周知						
	2．严格区分内外						
	3．在未确认对方身份或是否授权获得信息时，不通过手机、电话等发送保密信息						
	4．只向来访者提供允许提供的信息，若超范围，向上级汇报						
学习态度	认真努力						
	团结合作						

完成任务后的反思：_____

名人名言

遵守诺言就像保卫你的荣誉一样。

——巴尔扎克

一个人严守诺言，比守卫他的财产更重要。

——莫里哀

参 考 文 献

陈琳. 2009. 商务秘书项目教程. 北京：机械工业出版社.

瘳伦建. 1998. 实用写作撷趣. 北京：中华工商联合出版社.

董继超. 2000. 秘书实务. 北京：线装书局.

高海生. 2002. 秘书基础. 北京：高等教育出版社.

黄立新. 2006. 会议与会务工作. 北京：高等教育出版社.

黄若茜，陈琼瑶. 2007. 秘书理论与实务. 北京：清华大学出版社.

刘国峰. 2007. 秘书基础. 上海：立信会计出版社.

楼淑君. 2009. 秘书综合实训教程. 杭州：浙江大学出版社.

楼淑君. 2010. 新编秘书理论与实务. 北京：机械丁业出版社.

吕天纵. 1992. 文书基础. 北京：高等教育出版社.

盂庆荣，王汇涓. 2007. 秘书职业技能实训教程. 北京：清华大学出版社.

史蒂芬·柯维著. 2008. 高效能人士的七个习惯. 王亦兵等译. 北京：中国青年出版社.

史玉峤. 1998. 现代秘书学. 青岛：青岛出版社.

谭一平. 2009. 秘书实务与案例分析. 北京：外语教学与研究出版社.

徐全忠. 2008. 行政管理工作细化执行与模板. 北京：人民邮电出版社.

徐彦，戈秀萍，何柳. 2007. 文书工作与档案管理. 大连：东北财经大学出版社.

杨素华. 2008. 秘书实务. 北京：北京入学出版社.

宇正香. 2004. 秘书理论与实务. 杭州：浙江大学出版社.

张金英，王文学. 2006. 办公事务实训. 上海：上海财经大学出版社.

张丽荣. 2010. 办公室实务. 北京：机械工业出版社.

赵朝霞. 2009. 秘书. 北京：中国劳动社会保障出版社.